SHIDAI MENGXIANG JIAZU RONGGUANG

HENAN CHUANGYUANTANG
DE HUAIYAO CHUANCHENG GUSHI

时代梦想
家族荣光

河南创源堂的怀药传承故事

张志刚　张哲魁◎编著

中国农业出版社
北　京

图书在版编目（CIP）数据

时代梦想　家族荣光：河南创源堂的怀药传承故事 / 张志刚，张哲魁编著. —北京：中国农业出版社，2024.3

ISBN 978-7-109-31826-7

Ⅰ.①时…　Ⅱ.①张… ②张…　Ⅲ.①中药材－制药工业－产业发展－概况－河南　Ⅳ.①F426.7

中国国家版本馆CIP数据核字（2024）第059535号

中国农业出版社出版

地址：北京市朝阳区麦子店街18号楼

邮编：100125

责任编辑：张丽四　　文字编辑：耿增强

版式设计：王　晨　　责任校对：张雯婷

印刷：北京通州皇家印刷厂

版次：2024年3月第1版

印次：2024年3月北京第1次印刷

发行：新华书店北京发行所

开本：700mm×1000mm　1/16

印张：14　　插页：4

字数：240千字

定价：88.00元

四大怀药种植与炮制技艺

张家怀药种植加工技艺传承谱系

怀山药运输古道，浩浩荡荡的张家车队奔赴湖北老河口

张志刚在探索研究家族怀药种植加工传承历史

张志刚师从焦作市怀药学会会长职素青，学习怀药种植与炮制技艺

在江西南昌举行的“绿博会”上，省、市商务部门领导点赞创源堂产品

张志刚在科研室分析研究检测怀药产品性能

张志刚和销售经理在研究产品包装

河南创源堂实业有限公司铁棍山药种植基地

创源堂公司研制开发的铁棍山药粉、面条、粉皮等系列产品

目录

引子

古温多少怀商梦　清风岭下怀药香

黄河之北，太行之南，河洛汇流而演太极，土地肥沃而生怀药。自古集“古国、古都、帝乡”身份于一体的家乡温县，在数千年的岁月流转中，北有太行山涌裂南出之丹河、沁河、济河携山川精华，南有黄河洪流滚滚带青藏高原黄土泥沙，沉积出清风岭下一片千里沃野。怀山药藤蔓葱郁，就在这沃野之间蔓延生根，孕育出药食同源的“神仙之食”。

温县温泉街道前东南王村，很早很早以前，就与这“神仙之食”结缘。

在世世代代的口口相传中，村中张氏家族自清朝晚期以来便涉足“四大怀药”的培育种植、加工销售，构建出一个影响怀庆府、辐射泉州府，颇有声望的庞大怀药产销“帝国”。

遥想 200 年前，我们张家老宅人声鼎沸，车马喧闹。满载怀药的马车来往于温县与湖北老河口之间，继而乘船横渡汉江，跨越山海，一路奔向泉州。以泉州为基点设置的怀药档口，成为怀药远销东南亚的起点。在张家人跨越千里的商路上，留下了关于怀商的一段又一段传奇，也在清风岭下沉淀了怀药创富、实业报国的家族情怀。

追根溯源，缘起八代；跨越创新，是为“创源”。

河南创源堂实业有限公司（简称创源堂）创立于 2018 年，是对这段家族辉煌历史的铭记，更是对“四大怀药”创新发展的一次“寻根”。

根深方能叶茂。

我自幼便在这清风岭下看怀药经年之长，嗅怀药幽异之香，更从这一片怀药代代扎根的土地上，看到了张家祖上一代又一代人潜心怀药种植的执着力量。

第一篇 寻根

第一章
崇文尚武家族梦　配唐初涉怀药事

前东南王怀药香　幼时记忆成梦想

历史文化悠久厚重的温县，不仅是黄河流域文化的发祥地之一，也是温、苏、邢、耿等姓氏的起源地。时光追溯到夏商，这里曾是温国故都；西周至春秋时期，这里又成为古苏国都城，有“天下名都”之称；三国时期，著名军事家司马懿生于斯长于斯，留下了与诸葛亮斗智斗勇的诸多传奇。

然而，无论时光如何流转，历史如何变迁，这片土地上的怀药之香，始终氤氲于乡土之中，飘荡在村落之间，也沉淀在人们的心中。

《神农本草经》有云：“山药以河南怀庆者良。”

温县古属怀庆，正是怀山药最佳的生长繁育之地。

我[1]的出生地温泉街道前东南王村，自古以来就流传着关于温泉的传说，如今温泉之声名，却显然不如名震四海的“四大怀药”，而“四大怀药”之中，尤以怀山药最为出名。特别是如今拥有原产地地理标志的温县铁棍山药，因其道地性和药食同源的独特功效，被历代中医名家所推崇，素有“怀参”“神仙之食”等美誉，畅销海内外。

跨越 3 000 年的历史，素以质地优良、药效纯正和加工精细著称于世的“四大怀药”，究竟有何神奇之处？

---

① 本书以第一人称进行叙事，书中的“我”均指作者张志刚。

怀药神奇之源，出自“怀”。

温县一带，古称覃怀，又名怀州。明清时期，这里属怀庆府，府治在河内县（今焦作沁阳市）。怀庆府明朝时辖六县，清朝辖八县。明清之际，温县是怀庆府的一员。1913 年，民国政府废府存县，废掉了“怀庆”这个已沿用了几百年的老名字，怀庆府作为地名退出了历史舞台，“四大怀药”的“怀”字，却保留至今。自隋唐时代起，经“丝绸之路”传入西亚和欧洲的“四大怀药”就已经蜚声海内外，更是覃怀故地一个响当当的金字招牌。

一方水土养一方人，一方水土生一方药品。“四大怀药”，正是特指古怀庆府所产的山药、牛膝、地黄、菊花四味中药，久服皆可延年益寿。而“四大怀药”的声名显赫，与我国最早的药物学经典《神农本草经》不无关联。在这本书里，产自“覃怀地”的“四大怀药”均被列为上品，此后我国历代医药名家如张仲景、孙思邈、李时珍等在其著作中均对四味药的药性以及保健价值推崇备至，广大劳动人民也在实践之中逐渐探索，进一步发现了“四大怀药”的优秀原始本性。

“四大怀药”之首，当属怀山药。

《神农本草经》对于怀山药的记载是“味甘、温。主伤中，补虚羸，除寒热邪气。补中，益气力，长肌肉。久服耳目聪明，轻身不饥，延年”。怀山药具有补脾养胃、生津益肺、补肾涩精的功效，其性质平和，几乎适合所有体质者。可以治疗脾虚食少、久泻不止、白带过多、肺虚咳喘、肾虚遗精、尿频、虚热消渴等疾病。现代药理学研究表明，山药主要含有皂苷、黏液质、多巴胺、尿囊素、粗纤维等多种成分，具有提高免疫力、抗氧化、抗衰老、降血糖、降血脂、抗癌等作用。

《神农本草经》关于怀菊花的记载是“味苦、平。主诸风头眩，肿痛，目欲脱，泪出，皮肤死肌，恶风，湿痹。久服利气血，轻身，耐老延年”。怀菊花具有疏散风热、平抑肝阳、清肝明目、清热解毒的功效，可以治疗风热感冒、肝阳上亢、头痛目眩、目赤肿痛、疮痈肿毒等方面的疾病。现代药理学研究表明，菊花主要含有挥发油、有机酸、菊苷、胆碱、氨基酸、维生素、腺嘌呤等成分，具有抗菌、抗炎、解热、镇静、降血压、扩张冠状动脉等作用。

《神农本草经》对怀地黄的记载是“味甘、寒。主折跌绝筋，伤中，逐血痹，填骨髓，长肌肉，作汤除寒热，积聚，除痹，生者尤良。久服，轻身不老”。怀地黄生用具有清热凉血、养阴生津的功效，可以治疗热入营血、温毒发斑、血热出血、热病伤阴、内热消渴、阴虚发热、骨蒸劳热、津伤便秘等疾病。现代药理学研究表明，生地黄主要含有梓醇、地黄苷、氨基酸等成分，具有降血糖、增强免疫力、促进造血、止血、降血压等作用。生地黄经过酒蒸法或酒炖法炮制后名为熟地黄。熟地黄含有梓醇、地黄素、甘露醇等成分，其味甘、性温，具有补血滋阴、益精填髓的功效，可以治疗血虚萎黄、月经不调、肝肾阴虚、腰膝酸软、盗汗遗精、内热消渴、眩晕耳鸣、须发早白等疾病。

《神农本草经》关于怀牛膝的记载是“味苦、酸。主寒湿痿痹，四肢拘挛，膝痛不可屈伸，逐气血伤，热烂伤火。久服轻身，耐老”。怀牛膝具有逐瘀通经、补肝肾、强筋骨、利尿通淋、引血下行的作用。现代药理学研究表明，牛膝主要含有齐墩果酸、葡萄糖醛酸等三萜皂苷类化合物、牛膝多糖等成分，可以治疗瘀血阻滞之经闭、痛经、胞衣不下、跌扑伤痛、腰膝酸软、筋骨无力、水肿、小便不利、吐血、衄血、牙痛、口疮、头痛等疾病，还具有降血糖、降血脂、降血压、保肝护肝、增强免疫力、抑制肿瘤转移等作用。

不难发现，《神农本草经》对于“四大怀药”的评价中，“耐老”“延年”“轻身不老”都是让现代人热衷的健康“关键词”，这也正是如今“四大怀药”能够被市场所认可的关键。

在我幼年的记忆中，村中百姓普遍将“四大怀药”作为经济作物种植，以怀山药、怀地黄居多。我家的田里，有时也会选择相对肥沃的地块种植怀山药，但在粮食相对匮乏的20世纪70年代，怀山药只能实现小规模种植。再加上怀山药对于地块肥力的要求很高，种一茬山药，往往需要让地块休养生息数年，但怀山药在这片土地上扎根，却从不曾断代。

也正是父亲带着我一次次走进怀药田，才让我从小萌生了发展怀药产业的理想。张家祖祖辈辈与“四大怀药”种植与炮制打交道，传到我这一代已是第八代，可谓是出身于“四大怀药”世家。在我童年时，父亲肩挑日月、手转乾坤，靠着勤劳的双手种植炮制“四大怀药”，养育了一家人。

每到种植收获山药、采摘菊花的季节，父亲会常常向我讲起祖辈们如何种植与炮制“四大怀药”的往事。

往事如金，始终在记忆里闪光。

仍记得每年霜降过后，怀山药开挖时，父亲视泥土中一根根弯弯曲曲的怀山药如同宝贝，总是小心翼翼地捧出来，生怕折断。我也曾在怀山药开挖前到地里帮忙捡拾山药蛋儿，一袋袋浅咖啡色的山药蛋儿成为我们最美味的“零食”。家中老人也经常会将山药蛋儿熬进粥里，那种软糯香甜的口感已经嵌入我的记忆深处，至今仍让我唇齿留香。

大学毕业后，家乡的“四大怀药”因其道地、纯正、药效独到，在家乡政府的大力宣传推广下，在现代中国医药界开始占有重要地位。如何传承祖上怀药技艺，总是萦绕在我的心里。曾经停留在记忆中的怀药之香历久弥新，终于成为我毕生逐梦的事业，我也一次又一次走进记忆中，一次又一次寻访家中的老人，一次又一次解读这片土地上的“怀药基因”，想要为“四大怀药”的传承贡献自己的智慧。

怀药自古多传奇　前东南王留痕迹

北依太行、南临黄河的独特地理位置，使得立于山河两阳之地的千年古县温县自古便是土壤肥沃、土层深厚的宜居之地。黄河、济水、沁河穿境而过，千百年的河水冲刷淤积，使这里的土壤沉淀了丰富养分和微量元素；太行山的岩溶水携带丰富的微量元素渗入地下，与地下水贯通相连，又形成了独特的水质。独特之地、独特之水，再加上冬不过冷、夏不过热、春不过旱、秋不过涝，干湿相宜的温带气候，让这片土地极其适合农作物尤其是怀药的生长，也正是这里特殊的土壤、气候、水质条件，赋予了怀山药、怀地黄、怀菊花、怀牛膝“四大怀药”独特的品质。

我的家乡前东南王村，正处于这片独特之地。

在将近 3 000 年的种植传承中，关于“四大怀药”的故事口口相传，自小就根植于我们的记忆之中，也为这片土地植入了深厚的怀药基因。

相传上古时代，炎帝神农氏为治疗重疾，率文武百官，携妻室家眷，曾跋山涉水来到怀川。

在今神农山一代，神农氏被瑰丽奇绝的山色所吸引，更被山中的诸多草药所折服。赞叹之余，神农氏在此辨五谷尝百草，登坛祭天，终得四样草根花蕊和水服之，不日痊愈。此后，神农氏又令山、地、牛、菊四官护值，因人而得名“山药、地黄、牛膝、菊花”。老辈人口口相传的这个故事正是“四大怀药”的最早起源。

美丽的传说背后都有历史的遗迹，在距离温县不远的沁阳神农坛风景区老君洼一带，至今还保留有“山药沟”“地黄坡”“牛膝川”“菊花坡”等古地名。

而温县所处之地，与神农山地下奔腾的岩溶之水贯通相连，正是古老的怀药能够传播到的最佳生长之地。

到公元前 734 年，卫桓公举怀山药、怀地黄、怀牛膝、怀菊花向周王室朝贡，周王室用后大悦，赞其为“神物”。从此“四大怀药”成为历朝贡品，一直到清代还岁岁征收。

“乡民种药是生涯，药圃都将道地夸。薯蓣篱高牛膝茂，隔岸地黄映菊花”。清乾隆五十四年（1789 年），范照黎曾赋诗一首，记录古怀庆府四大怀药丰收的美好图景。

范照黎，字乙青，清代河内县人，曾在嘉庆年间任安徽定远县知县。范照黎对家乡覃怀的人文历史颇有研究，他虽为官江南，但始终心系家乡的文物古迹、群贤圣杰和方志典籍。能够如此清晰地记录怀药生产场景，得益于他青年时代在怀庆府成长的经历。而这首诗所描绘的场景，与我们张氏祖上流传下来的怀药丰收景象并无二致。

在前东南王村，我们张氏祖上自张朴始，到我们这一代已是第二十一代。明清以后，“四大怀药”逐渐进入鼎盛时期，张氏家族见证、参与了这个历史进程。

张氏家族传至第八代张所惺，已然不是独门小户的普通农民家庭。据张家族谱记载，张所惺曾任“府吏”一职，极其重视家族的学业传承。

著名古诗《玉台新咏·古诗为焦仲卿妻作》中有语云：“君既为府吏，守节情不移。”

“府吏”，自古以来代指州、郡长官的属吏。在明清时期，“秀才”

是府吏一职最好的后备人才。其具体职责为辅佐地方衙门主官处理维护社会治安、管理人民生产生活等事务。府吏在封建社会中是非常重要的一类人，他们的地位和收入都比一般人高出很多。按照长辈流传下来的说法，张所悝担任的府吏虽然不享受国家俸禄，但工资也由地方衙门发放。

这样的家庭地位于前东南王一个中原小村而言，显然已是崭露头角，小有所成。而张所悝次子张体义更是在这样的家庭氛围影响下文武兼修，取得了“邑武生”的称谓。

《孟子·滕文公》（上）说：“夏曰校，殷曰序，周曰庠。”

庠序是古代的地方学校，里面的学生叫“庠生”。到清朝时，地方的府学称为“郡庠”，州县学称为“邑庠”，学生也相应被称作“郡庠生”“邑庠生”。清科举又分文、武两科，武生员是“庠武生”（俗称为“武秀才”），府、州县学的武秀才就叫作“郡庠武生”“邑庠武生”。

据国家清史编纂工程相关史料记载，“武生”的管理、训练与考试流程相当严格。清代文武科举皆始于童试，继而是乡试、会试，最终的考试才是殿试。通过各级考试的生员，相应取得文武生员、举人、进士的身份。由此可见，张体义之所以被族谱记载为“邑武生”，应该是成功考取了地方上的武秀才，已经成为当地武举人、武进士的主要候选人，家庭地位可见一斑。

文有“府吏”，武有“邑武生”，此时的张家，家境渐丰，声誉渐起。这个时代张家所投入的产业，与范照黎诗中所言亦极为符合。他们利用自己“府吏”和“邑武生”两代传承的身份地位，开始在前东南王村购地置业，开始了最初参与怀药生产的家族传承历史。

历史的开端，往往是粗线条的，但一个家族对于核心产业的传承，却往往是近乎苛刻的。

怀药之所以质量纯正、药效独特，源于自然条件，更体现在培育技艺和精细的加工技术上。自接触怀药产业起，张家便开始利用家族文武兼修的特长，总结怀药种植、加工、销售的诸多经验，为家族技艺的传承留下了弥足珍贵的记忆。在祖辈流传下来的故事中，张氏家族不断研读科举考试的学习内容，《本草纲目》《景岳全书》《神农本草经》等书籍和资料，几乎是张家后辈的必修科目。

在我的记忆中，家族关于“四大怀药”的种植，要求非常严格，包括育种、选地、整土、育苗、施肥、病虫害防治等每一个环节都有严格的要求，药材的加工也有严格的传统工艺标准，怀地黄的九蒸九晒，怀山药的反复浸泡和熏蒸、晾晒和搓制等工艺，使得药材具备了优越的品质。

家族传承至第十四代张配唐时，怀药商人开始在怀川崛起，大大促进了怀药加工的规范化和怀药文化品牌的形成，使“四大怀药”成为河南首屈一指的地道药材。而张家人也开始利用自己的家族影响力，不再拘泥于怀药的种植加工，迈出沿着怀商一路向南发展的步伐，将张家生产的怀药送到湖北老河口，送过长江，送达泉州，甚至通过海路，将产自前东南王村附近的怀药一路送到了东南亚。

在这跨越千万里的商路上，偏居一隅的温县小村，留下了诸多闪光的记忆。

初种怀药经坎坷　潜心工艺留美名

霜降之时，正是收获怀山药的最佳时节。

如果穿越到200年前，一定可以看到祖上张配唐在怀山药地里带人劳作的背影：他佝偻着背走在怀山药田里，一片片茂盛生长的怀山药，就是他振兴家族的希望，也是他将张氏家族与怀药传承链接起来的绿色纽带。

在祖辈的记忆中，张配唐立志种植怀药的决定，曾经在家族内部引起一番轩然大波。

清朝中期的温县农村物资匮乏，农民多以农耕自然经济为主。前东南王村的多数百姓，都以种植小麦、玉米为主。家中几亩薄田秋天种下小麦，入夏收获金黄的麦子；夏天种下玉米，秋后收获金黄的玉米，基本上就满足了一家人生活所需。只有家有余田的大户人家，才有种植怀药的条件。然而，即便有余田可用，多数农民的选择也是种植相对容易获得丰收的大豆、花生之类的农作物，选择种植怀药的并不多见。

此时的张氏家族，历经几代之后，家族经济条件十分丰腴，早已解决了果腹之困，也无银两之忧。不仅如此，古怀庆府一代先一步发展起来的怀商大户，也开始对张家主事人张配唐产生深远影响。

清道光年间，发源自今博爱县的杜盛兴商号，在怀川已经颇有声望。商号以建在全国各地的覃怀会馆为依托，在将“四大怀药”送到甘肃临洮、陕西双石铺的同时，又将当地盛产的党参收购后运销至全国各地；在将“四大怀药”送至湖南常德会馆的同时，又将当地盛产的朱砂运销至全国各地；在将“四大怀药”运送到山西太原的同时，又将当地盛产的黄芪运销至全国各地；在将“四大怀药”运送到四川灌县（四川省旧县名，即今县级都江堰市）的同时，又将那里的麝香运销至全国各地。其中，麝香成为杜盛兴的主打品牌，杜字牌的麝香曾经销到北京、天津、上海、广州以及香港、东南亚等地，并成为北京老字号“同仁堂”药店的地道药材专供商。

不仅如此，与杜盛兴几乎同时期的协盛全等商号也采取同样的方式，从怀庆府所属各县收购怀药，加入了中药材的全国销售链条。此时的张家，尚处于这个链条的底端——怀药的种植与初步加工。

当时的温县，山药分为菜山药和药山药两种，菜山药形体粗壮，市场上常见，但营养和滋补价值较低，只有药山药才具有高营养和养胃的优势。清风岭附近，前东南王村一带的垆土地，正是种植药山药的最佳地带。

放眼怀川各县，温县得天独厚的地理环境自不必赘言，其周边的沁阳、博爱、修武等地，几乎都被山体环绕，只有温县沿黄一带四周无山，土地平整，有着连片的垆土土壤。这种垆土土质紧实，特别适合铁棍山药的生长。山药在坚硬的垆土中历经磨难，冲破密实垆土的重重阻碍，奋力生长，从而形成了紧实的口感。现如今，新鲜采收的温县山药用力捏也捏不动，坚硬如铁，所以才有了“铁棍山药”的美称。而在张配唐初次带领家人种植山药时，想要得到一支体形修长、完整的怀山药，却需要经历诸多坎坷。他想要闯过的第一关，就是要得到家族多数人的同意。

据老辈人回忆，因为种植山药会直接影响到小麦、玉米等基本口粮的种植，面对张配唐匀出好地种植山药的提议，家族里反对的意见非常激烈。对于见多识广的张配唐来说，处理好家族的矛盾，才能够得到家族成员的支持，才能摆脱传统农业生产的束缚，正式加入怀川大地怀商创富的传奇之中。为此，张配唐大胆地以自己名下的 3 亩[①]地为试验田，首次在怀药种植的时节，放弃了冬小麦的播种。

张配唐的选择，放在当时无疑是大胆的，思维也是相对超前的。当时许多普通农民果腹尚且困难，又有谁敢拿出如此魄力，放弃金贵的粮食，选择种植怀山药?

事实上，张氏家族通过多年的书香耕读，已经对怀川商号的发展颇有研究，对于怀药贵比人参的行情也有初步了解。在张配唐的心中，第一茬怀山药种植成功后，一亩地得到的收益，将远远超越普通的小麦种植。这样的高收入，也一定会得到族人的理解和认可。

然而，这条路却非常艰难。

都说樱桃好吃树难栽，在怀药种植行业，怀山药的种植更是难上加难。

一是培育生长难。怀山药一般都是谷雨前种植，霜降后收获，其种植过程不但艰辛，还很繁重。一根怀山药需要经历 3 个季节的风雨洗礼，才能成为药材商手中那根金贵的“怀参”。

二是地块轮替难。种植怀山药非常耗费地力，山药为了摄取养分，根须能长到地下一米多深处，其根茎身上的毛孔非常粗大，就像无数个“针管”，全力吸收地里所有的养分，在将自身养成一根“怀参”的同时，也耗尽了土地的精华。如此下来，种植一茬怀山药的土地，竟然需要最少 5 年时间的休养。放在清朝时期，谁家会有如此财力，拿出多余的土地来轮流种植山药? 这样的难题，自然也是摆在张配唐面前的最大问题。张配唐心里清楚，在土地收获怀山药之后的恢复期内，即便是种植其他普通农作物，产量也会极其低下。这个核心问题，也正是怀山药虽然口碑好、药效好却种植困难、产量低、价格也偏贵的原因。

三是山药开挖难。正宗怀山药采挖起来非常不容易。开挖劳作的农民需要在山药地的一头，找到山药的植物根部，在种植行朝外面一点精准开挖，需要挖下约 80 厘米深。采挖的过程，农民需要精准控制铁铲的力度

---

① 亩为非法定计量单位，1 亩等于 1/15 公顷。

和方向，避免铁铲触碰到山药。整根山药露出来之后，不能轻易挪动位置，须用双手轻轻掏出来，否则有可能会掰断山药，以至于前功尽弃。此外，刚出土的铁棍山药外皮非常容易被刮破，需要小心翼翼堆放，不然会影响卖相，让山药的价值大打折扣。如此繁杂、谨慎的流程，一个熟练工一天下来也就挖 50～60 斤①。

想想 200 年前祖上张配唐遇到的诸多难题，即便放在如今，也是很难解决的。

但张配唐没有放弃。

在家族老人的记忆中，他经常深入田间地头，虚心请教当时的知名药农，四处学习“四大怀药”的种植栽培及保护知识，拜访当时“四大怀药”药商加工炮制技师，从各地的怀商老号中学习怀药制作技术要领，不断丰富自己的制作技艺，也从怀商老号的发展传承历史中，逐渐找到了自己的发展方向，让家族发展与怀药传承真正结缘。

在前东南王村，曾经流传过一个“配唐最好”的故事。

故事说的是，在每年怀药开挖季节，张氏家族都要组织村里的百姓参加挖山药比赛。此时的张家已经初尝怀药成功种植的甜蜜滋味，家族中已经有不少族人参与到怀山药种植大军中。由于张配唐出色的经营管理能力，族人的土地在一定范围内轮流种植怀山药，筛选出好的品种，并通过鸡粪、兔粪等动物粪肥来增加土地肥力，为张家带来了不小的收益。正因如此，张配唐组织的怀山药开挖比赛，几乎成为村里丰收的小型庆典。

每一年的开挖比赛，几乎次次都是张配唐挖出山药最多、最快、最好。他已经把自己的一颗心都放在了怀山药的种植经营上，也把每一根怀山药都当成了自己的宝贝，他的挖山药技术又怎能不好呢？

在张氏家族流传的故事中，张配唐不仅仅是山药挖得好，在后期的熏蒸、炮制等一系列加工流程中，“配唐最好”也已经从家族荣誉变成了当地四邻八村的“品牌”，张氏家族与怀山药的发展传承，也开始有了更为密切的关联。

① 斤为非法定计量单位，1 斤等于 0.5 千克。

四处拜师学手艺　张家怀药古法成

中药来源于自然界的植物、动物和矿物。我国传统药材资源达 12 807 种，但中药临床应用和成药制作一般不用生药，而用经过加工炮制的成熟品即饮片。对于“四大怀药”来说，经过古法炮制之后，其功效会大增。

所谓中药炮制，是根据中医药理论和医疗、调剂、贮藏等不同要求以及药材自身的性质，分别采用修治、水制、火制及增添辅料制作等方法，对生药进行加工的特殊技术，其上可追溯到药材的种植、采集或饲养，其中以炒、炙、烫、煅、煨和火制方法最为常用，故名“炮制”。

中药炮制的目的，在于降低或消除药物的毒性和副反应，缓和或改变药性，从而提高疗效，便于调剂、贮藏和服用，其核心是减毒增效。从古至今，中医药行业在中药炮制方面积累了大量经验，总结了成套理论，发明了不少技术，形成了众多流派，编著了大量著作，中药炮制技术成为中药学的重要内容之一。

张氏家族自张配唐时代开始种植“四大怀药”之后，尤其以种植怀山药居多，对怀菊花、怀地黄、怀牛膝亦有所涉猎。然而，在育种、选地、整土、育苗、施肥、病虫害防治等方面积累许多经验的张配唐，对“四大怀药”的炮制加工，却并不甚了解。

在古怀庆府一代，怀地黄的九蒸九晒，怀山药的反复浸泡和熏蒸、晾晒和搓制等工艺的流传，使得药材具有了优越的品质。明清时期的怀庆府，怀药商人异军突起，大大促进了怀药加工的规范化和怀药文化品牌的形成，使“四大怀药”成为河南首屈一指的地道药材。一直到现在，著名中药六味地黄丸中，怀地黄和怀山药的比例依然占到 48%，而由怀药产生的文化习俗也广泛地影响着当地百姓的生产生活。

根据族谱的记载和家族老人的口口相传，张配唐曾经到温县、博爱等地的怀商老号中拜师学艺，也曾经在怀药收获季节四处寻访民间的怀药艺人，苦心学习怀药的炮制技艺。在多年的拜师学艺过程中，张配唐搓制怀山药的技艺，也开始赢得“配唐最好”的美誉。

在怀川地区的传统制作工艺中，采挖、洗净、除去外皮及须根的怀山药须用硫黄熏制（如今已经采取更为先进的无硫手段处理），使其干燥，随后再进行进一步的搓制加工。也有老艺人会选择丰腴顺直的干燥山药，置清水中将其浸至无干心，闷透之后再用硫黄熏制，此后切齐两端，用木板搓成圆柱状，经晒干、打光等多道工序，才能成为红绸缠身的“光山药”。在这些繁杂的工序中，手工的搓制技艺极其讲究。

在我幼年时代，曾见过家族中长辈搓制山药的技艺。

一根洁白如玉的怀山药在他们的手中如同一件工艺品。山药在木板与厚实的案板间旋转翻飞，艺人的双手随着木板的滑动而巧妙掌握木板压力的大小，对怀山药进行挤压修型，最终将其搓制成光滑圆润的成品。

或是因为当年的怀山药产量极低，生鲜山药又不易保存，张氏家族给当地怀商供应的都是经过炮制的山药制品。这些经过加工的怀山药，就这样经过怀商艰苦卓绝的陆路、水路运输，走向海港，漂洋过海，抵达世界的每一个角落。

年深日久，张配唐四处学艺积累的手艺，让张家的山药制品备受各路怀商的喜爱。每年怀药收获时节，怀商老号的掌柜们都会慕名来到前东南王村，提前与张家预订怀山药制品。而张家人也逐渐形成一套种植、管理、销售的体系，这为张氏家族随后自成体系的怀药生意，打下了坚实基础。

对于“四大怀药”的炮制，古怀庆府人从生产中积累经验，也从古籍中汲取智慧，古怀庆府人的怀药炮制法至今仍然在这里流传。

怀山药的古代炮制方法，南北朝刘宋时期有蒸法（《雷公炮炙论》）；唐代有熟者和蜜法（《食疗本草》）；宋代增加了姜炙（《普本》）、酒浸、酒蒸、酒煎（《履巉岩本草》）等法；金、元时代起，开始有白矾水浸焙（《儒门事亲》）、酒浸、火炮法（《瑞竹堂经验方》）；明、清时代又增加了姜汁浸炒（《普济方》）、乳汁浸（《滇南本草》）、葱盐炒、黄姜汁拌蒸、酒炒（《景岳全书》）、乳汁拌微焙、醋煮等炮制方法。

经过炮制后的怀山药味甘性平，归脾经、肺经、肾经，具有生津益肺、补脾养胃、补肾涩精的功能。怀山药生用以补肾生精、益脾肺之阴为主，用于肾虚遗精、尿频、肺虚喘咳、阴虚消渴等。土炒山药以补脾止泻为主，用于脾虚久泻，或大便泄泻。麸炒山药以补脾健胃、益肾固精为主，用于脾虚泄泻、久痢不止、尿频、遗尿带下等。

事实上，在我多年的探索研究中发现，怀山药的古法炮制，其实并未离开药食同源的基本法则。所有关于怀山药的炮制，最终殊途同归，走上了药食同源之路。这其实也是由怀山药软糯香甜的口感所决定的。

关于怀山药的口感，我们当地还流传过一个关于山涛和司马懿之间的故事。

山涛，字巨源，“竹林七贤”之一，曾任吏部尚书。山涛幼年家贫，虽饱读诗书，却在家种地。山涛家居怀县城西不远的虹桥镇（今武陟大虹桥）。那里泥沙深厚，土地肥沃，也是“四大怀药”主产区，特别是薯蓣（怀山药易名之前，就叫薯蓣）长得最好。

山涛家祖祖辈辈种薯蓣，他而立之年依然没有功名。乡里乡亲劝他：“你老姑夫正在朝中当家，何不去找他觅个一官半职。”

山涛的老姑夫，据传正是温县的司马懿。此时的司马懿装病在家，在品尝了山涛送来的薯蓣之后，倍感精神振奋，体力大增。司马懿将此物上贡给朝中皇帝，却阴差阳错间将薯蓣说成了“山药”——山涛送来之药。

在司马懿的帮助下，山涛以河内“书办”一职起，官位直至吏部尚书。此后，山涛见魏晋之争愈演愈烈，遂与嵇康、阮籍、刘伶、向秀、阮咸、王戎喝酒纵歌，不问政事，成就了“竹林七贤”的美名。

据传，“竹林七贤”每到山涛家聚会，山涛拿不出山珍海味，就发明了用糖或蜜炒鲜山药的做法，因炒后的山药夹起来时丝丝缕缕不断，后世人称之为“拔丝山药”，如今也是一道怀川名菜。

传说固然是传说，却也佐证了怀山药药食同源之名——以其药也，益寿延年；以其食也，唇齿留香。

张家对于怀药药与食的深刻认知，使其在后来的近200年间打开了家族的产业传承之门。

在这里，再简单介绍一下张家从古代典籍中找寻到的其他三种怀药的炮制之法。

对于怀地黄，汉代有蒸后绞汁（《金匮要略》），梁代有酒浸（《本草经集注》），南北朝刘宋时代有蒸后拌酒再蒸（《雷公炮炙论》），唐代有多次蒸制、熬制（《千金方》）、蜜煎（《食疗本草》）等方法。清代则又增加了炒焦、面包煨（《本草述》）、山药拌蒸（《遵生八笺》）等炮制方法。

对于怀牛膝，晋代有酒渍服（《肘后备急方》）的炮制方法，南北朝刘宋时代有黄精自然汁浸制（《雷公炮炙论》）的方法，唐代有用生牛膝汁浸、入汤酒用（《千金方》）、酒浸焙（《理伤续断方》）等方法，宋代增加了烧为灰、微炙、生地黄汁制（《太平圣惠方》）、浆水浸、酒煮、酒浸熬膏（《博济方》）、慢火炒制、酒拌炒（《妇人大全良方》）、酒洗、盐水炒（《扁鹊心书》）等方法，元代又增加了茶水炒（《世医得效方》）、焙制（《瑞竹堂经验方》）的方法，明、清时代又增加了酒拌（《外科理例》）、酒拌蒸（《景岳全书》）、酒浸拌蒸（《本草汇言》）、盐酒炒（《遵生八笺》）、炒炭、酒炒炭（《类证治裁》）等炮制方法。

对于怀菊花，宋代有蒸制（《太平圣惠方》）、炒、酒洗（《仁术便览》）和酒浸（《青囊回春》）等炮制方法。清代除沿用酒制法外，又增加了制炭、童便制（《本草述钩元》）等法。

千百年来，知名医者、学者也无不对怀药大家进行褒奖。

根据史志记载，从周朝开始，怀山药就是历代皇室贡品。医圣张仲景《金匮要略》中的薯黄丸，以山药作为君药，制成药丸，治诸虚损症、风气百疾。药王孙思邈用怀药制屠苏酒，治疗瘟疫。到现当代，南怀瑾大师在《老子他说》中记载：宋朝名臣王旦病重，宋真宗亲自探病，御手调药，并由宫中派人送去薯（山药）粥；元军进军怀庆府，将士因不服水土而腹泻，太医院新德茂（怀庆府今中站区）用怀山药治愈。

善思善学、善作善成的特点，让张家的怀药生意迅速发展起来。

据乡民回忆，每年秋冬交替之际，前东南王村张家老宅附近都会传出“四大怀药”炮制的异香。不少怀商老号都会循着药香而来，如若怀药炮制未成，则会耐心静候门外。一拨拨商人络绎不绝来到张家取走他们眼中的张家珍品，也给张家留下数不尽的财富。而原本偏居温县一隅名不见经传的张氏家族，也逐渐在怀药产业之中扎根发展，以怀药产业支撑家族科举大业，实现了后人登科中举的梦想，也让“四大怀药”的非遗传承，在张家的血脉传承中保留至今。

第二章

张氏闪耀东南王　家族家风美名传

怀药致富树家风　解危扶贫留声名

清风岭下有佳境。

覃怀之地所有关于山药的传说，因人而异，因事而异，却都没有离开过黄河岸边清风岭这个制造传奇的地方。前东南王村距离清风岭不远，也曾是古老温泉滋润的一片神奇土地。祖祖辈辈在这里繁衍生息的张家人与怀药结缘，是我们祖上勤勉踏实的性格和开阔的眼界使然，更是天赐的一碗“传家饭”。

天赐怀川无价宝，地赏张家一碗饭。

张氏家族优良的家族风气，在经历了几代人的沉淀之后愈加崇文重教。尤其是在张配唐将怀药生意逐渐做大后，他有了极强的家族荣誉感。他果断拿出家中积蓄，一边供自己的儿子张炎若和族中孩子读书求功名，一边与家族人员携手扩张怀药生意，在张氏老宅附近形成了集炮制、储存、包装、货运等为一体的家族怀药产业。时年的张家虽然没有固定的商号名字，却也在怀庆府一代颇有声名。

先祖有德家业旺，后人无灾福禄多。

以怀药产业立家的张配唐常说：“人的一生不做恶事心坦然，不做好事白吃饭。”在村人的古老记忆里，张配唐老人一生只做好事不做恶事，他的故事也在十里八乡流传，为张氏家族积累了声望。

据说，张配唐在多年的拜师学艺之路上，拜了许多师傅，也收下了不少徒弟，师徒之间感情深厚。有一年，一位昔日的徒弟来找他帮忙，说自己原计划从武德镇拉山药送到师傅家加工，路上路过一个小村，拉车的骡子不巧碰伤了一头猪，主家不愿意。这位徒弟因此和主家发生争执，没想到主家找人把骡车给扣了下来。想到师傅张配唐在清风岭一代山药大户里颇有声望，自己的山药又打算让师傅加工，于是就丢下车一路紧赶慢赶来到这里，想让师傅出面协调一下。

张配唐家历经多年沉淀，已是耕读传家的书香门第，他不仅精通怀药产业，还博学知礼。他说："俗话说强龙不压地头蛇，出门在外就要学会夹着尾巴做人。碰伤了人家的猪，得赔礼道歉，耳朵也要听得进人家的指责。遇到这样的事情，自己还很强硬，不认错，人家能不恼？能不扣押你的车？此事不好说，你的山药车，我看难给你要回来！"

徒弟回家后，一家人都责备他，都说张配唐师傅批评得对，当时真不该与人家争执。徒弟虽然后悔，可是在武德镇这里举目无亲的他不找张配唐师傅，又有谁会出面给他协调解决问题呢？一家人正在焦急无策的时候，邻居从县里传来一个好消息，事主不仅要他们赶紧去把车拉走，还要当面给他道歉！

原来，张配唐表面上说不管，却连夜找到了当时温县县府管事的府吏，利用张家祖上当年在县里的关系，找到人出面协调，将扣车的一家人狠狠批评了一顿，还拘捕了当事人。他当初之所以说不管，不过是为了借机教育一下徒弟。

扣押山药车的大户，也算是当地一霸。但张配唐祖上可是出过府吏和邑武生的人，县府里很多故人都是世代交好，打通关系自然不在话下。

扣车大户被县府拘捕之后，张配唐并未一走了之。借此次救助徒弟的机会，他也想教育一下这个大户，希望他今后不要为难来往的怀药商户。

张配唐说："你家的猪本该关在猪圈里，大白天却往大路上跑，岂有不被车撞之理？出事之后，你们不思自己之错，反倒迁怒他人，事情怕不是这么简单吧！"

张配唐深知，大户之所以因一件小事便扣车，是嫉妒张家的怀药生意比自家的好，张家的怀药炮制技艺又是当地一绝，心中不忿，便故意难为往张家送药的人。这样的举动，他已经不是一次为之，之前都因事小，张配唐并未追究。

见大户低头不语，张配唐推心置腹地说："咱们清风岭下都是种怀山药的好田，有钱何不大家一起挣？好日子为啥不一起往前奔呢？俗话说得好啊，一个好汉三个帮。张家就是有再大的能耐，生意也做不完！你今后如想学艺，不妨也多到我们前东南王村走动走动！"

离开县府衙门的时候，张配唐又交代府吏协调两家的矛盾，力争大事化小，小事化了，别伤了四邻八村的和气。

事后，大户放了车，自己也未受到府衙的处罚。他知道这都是张配唐居中协调所致。从这以后，这家大户不仅不再拦截过往运送怀药的车辆，还亲自拜到张配唐门下，成为张家重要的怀药生意合伙人。

时光久远，我听到的故事往往模糊不清，但可以肯定的是，因怀药生意发家致富的张家人，有着达则兼济天下的雄心壮志，时常解危助贫，救乡邻于水火之间。这样的故事口口相传，吸引着更多的乡亲加入到张家的生意中去。他们有的是马车夫，有的是搓制工，有的是账房先生，有的是包装工人……在那个动荡的时代里，张家给周边的乡亲提供了稳定的工作岗位，也为张配唐赢得了乡贤的美名。

子弟学而优则仕　炎若考取太学生

学而优则仕。科举制度乃是我国古代最为重要的人才选拔制度，其从隋朝诞生以来，历经唐宋两朝发展，到明清时已经高度发达。

在清朝，科举考试即便已是穷途末路，但作为当时选拔人才最重要的途径，仍然有非常多的家族支持子弟走上这条路。此时的张家已经设置家学，邀请了远近闻名的私塾先生为家中子弟授业解惑。张配唐之子张炎若天生聪慧，成为家学中的佼佼者。张配唐一生痴迷怀药生意，心中最大的牵挂，正是张炎若的功名。

在名师指引之下，天资聪颖又勤奋好学的张炎若大有长进，年方 10 岁的他已是经史子集滚瓜烂熟，唐诗宋词出口成章。在诵读经典的同时，炎若也下苦功夫练习书法。古代读书人对书法的重视程度，是现在的学生无法理解的，每个孩子学习伊始，就开始照着字帖临摹。如今保留下来的状元试卷，一手小楷让人赏心悦目，都是儿时苦练而成。

据老辈人回忆，苦练书法的张炎若，发生了“撞字”的咄咄怪事。此事的发生，如同齿轮的转动，让炎若的人生轨迹发生了重大变化。在这个变化发生之前的炎若，始终对考取功名信心十足。

当时的读书人如果打算考取功名，必须通过由本县知县主持的县试和由知府主持的府试，以取得童生的身份，取得了童生身份才有资格参加正式的科举考试，这也可以看做是科举前的预备性考试。在清朝，县试多在二月举行，而府试则在八月。

童试也称童生试，乃是明清科举考试的最低一级，可以视作读书人的晋升之始。童试主要分为县试和府试两个阶段，如果有幸通过了这两个阶段的考试，那么便可以获得“童生”的称号，如此才证明你已经具备了基本的文化知识和写作能力。

作为科举考试的最初一级，一般在府城或直属省的州治所举行，主持考试的长官称学政、学台或宗师，清沿明制，一年举行岁试，后一年举行科试，再后一年举行乡试，三年一循环。岁试的基本任务是：第一，从童生中考选出秀才；第二，对原有的秀才进行甄别考试，按照成绩优劣分别给予奖惩。童生通过岁试，就算是“进学”了，即成为国家的学生，称为生员，俗称秀才、相公。岁试成绩优良的生员，方可参加科试。科试通过了，才准许参加更高一级的乡试，叫做“录科”。明清时期，通常在乡试之年的7月，还要在省城集中举行一次科试的补考，凡因故未能在各府参加科试的人，可乘机来补考，叫做“录遗”。

乡试则是在京城及各省省城举行，三年考试一次，一般在子、卯、午、酉年举行，考期多在八月，所以又称“秋闱”。其正副考官一般由皇帝任命在京的翰林及进士出身的部院官充任。

这年春节刚过，炎若的先生便让他开始准备二月知县主持的县试，迈出参加科举的第一步。炎若心知，县试虽然不能算是正式意义上的科举考试，但毕竟也是人生第一次大考，心中兴奋之余，挑灯夜战备考，孜孜不倦学习。

正式考试这天，炎若的表现很是镇定，一路考下来，未见任何异常，反倒胸有成竹。先生摸着花白的胡子频频点头赞许：“此子必远甚于我！”

考试成绩张榜公布这一天，炎若随先生一大早就来到府衙边等着。其间老先生跟炎若逗趣说，要是考中了头名，就带炎若去选一只兔子。平日里炎若父亲担心他玩物丧志，尽管知道儿子十分钟爱小兔子，硬是不准炎若养小动物。

逗趣间，贴告示的官兵前来张榜，瞬间便被人群围了个水泄不通。心智尚未成熟的炎若非常兴奋，高声向先生呼喊：“先生！先生！我要兔子！我要兔子！”

众人皆笑此子痴狂，不看红榜要兔子。只有炎若的先生心中暗喜，他扶了扶架在鼻梁上的老花镜，往头名的位置上看去，果然，那里赫然写着“张炎若”几个大字。

先生此时一改平时严肃的表情，拍拍炎若的肩膀哈哈大笑着说道：“走，买兔子去！”。

带着兔子回家的炎若，此时才是个天真烂漫的孩子。其实他也才 10 岁，只不过是家族梦想所托，他身上背负着学习的使命，无法像村子里其他孩子那样，每天在田间地头自由奔跑，享受童年的快乐。

正在家中指导工人们加工怀药的张配唐听到儿子县试头名的好消息，当即决定杀猪宰羊举办庆典，盛情邀请同村的父老乡亲前来庆贺。如果说当年张所悍的邑武生是家族武学的首次突破，那么这次张炎若县试拔得头筹，则是张氏家族以怀药立业之后，在文试科举上的第一次突破。

自古以来，文武兼修的家族都能开创出一段家族奇迹——张家正是如此，炎若求学之路上的每一次突破，都为家族的发展传承注入了希望之光。

是夜，炎若深沉睡去。张配唐悄悄来到炎若床前，看着儿子熟睡的脸庞，甚是爱怜。默默陪了儿子良久之后的张配唐正欲转身离去时，看到了炎若放在床头凳子上的小兔子，它在小竹笼里睡着了。此时的张配唐突然意识到，炎若正值无忧无虑释放天性的年纪，也许平时自己确实过于严苛了些。想到这些，张配唐虽然有些于心不忍，但还是在心中暗下决心，一定要扶持炎若继续科考，为家族文脉延续承担重任。

事实上，张家后人之所以对待子女教育如此重视，正是始于张配唐。张配唐对于儿子张炎若严苛的要求，对张家后人产生了极为深远的影响。张家人甚至将一幅知名的对联悬于书房门前——“天下第一好事，莫如与人为善；世间最大需要，正是勤奋好学”。这副对联在张家老宅的多次拆建之中早已没有了踪影，却始终在后辈子弟之中代代相传，成为张家子弟求学之路上的座右铭。我当年可以一举考上本科院校，其实也是受到了家族风气的影响。

言归正传。县试夺魁的炎若，其实也只是迈开了万里长征的一小步。对于炎若来说，前方还有很远、很难的路要走。这年八月，他要报名参加竞争更为激烈的府试。先生不敢松懈，稍缓了几日，便又加快了课程的节奏。

只是这时的炎若，已然有点骄傲过头，先生丝毫不见他身上有往日诵读的激情。就连先生细心批讲的一些经典，也都是三番五次不能背诵理解。心浮气躁的张炎若完全学不进去，先生将这一切看在眼里，却始终没有苛责他。先生知道，万事万物都有它自然而然的发展规律，心急吃不了热豆腐，揠苗助长也注定不会有好的结果。

果不其然，同年八月的府试中，骄兵必败的炎若名落孙山。第一次参加县试即夺魁的经历，对炎若来说太过顺利，所以这次府试败北的结果，老先生和张配唐并不感到意外。在两位长者眼里，这正是现实给炎若上的人生中的重要一课。他们也希望张炎若能够从失败中汲取教训，为随后的科举考试积累更多经验。

经历了这一成一败的两场人生大考，炎若似乎也懂了其中的人生道理，其为人行事也的确稳重踏实了许多，他的科举之路，又开始了一段坦途。

在随后几年举办的院试和岁试中，炎若分别被选中为童生、秀才。

三更灯火五更鸡，正是男儿读书时。炎若一路勤学考取功名，在当地十里八村已是响当当的人物，用今天的话来说，当时的他就是“全村人的希望”。一路考中的炎若在温县也是知名人物，就连城里的几家富户都争先恐后地托人说亲，但都被张配唐以炎若尚且年幼，且这孩子一心只想考取功名，暂不考虑婚事给婉言谢绝了。

为考取功名，张炎若在私塾里还落下一个不知啥叫“受气头”的故事。

当时的张家子弟众多，张配唐干脆就在私塾里设置灶台，请了师傅开火做饭。早晚吃饭，张家伙房里做的都是花卷，花卷用一层白面（小麦面）和一层黑面（玉米面）卷在一起制作而成，样子很好看。

吃饭时，整筐的花卷就放在厨房，由子弟随便吃。那时虽然张家已经家底殷实，但白面毕竟还是好东西。家族里一些心思聪敏的子弟，就动起了歪脑筋。一些往来厨房观察的子弟发现，花卷在制作过程中，一层层卷起来的长条面团两头的白面相对较多。厨师在分段切成一个个花卷形状的时候，这两头的馒头白面自然多，俗称“受气头”。目标既定，很多学生就会费尽心思去拿“受气头”吃。奇怪的是，张炎若在这里苦读几年，竟然连一个“受气头”都没有吃过。就连先生也不得不摇头苦笑：“这孩子啊，就是痴迷学习，其他的心思是真没有！”

如此诚实好学的人，人生转折的“撞字”事件，终究还是来到了面前。

炎若痴迷颜真卿书法，平日里除了诵读百家经典，一得空闲就会伏案练字，颇得颜公书法真谛，写出来的字与颜公真迹有几分神似。对此，不仅老先生引以为豪，就连炎若平时审慎寡言的父亲，每每在外人面前提及，都要忍不住称赞几句。可惜的是，成也真卿，败也真卿，就是这一手让老先生和父亲都引以为傲的真卿体，改变了炎若的仕途轨迹。

事情发生在炎若第二次参加乡试那年，因为两年前落榜的教训，之后的两年，炎若很是发奋用功。张炎若睡觉时说梦话诵读经典的传说，在我们家族里也流传多年。这年乡试，炎若备考充分，信心满满，在考场上洋洋洒洒论述一番，自觉胸有成竹，必定金榜题名。

然而，炎若却又一次名落孙山。

榜上无名的残酷现实让炎若和老先生都深感意外，信心十足的炎若备受打击，一时间竟无法接受这个事实，陷入了深深的自信危机。

老先生看炎若意志消沉，连续多日不思饮食，便找张父商量，看能不能让人去官府打听一下事情的真相，毕竟炎若的功底他是知根知底的。以炎若的文学储备来说，即便拿不了头名，也不该名落孙山啊！是不是哪个环节出了差池？

张配唐也心生疑窦，便托人去打听。费了好大工夫才弄明白，原来今年乡试的头名是本地官绅的后辈，考试前，这家人托人打通了关节，安排这假头名提前写了幅字给主考官。如此一来，主考官阅卷时识别出来假头名的字迹，好行方便。无巧不成书，谁料到这假头名竟然也是练颜真卿字体的高手，主考官安排的小吏识得两份字迹相似度极高的试卷，以为是同一个人答了两份，便擅自做主，将炎若这份卷子取出来，当作多余重复的废卷被晾在了一旁。这样的暗箱操作，导致炎若的试卷压根儿就没进入阅卷人的视线。

弄清了事情的原委，张配唐震怒之余，又自责不已，他觉得是他的疏忽大意，未能提前做好万全之策，才导致了炎若的考场败北。然而，想到儿子眼下茶饭不思、备受打击的状态，他担心炎若知道其中的原委之后会一蹶不振，便让人将消息封锁起来，为今后的考试再做准备。

于是，这场风波就这样过去了。只是炎若的自信心深受打击，再也不想追求仕途。配唐看到儿子萎靡不振的模样，也不好再强迫，便随了他去，如此又是几年光阴虚度。

据老辈人回忆说，有一天，炎若突然又自己坐回了他的书房，开始翻阅之前的读书笔记。张配唐似乎又看到了当年那个意气风发、自信满满的儿子，便赶忙请来老先生指点迷津。老先生借机开导，炎若又欣然接受了读书这件事，又一次向仕途发起冲击。

正所谓时也命也。时隔经年，政局时局已变，早已物是人非。炎若无奈止步于太学生，未能再进一步。

炎若的科考经历，对当时的张家而言实为憾事。不然，若是恰逢盛世，以炎若的才学，迟早能踏进庙堂，为国效力。然而，炎若苦心求学的经历，却感染了张家一代又一代学子走上求学之路，为张家的文脉延绵，打下了坚实基础。身为太学生的张炎若在当时的温县人脉甚广，与当地富商大贾结为好友的他，开始接手张配唐的怀药生意，为家族事业的发展、怀药文化的传承，贡献了自己的绵薄之力。

太学生痴迷怀药 文化人助力传承

张配唐与张炎若父子俩的故事之所以在张氏家族中流传甚久，是有一定原因的。在我投身怀药事业之后，对家族里的故事了解日深，也就对前人的奋斗理解至深。

张配唐于张氏怀药产业的传承，大功有三：

一是打开了张氏家族全新的发展视野。在张配唐之前，张氏家族主要以农耕为主，兄弟几个的主要精力都在种植常规的小麦、玉米等农作物上，家庭条件并不宽裕，仅仅是解决了温饱问题。即便是追溯到张所惺的府吏时代和张体义的邑武生时代，家族也无非是有了置办田地的能力，并未能从根本上脱离传统农作物的束缚。而张配唐则超前预判了怀山药产业的发展前景，打开了张氏家族的全新发展之门。

二是奠定了张氏家族以怀药传家的基础。在张配唐之前，张氏家族没有任何人想过改弦更张的事情，更没有人敢于打破常规，拿出金贵的土地种山药。正是前人张所惺、张体义将书香引入这个普通的农家，才打开了张配唐的视野。而打开视野之后的张配唐，凭借深厚的文化功底和对时代发展的判断，才有了发展怀山药产业的胆魄。回想当年，自康乾盛世前期便已经在中药界打开一番新天地的“四大怀药”风头正劲，怀商商号也有了布局天下的雄心壮志，张氏家族如此抉择，是站在了历史发展的风口，也奠定了张氏家族以怀药传家的基础。

三是树立了怀药立世、耕读传家的家风。穷则独善其身，达则兼济天下。前东南王村的张氏家族以怀药立世、以耕读传家的良好家风，其内涵还是儒家温良恭俭让的改良和发展。怀药立世，其实并未离开农耕的勤劳本质；耕读传家，则为家族提升名望注入了文脉基因。张家的怀药产业发展在张配唐的带领下没有走商号之路，反倒是类似于当前的农民合作社发展模式。在研究张配唐时期的家族怀药产业时，我们常常会找到他联合家族内部亲友、村民一起种植怀药，甚至免费帮助周边贫困无地的佃户加入怀药制作作坊的事例。这些事例在前东南王村周边的口口流传，证明了张氏家族温良的家族家风传承，也恰恰是这个家族在清末太平天国农民起义时期依然可以打开怀药商路的“核心机密”。这个家族对于怀药产业的发展，是带着“共同致富”基因的，他们想利用怀药生意，改善家族的生存状态，同时也改善周边乡民的生存环境，这是值得继续深入研究的。

张配唐于张氏家族的怀药产业发展功不可没，张炎若这个拥有太学生身份的传承人，更是将文化基因注入了家族产业的发展。与他父亲张配唐一样乐于助人的张炎若，在为家族的怀药发展出谋划策的同时，也留下了不少传奇故事。

一个是关于他痴迷怀药“嘴沾墨”的故事。

张配唐当时为了学习怀山药种植、炮制的技术，不仅在怀庆府周边到处拜师，还耗费钱财购买了大量关于怀药古法炮制的典籍；在现实操作中，张配唐又积累了许多实践经验。为便于培训家族传人和外村前来学艺的徒弟，张炎若也参与其中，每逢读书的闲暇时刻，他就用自己最为擅长的颜真卿书法，将张氏家族关于怀山药的技艺记录下来。

有一天傍晚，张配唐端着一碗米粥、一碟蒜汁、一盘小鏊馍来到张炎若的书房，打算让张炎若吃完晚饭，协助他记录下这段时间他关于怀药炮制技艺的心得体会。

看到父亲兴致勃勃，张炎若就说：“父亲，我这会儿还不饿，不如咱们先记录后吃饭。”张配唐倍觉欣慰。在他心中，炎若不仅仅是家族里突破科举的后起之秀，更是一个合格的怀药产业传承人。他便将这些晚餐放在书桌上，一边说出自己心中所想，一边和炎若商量如何记录才能更接地气，更容易被识字不多的农民所接受。

父子俩就这样边说边聊边记录，整整进行了两个时辰。

此时，窗外虫鸣阵阵，初秋凉风渐起，父子俩的肚子也开始咕咕直叫。

时年虽沉稳但依然调皮的炎若放下笔墨，拿起小鏊馍也不细看，就蘸了蒜汁放进嘴里。炎若一边吃还一边说：“哎呀，这小鏊馍要是热一热就更香了，今天这馍有一种特殊的香味。”

一边的父亲张配唐却哈哈大笑起来：“儿啊，你这吃的是小鏊馍蘸墨汁吗？满嘴都是黑的！”张炎若这才发现，他记录怀药知识过久，思维尚且深陷其中，竟然错将墨汁当成了蒜汁，给自己来了一个“嘴沾墨”。

这个故事传开之后，大家不仅没有笑话张炎若，反倒对他痴迷怀药文化的精神大加赞赏。

张炎若不仅痴迷怀药文化，对张氏家族的工人也十分体恤。关于他，还有一个“不识数”的故事。

当时的张炎若为加强自己撰写八股文的基础，曾离开家里的私塾，到邻村的一个前清举人家求学。有一年春节之后准备返校，父亲张配唐问他需要多少学费。张炎若报出的数字只有往年的一半，严厉的父亲当时就变了脸色，大声呵斥他：“你这个孩子是不是不识数？干脆别去上学了，不行就回家种山药吧！”后来，炎若的母亲问清楚了事情的原委，这才让张配唐转怒为喜。

原来，那一年是他考上太学生的前一年，因八股文写得出彩，在春节前怀庆府举办的一次征文比赛中，替老师写了一篇征文。后来，由张炎若代笔的这篇征文在比赛中一举夺魁，让老师获得了不少奖金。为了奖励张炎若，老师不仅减免了他一半的学费，还特意奖励了他一两银子。张炎若本想着少拿点学费，不愿意声张自己得奖的事情，反倒挨了骂。

老师另外奖励的一两银子，炎若也并没有自己乱花。在元宵节放假时，张炎若看到寄居在货栈的银匠陈宝连一包元宵也买不起，就自作主张买了 20 包元宵，分别送给了家里的工人，希望他们也可以和主家一样，过上一个欢乐的元宵佳节。

张配唐得知此事之后，对炎若大加赞赏地说：“这孩子不识数，倒是懂得识人！”

在此后的岁月中，张炎若放弃科举，开始掌管家族的怀药事业，陈宝和一帮工人对他感恩戴德，成为他怀药事业之路上的左膀右臂。

这件事对于张家还有一个深远影响，就是开创了张氏家族为员工发放福利的先河。受到张炎若的启发，张配唐从这年元宵节开始，在家族产业内制定了福利发放的几项规矩。凡是在张家怀药产业中干够一年的工人，春节、端午节、中秋节、元宵节都会得到一份福利。当然，当年的福利比不得如今，但却都是实实在在的家用物品。据老辈们回忆，张家的工人曾经领取过大米、小麦、猪肉、猪油、元宵、白糖等福利，不仅改善了工人们的生活，也加强了团队的凝聚力，为今后家族事业的长远发展赢得了人心。

不仅如此，在随后的产业发展中，张炎若还特别关心村中的鳏寡独孤之人。他特意交代账房先生，每年春节前统计一下村里的穷苦之人，他自己亲自驾车，挨家挨户送去慰问品。如此善举，赢得了村民们的拥戴，这也成为张家怀药种植得以科学轮换土地的民心根基。

比较遗憾的是，当时的张炎若虽然和父亲张配唐记录下了很多关于张家怀药技艺的独特心得，但却限于思维和认知，只记录、不出版，最终在一场火灾中化为灰烬。庆幸的是，这些心得在张家后人中口口相传至今，成为张家怀药产业非遗传承的核心内容。

第三章
举人拳拳报国心　泉州守备威名扬

家学渊源再延续　力大无比“小金刚”

张炎若育子二人，长子张诚一，次子张静一。

继承家学的张静一自小跟父亲学习“四大怀药”的种植、炮制技术，确保了家族以“四大怀药”为根基的产业得以延续传承，发扬光大。除在父辈的基础之上深耕种植、炮制技术之外，作为太学生之子的张静一延续了家族注重子女学业教育的家风，致力于提高家族的社会地位，竭尽全力给后代的学业发展提供力所能及的帮助。

张静一育有张时顺、张协顺二子。自幼善运动、体格健硕的张时顺在街坊邻里一众孩童里，体型外貌甚是出众。当时的张家家境愈加殷实，日常进食、营养各方面比较全面，其精气神亦格外出众，当时在村子里是出了名的“小金刚”。

然而，当时的村民却不知此时的“小金刚”，未来竟然会成长为一名镇守南方重镇的猛将。他在战场上报效国家，在战场下助力家族“四大怀药”的产业发展。在他的带领下，温县前东南王村所产的“四大怀药”一路跨过山河，直抵祖国疆土的最南方。他又动用自己的关系网，让“四大怀药”跨过重洋，把美名远播到东南亚等地。

据家族老辈人回忆，“小金刚”幼时好动，虽体格刚猛，性格却极为善良。他极善交际，虽略有顽劣，但为人却十分骁勇仗义，身上充满了正义感。少年时期，在与玩伴的日常玩耍中，若是遇到不公事宜，他敢于挺身而出，要么凭借出色的口才与对方舌战，要么发挥善于打斗的天性，为同伴伸张正义。

关于“小金刚”，家族里也流传过很多故事。

话说某一日，“小金刚”和他的同伴正在村头玩耍，突然有一个身材瘦小且衣衫褴褛的小男孩朝他们玩耍的方向跑了过来，“小金刚”见这个和他年龄相仿的孩童惊慌失措，便产生了强烈的好奇心，一路跟了过去。还没跑多远，身后便传来咋咋呼呼的喊叫声，有几个流里流气的大孩子快步撵了上来。这个十分瘦小的孩童被推翻在地，他哭着求饶，说自己不是故意把他们的仿瓷玩物打翻的，孩童边说边哭，甚至跪在了地上。

但那几个大一点儿的孩童却十分蛮横。他们不但要求赔偿，还想趁机敲诈勒索一番。“小金刚”见此情状，内心十分不忿，他最见不得恃强凌弱这种事情。于是，他仗着自己壮硕，而且样貌行为举止也更显成熟，便走过去主持公道，声称自己是瘦男孩的哥哥。

“小金刚”外号金刚，却也是张飞认针——粗中有细。他跟对方说：“既然我弟弟打碎了你们的东西，那咱们一物换一物，我身上的小配饰，你们看上哪件随便挑，拿走后不准再欺负我弟弟。如果以后让我发现你们仍不放过他，我是不会饶过你们的。”“小金刚”此时的口气坚定且充满力量，不仅没有童稚之声，还颇有几分长者风范。如此一来，那几个年岁略长的孩子只得唯唯诺诺退在一旁，趁人不备渐渐散伙。

“小金刚”见他们一众人散了去，便转身开始安慰这个身材样貌极为瘦小的可怜娃。经过询问得知，男孩名叫狗蛋儿，自小失去父亲的他和母亲相依为命，艰难度日。母亲身体一向羸弱，又因长期不舍得吃穿，把好吃的好穿的都留给狗蛋儿，终于积劳成疾，病倒在床已经多半月。没有母亲勉力维持，家中缺吃少穿已是常态。狗蛋儿见母亲已濒临饿死，便悄悄跟在邻居家孩子身后，捡拾他们吃剩的糕饼、干馍。谁知一来二去不小心，竟碰碎了他们的物件，惹上了祸端。

“小金刚”听了很是心疼，忍不住落泪。他随即带着狗蛋儿到自己家中，先让后厨为狗蛋儿拿来一包干粮，又向自己的父亲要来零花钱，让狗蛋儿给母亲去药房买药，临走的时候，“小金刚”告诉狗蛋儿，他大名叫张时顺，今后有困难可以再来找他，他一定会帮到底。

张静一看在眼里，喜在心里。他觉得小时顺像极了他家中大人的做派，尤其是像他的爷爷张炎若。早在张配唐、张炎若父子掌家时期，张家在当地就是出了名的积善之家，以乐善好施闻名十里八乡。如今小时顺虽然年幼，却显然也是一副菩萨心肠。

当天夜里，小时顺在床上翻来覆去睡不着。他一闭上眼睛，就会想到狗蛋儿皮包骨头的可怜模样。半夜三更，小时顺翻身起床，喊醒母亲，给母亲讲了狗蛋儿的故事。母亲见时顺这孩子如此富有同情心，心中倍觉欣慰。在和张静一商量之后，便带着时顺找到狗蛋儿家中，说自家还缺一名洗衣女工，希望狗蛋儿的母亲病愈之后到家中帮忙。狗蛋儿的母亲喜极而泣，欣然同意。

后来，在狗蛋儿母亲改嫁搬离村子前，狗蛋儿很多时候都是吃在张家，玩在张家，和时顺成了一对很好的玩耍伙伴，时顺也对其照顾有加。他们在之后的岁月里也结下了深情厚谊，在成长的路上相互帮扶，这都是后话。

时顺刚满 10 岁那年，时值麦收时节，乡亲们都在忙着收麦子。时顺和他的伙伴来到打麦场（彼时河南农村专门碾压、晾晒麦子的地方，一般约为现在学校操场 1/4 大小）玩耍。当时的打麦场上，都有几个用来碾麦子的石磙，这种石磙又粗又重，几个大人都推不动。玩耍中来了兴致的时顺却突发奇想，想推着石磙玩。他捋起袖子到石磙跟前试了试，却引来众人的嘲笑："你小小年纪，竟然也敢推石磙！"

话音未落，小时顺扎稳马步用力一推，竟然一人将那石磙推了两米多远。亲眼看到这件奇事的老人很是惊奇，10 岁男孩推石磙的故事，也很快就传开了。之前时顺力气大，天赋异禀，只有家里人知道，但是他的力气究竟大到何种程度，家人们也都没太在意过。直到时顺一人推动了那石磙，他的家人才知道他并非一般的体强力壮，实属力大出奇。

此事发生后，"小金刚"张时顺的故事开始在温县当地流传，越传就越邪乎。有人甚至绘声绘色地说张时顺可以双手举起石磙，还有人说张时顺一脚就能将石磙踢开数米远。张静一虽然哭笑不得，却对时顺强健的体格有了新的认识和看法，他们觉得这孩子也许真的有这方面的天赋，他的未来甚至张家的未来，极有可能与这份天赋产生关联。

张静一打算亲眼见见儿子“小金刚”的力道。

这天，张静一叫家里的工人搬来后院碾麦子的石磙，然后把时顺喊了过来，让时顺按照打麦场的推法，再推给他看看。只见时顺朝这石头面前一站，深吸一口气，胸腔部逐渐高高鼓起，而后他弯腰蓄力，扎稳马步，竟然慢慢地将那石磙搬离了地面。见此情状，时顺的父亲和围观的乡亲们当场都惊呆了，其中好几个长辈都不敢相信自己的眼睛。他们忍不住揉了好几下眼，再重新睁大了看。眼前发生的一切实在是太过惊异！这个十多岁的孩童，竟然可以将那马匹拉着都吃力的石磙搬离地面！在众目睽睽之下，只见张时顺顺手往前一推，石磙滚出去十余步远！

父母爱子至深，则必为之计长远。

张静一回屋后，高兴之余，沉思良久。他觉得这孩子体魄毅力实在是惊人，体健程度非常人所能及，不失为一个习武的好苗子。如果从现在起好好培养，假以时日，说不定能成长为一名武将，在这晚清末世外贼入侵之际，也好报效家国，长家族威风。

想到这里，张静一把妻子和管家等人叫到身边，说出了自己对时顺前途发展的考量。时局艰难，前路茫茫，涉及孩子培养大事，多个人商量总归是好的。张静一几人在房间里商量了足足一两个时辰，考虑了方方面面的影响，终于下定了为儿寻师、让其习武的决心。随后，他便叫管家私下安排人，去寻访当地的武术名师了。张静一特意交代，不计金钱代价，一定要为他儿寻得名师，学得真功夫，为张家扬名立万，为国家拼杀疆场。

多年以后，我们重拾这段关于家族的记忆，不得不佩服张静一的果敢决断。当年的清朝，外有敌寇虎视眈眈，内有太平天国一路北上，百姓生活甚是艰难。下决心让男儿学武，也就是把自己的命运与家国的命运紧紧拴在了一起。也正是这样一个正确的决定，让张氏家族的怀药生意于乱世之中异军突起，书写了独树一帜的怀商传奇。

时局动荡多变幻　时顺报国战疆场

不局限场地、老少皆宜，有着独特健身效果的太极拳，自问世以来备受世人青睐。2020 年 12 月，联合国教育、科学及文化组织在牙买加首都金斯敦宣布，将太极拳列入人类非物质文化遗产代表作名录。由此，太极拳成为中国又一个具有世界影响力的体育文化品牌。温县陈家沟是太极拳的发源地，被中国武术协会命名为“太极圣地”。这个太极圣地，距离我们前东南王村并不远。

时光回溯到百年以前，作为太极拳的发源地，陈家沟民间向来习武风气就比较浓厚。在太极拳的发源地陈家沟，妇孺皆耍拳，老人小孩都可比画几下，更有名师高人辈出。

几句大家耳熟能详的民谣，可以佐证：“喝喝陈沟水，都会翘翘腿”“会不会，金刚大捣碓”“上至哼哼，下至能能，大人小孩，都会扑腾”，意思就是在陈家沟，上至八旬老翁，下至三岁孩童，都会太极拳。这里提到的“能能”属于温县土话，指的是小孩才会站立，就可以打几招太极。

太极拳因陈家沟而生，陈家沟因太极拳而名。陈家沟村，原名常阳村，据《陈氏族谱》记载，明洪武年间，山西泽州人陈卜合家迁至常阳村。后来，陈卜于村中成立武学社，开创陈氏世代习拳之风，常阳村遂更名为陈家沟。明朝末年，陈氏第九代陈王廷依据祖传拳术，又结合中医经络等学说，创编了一套阴阳开合、刚柔并济、快慢相间，既能用于实战又能强身健体的新型拳种，因源自太极，故名“太极拳”。陈王廷因此被后人尊称“太极拳始祖”。

这里自然成为张时顺拜师学艺的首选。

后来，几经比较，张静一为儿斥重金拜师，让张时顺成功拜到当地知名陈家拳械武术门内，属于陈王廷弟子儿孙一支。陈家拳械武术传至陈王廷时，得以发扬光大，其祖父和父亲均为明朝官吏。陈王廷弟兄四人，其排行老二。陈王廷自幼天资聪慧，勤奋好学，不但深得家传武功的精髓，于武功一项出类拔萃，而且熟读诸子百家，涉猎经史子集，学识渊博，以致被誉为“文事武略，皆卓越于时”。

张静一为让时顺拜师心服口服，专门为他讲了诸多关于陈王廷的故事，让 10 岁的张时顺钦佩不已。

陈王廷，出身富裕之家，年轻时，曾走镖于山东一带，扫荡群匪，声播齐鲁，匪寇闻名丧胆。因他生得面红庄重，蓄有美髯，骑红色战马，惯使春秋大刀，江湖同道便给他起了个绰号，叫他“二关公”。可惜生不逢时，明朝末年，仅为武庠生，被县擢为乡兵守备。

崇祯年间，有一次应试考武举，陈王廷因武艺超群，箭法精湛，一马三箭，三马九箭，射了个凤夺巢（即第二箭从靶心挤出第一箭，第三箭又挤出第二箭，像鸟儿争巢一样），赢得了满场喝彩。但是，因为擂鼓报靶的鼓吏受人贿赂，却只擂了三通鼓（意即九箭只中三箭）。主考官闻鼓声，即以中三箭论之。于是，陈王廷大怒，驰马掣剑，劈死鼓吏，逃出了校场。

明朝覆亡前后，陈王廷已年老，隐居陈家沟，造拳自娱，潜心教授弟子儿孙。遗词上半首有“叹当年，披坚执锐，扫荡群氛，几次颠险！蒙恩赐，枉徒然！到而今，年老残喘，只落得，黄庭一卷随身伴。闲来时造拳，忙来时耕田，趁余闲，教下些弟子儿孙，成龙成虎任方便。”

陈王廷晚年全心教拳，遇到有天资的弟子，则倾尽心血。陈王廷门下陈氏弟子儿孙中，确是有龙虎之辈的。张时顺就拜在陈王廷拳法传人陈克忠门下。

拜师后，时顺认真修习拳法理念，每日勤下苦功，冬练三九，夏练三伏，每天清晨鸡鸣时分都能按时起床练拳。本就天资聪颖的时顺数年如一日坚持练习，再加之勤奋好学，肯下苦功夫，深得老师喜爱，自然也得到老师很多武学上的密授。后来，时顺武术造诣进步飞快，老师对其前途发展很是看好，便举荐他去参加武举考试，逐渐成长起来的时顺本人亦有志于此，于是便文武双修，更加勤学苦练。

因时局动荡，尚未参加武举考试的张时顺看到清朝政府发布的征兵讯息，心中有了新的想法，这参军打仗和考取武学应是殊途同归之路，而早些报效国家，也是张时顺心中所念。于是，他来不及和家人商量，就立即报名参军。在陈家沟这几年，他已经学得一身武艺，刚好能在军队里学以致用。平时在家里，张静一又常常给他讲家国情怀、家族荣耀，这也让他立下了男儿立志出乡关、何计马革裹尸还的远大志向。

初到军营的时顺，体味到了军营的艰苦。但因为之前有冬练三九、夏练三伏的基础，身体素质过硬，他很快适应了军中的生活，一路跟着军队南下安邦。

同行一路南下的将士都是北方旱鸭子，但凡遇到水上作战，纵是有万般本领都无法全数施展。但时顺却不同，他本就体格健硕，心量也大，习练太极拳又增强了他下盘的稳定性。每每营长需要人手，他都会自告奋勇并能出色完成任务，这让他取得了营长的绝对信任。在营长的眼中，张时顺不失为一名能堪当大任的将才，便着重对他进行培养。

在频繁执行任务的过程中，张时顺出色的表现愈发赢得营长的信任。有一次突击行动，面对敌人暗中射来的暗箭，张时顺以刀格挡，救了营长一命。此次遭遇之后，营长已经彻底视时顺为嫡系部下。晚上休息前，时顺常常受邀到营长帐内饮酒说事，甚至参与军事部署，增长了自己的战争经验。

不久之后，因南方战事需要，要从他们营中抽调部分力量归入海军编制。这个营长被选拔走的同时，也举荐了时顺。正是从此时开始，时顺才算正式来到晋江（今福建省泉州市的下辖县级市），由一名北方汉子成长为海军战士。

来到海军营，时顺一开始不是很适应，经常出现晕船、呕吐等症状，餐饮上也水土不服。海上和内陆的江河差别，让他苦不堪言。为了克服内心的恐惧，尽快适应海上作战的节奏并学习掌船技术，时顺经常给自己加练。就连轮休的时候，时顺也不敢大意，他会悄悄到实训基地去观摩学习，并私下找老海兵学习实战经验。终于，在两个月后的新兵考核中，时顺表现突出，开始参与正式作战。

第一次海上出征，时顺便勇立战功。当时敌军犯我南洋，为抵御敌军从海上入侵，我方将士日夜坚守在海防线上，战舰也是随时待命的战时状态。

一天夜里，敌军大量船舰突然袭击，时顺反应快速，所在的舰船首当其冲，在击退敌军的过程中，他为了保护营长，替营长挡了一枪，受伤坠入海中。落水后，时顺因手臂受伤，失去了游泳的能力，命悬一线。恍惚中，他抓住一块破碎的船板木头，就这样在海上漂了好几个时辰。天渐渐黑了，他终于等来了营里赶来搜寻救援的战友，战友将他打捞上岸。由于时顺身上有伤口一直在流血，又在海水中浸泡了几个小时，被打捞上来时已近乎晕厥，连讲话的力气都没有了。

回营后，受伤的时顺高烧昏迷四天三夜。在当时的医疗条件下，这是非常不祥的预兆。营长甚至已经决定向张时顺的家里发通知，准备让人来替他收尸了。

第四天夜里，正在昏迷中的时顺却突然一声咆哮，大喊："大胆倭寇，拿命来!"营帐外的士兵闻声赶忙前去查看。此时的时顺竟然从床板上坐了起来，虽然整个人还处于近乎昏迷的状态，手里却像拿着长枪一样用力朝空中比画，一招一式，有板有眼。士兵见状，不敢冒昧前去将他喊醒。昏睡中的时顺比画一阵后，便又咣当一声猛然倒在床上继续昏睡，直至半夜才逐渐醒转，脱离了危险状态。

时顺是为救营长才受伤落水，这又是他对营长的第二次舍身相救，因此，营长对时顺的伤情十分关心，多次来到营帐查看他的病。站在病床前，营长感慨万千。他多次对照顾时顺的兵士说，幸亏战后搜寻时找到了时顺，不然，时顺对他的救命之恩，恐怕用尽一生都无法偿还了。

时顺夜半醒来的消息传到营长那里，营长匆匆赶到时顺养病的营帐。看时顺精神状态恢复正常，营长便嘱咐伙房准备鱼汤丸子，并特意要求伙房在鱼汤丸子中加入托人从张时顺故乡送过来的山药片。当年的怀山药，已经闻名于世很久，在南方更是有"怀参"的美誉。从小就会种植怀山药，又经常在怀药炮制作坊中玩耍的时顺，不止一次给营长提到过怀药延年益寿、强筋壮骨的功效。没想到营长不仅记在心中，还把这弥足珍贵的山药片炖入汤中，为伤病中的时顺补充体力。

怀参果然名不虚传。时顺虽说体魄强健，但受伤落海之后被海水长期浸泡，生还的概率并不高。在军医的悉心治疗下，再加上家乡怀山药的特效加持，他终于脱离危险，再次返回到军营的训练之中。

文谏死，武战死。从小便受到家族爱国教育的张时顺不以伤病为借口，始终以家国为大的情怀，彻底感动了营长。已经开始和时顺称兄道弟的营长，也非常珍惜这棵军旅中的好苗子。营长当时就下定决心，要将武术身手高、体格健硕、上进心强的张时顺培养成军中栋梁。

不久之后，营长又被擢升官职，手下开始直接掌管小型战舰，张时顺也迎来了军旅生涯的第一次升迁。某日，在练兵休息的当口，营长叫来时顺，说了自己想提拔他为军舰长，让他带领军舰的想法。时顺听后一点儿也不怯场，满口答应下来，当场就立下了军令状。

没有金刚钻，岂敢揽下瓷器活！担任官职之后的时顺，夜里挑灯夜战，自己习练海战战术，白天则坚持亲自教授军舰官兵习练太极拳。未及半年，他便培养出了属于自己的一支嫡系精兵强将。在执行海上作战任务时，该支舰队表现异常突出，屡立战功。在一次追剿倭寇的重大作战中，因战功卓著，张时顺的英勇事迹被上报到清朝朝廷，引起了光绪帝的重视，遂赏其“额外外委”职务，从九品级。

然而，提拔擢升的张时顺，却再也没有收到家乡邮寄过来的怀药。原来，此时时顺离家已近三年，因其跟随军营南征北战，战舰驻扎的军港又经常变化，根本无法保证与家中书信的正常通达。参军之初，家中老人还曾托人给他送来家乡特产，此后屡送不达，又长年不闻其讯，便中断了联络。

天长日久，家人从一开始的翘首期盼，到后来的心怀失望，再到后来，慢慢地就接受了时顺已经为国捐躯的现实。想当年，国家沿海地区外寇虎视眈眈，时顺在行军打仗时本就凶多吉少，牺牲报国的概率的确远高于生还。

张时顺被授九品衔之后的故事，在他很多年后衣锦还乡时，才一点点被还原。

当年的他一路跟着军队南征北战，抵御外邦。加之当时国门已被打开，战事频繁，场场惨烈。每次作战，时顺都能凭借高超的武艺及其灵敏的战术立下战功。就这样，不出三年，时顺就由从九品级“额外外委”被一路提拔到了正六品级“营千总”，当时在海军中已握有实权，张时顺也迎来了自己军旅生涯中的高光时刻。

第二次鸦片战争爆发后，英法联军凭借其优势的海上力量，接连攻陷我国沿海重镇。1858 年 6 月（咸丰八年），清政府被迫与英、法、美、俄等国签订了《天津条约》，并约定第二年正式换约。

《天津条约》签订后，清政府对条约中的苛刻条款相当不满，咸丰帝认为“万难允准”，希望英、法等国能放弃这些条款，同时为防英、法舰队再次入侵，清政府任命蒙古亲王僧格林沁为钦差大臣，会同礼部尚书瑞麟组织大沽和京东防务。然而，英、法等国政府对从《天津条约》获得的权益并不满足，认为应当借换约的机会再次挑起战争，遂向清政府索取更多的利益。

1859 年 6 月，前来换约的英、法公使拒绝按照清政府指定的路线前往北京，而是在舰队保护下直闯禁止外国船只进入的大沽口，并拆毁中国军队布设的障碍，中国守军奋起还击，第二次大沽保卫战由此爆发。

由于之前清朝政府在此吃过亏，所以此时的清军，在蒙古亲王僧格林沁的带领下早就加强了大沽口的防卫，时顺带领的舰队就在这支防卫队中。于是，这次来的英、法舰队被我方布置好的炮火痛打，其中，时顺的舰队作为主力战队，与对方浴血奋战几个小时，面对强大的炮火毫不退缩。战斗中，英、法联军伤亡惨重，13 艘参战舰艇，有 6 艘丧失战斗力，4 艘被直接击毁击沉，被打死打伤 500 多人，而清军仅仅伤亡 32 人，这是鸦片战争以来清军第一次在对外战斗中取得胜利。

捷报上报朝廷后，咸丰帝龙颜大悦，重赏参战的所有兵将，其中因时顺屡立战功，且此次战功重大，意义非凡，直接被提拔为正五品，任晋江守备一职，把守清政府的南大门，并授蓝翎顶戴。如此耀眼的功勋，也让张时顺在地方上被称为“张举人”——他凭借战功也算是登科中举，光耀门楣。

张举人衣锦还乡　怀药宴惊艳宾客

晋江历史悠久，唐开元六年（718 年）置县，有 1 300 多年历史，历来是泉州府首邑，也是闽南“金三角”的核心，与台湾一水之隔，素有“泉南佛国”“海滨邹鲁”的美誉。中原文化、海洋文化、闽南文化、华侨文化、宗教文化等多元文化相互交融、相映生辉。

来到晋江任职的张时顺，即隶属绿营（即汉兵）。

在当时清军的建制中，汉军驻扎京师的称巡捕营，归步军统领管辖。绿营的建制分标、协、营、汛几级，标又分为督标、抚标、提标、镇标、军标、河标、漕标等，分别由总督、巡抚、提督、总兵、八旗驻防将军、河道总督、漕运总督统率。督标、抚标、军标、河标、漕标都是兼辖，实际各省绿营独立组织为提标、镇标，提督实为一省的最高武官，总兵略低于提督。总兵以下，副将所属为协，参将、游击、都司、守备所属为营，千总、把总、外委所属为汛。

张时顺的晋江守备一职，其实就是相当于如今的正营职。在他回到家乡温县省亲之后，家乡人对他有了举人的尊称。

在张家族人的记忆中，张时顺的省亲之旅，最初让人惊讶万分——原来咱“小金刚”还活着！当他的车马随从来到家乡，当他的故事传颂开来，全村人都感到荣耀万分——张时顺如今可真的是光宗耀祖了！

回乡之路，缘起于对父母的无比思念。

参军之后的张时顺忙于战事，无暇恋家。到晋江安顿下来后，战事稍休。他想起自己从参军离家以来，已经近五年没有和家中联系，更不知父母是否安在，兄弟可否安康。想起在家乡温县学习怀山药技艺、习练太极拳的一幕又一幕，想起父亲张静一佝偻的身躯，想起母亲的满头白发，想起弟弟小协顺稚嫩的笑脸，他禁不住泪流满面。趁军中政务不忙时，他便向朝廷奏请回乡省亲，从福建晋江一路北上，到怀庆府探望家人。

朝廷批准后，时顺思乡心切，一路日夜兼程赶往老家。因张时顺战功显赫，数年间曾受到朝廷多次嘉奖，如今又是镇守晋江的在职武官，他回乡的消息，第一时间就通过官方驿站回传到了地方州府。直到此时，家里才算是收到了他仍健在人世的消息。

张时顺回乡那天的盛况，在前东南王村的口口相传中，至今依然是一个传奇。

张静一得知儿子尚在人世并且已经官居要职，自然是欣喜不已。他感慨自己当年因材施教，对孩子进行武术培养是走对了路子，他骄傲自己为国家输送了一个骁勇善战的武学奇才，他更自豪张家终于走出了一个镇守边疆的将帅之才，他甚至已经看到了张时顺、张协顺兄弟俩携手创业的光辉未来。

张静一提前数天就安排家里人洒扫庭除，为了增加时顺省亲的仪式感，他专程安排人定制大红灯笼挂满了全村的街道，又制作了百面彩旗插于官道两侧。张静一当年最为用心的安排，是邀请怀庆府知名厨师，为时顺一行精心制作了“怀山宴”。当时的张静一并不知道，自己一时别出心裁的安排，竟然打开了张家怀山药走向晋江、走向泉州，甚至走出国门的传奇之路。

怀庆府民间自古就有用“四大怀药”入菜成席的习惯。千百年来，怀庆府民间厨师倡导药膳同源、入药为膳，将传统的“四大怀药”巧妙运用到膳食中。当地不少知名厨师在继承传统豫菜的基础上，融会其他菜系的烹饪方法，根据“四大怀药”的特性，遵循人体春宜“升补”、夏宜“清补”、秋宜“平补”、冬宜“滋补”的原则，避开中药之间的相互忌宜，取“四大怀药”之精髓，将其制成滋补、清香、醇厚、味美的药膳。不仅如此，厨师还大胆采用了许多古怀庆府优质地方食材，并将许多怀庆地方传统特色风味小吃创新改良后加入席面，如驴板肠、孟州凉粉、怀山八宝豆腐、鸡头参焖牛腩、油茶窝豆腐、清汤山药面等，特色浓郁，营养美味。

在张静一迎接儿子回乡的安排中，吃得好只是其中一个方面，他还特意赶到司马懿故里安乐寨，请来了得胜鼓团队。

这“司马懿得胜鼓”，说起来与“四大怀药”也颇有渊源。

公元3世纪中叶，魏、蜀、吴三国鼎立，各称雄一方，相互争夺天下。魏国大将军司马懿为了夺取斗争的胜利，命军中乐师根据音乐中宫、商、角、徵、羽五声的关系原则，选用大鼓、大镲、鞭鼓、云锣、月锣五种各具特色的打击乐器，创编了得胜鼓鼓曲。

该鼓曲问世后，一直在军中沿用。将士出征，以鼓乐相送，壮扬军威；将士凯旋，以鼓乐相迎，隆重庆贺。魏明帝景初二年（公元238年），司马懿率四万步骑北伐辽东叛将公孙渊，北渡黄河途经家乡温县时，在县城南门外济水河东岸的虢公台上，宴请地方官吏和父老乡亲。宴会上，司马懿命乐队演奏得胜鼓助兴，震天动地的鼓声隆隆作响，在天地间久久回荡，令人心旷神怡，荡气回肠。司马懿更是神采飞扬，欣喜若狂，慨然作歌：“天地开辟，日月重光。遭遇际会，毕力遐方。将扫群秽，还过故乡。肃清万里，总齐八荒。告成归老，待罪舞阳。”

激动人心的情景，即便过去千年之后，依然在这片土地上口口相传。据说，众乡亲被得胜鼓优美的鼓声所震撼，纷纷恳求将此鼓曲赐给家乡。司马懿欣然应诺，立即令人予以传授。由此，得胜鼓便由军队传入民间，被后人称之为“司马懿得胜鼓”。当时的宴席上，以“四大怀药”为食材的菜品，就得到了司马懿的赞赏。

怀药宴惊艳宾客，得胜鼓名震四方。如此惊艳的宴席，如此雄壮的鼓声，自然会让多年未回乡的张时顺感慨万千。

彩旗飘扬，鼓声喧天。张时顺回乡的时刻终于到来了，前东南王村瞬间成为一个沸腾的村庄。当地州府县从上到下一众人在村口亲自迎接，陪着张时顺一路沿着大红灯笼高高挂的街巷，于离家五年之后衣锦还乡。

家族记忆里，有一个细节让人感慨。

按照张时顺的品级，他完全可以乘坐轿子或者骑马直到家门口。但他却坚持在村口下马，也坚决不坐轿，而是一路步行回到家中。一路陪同的地方官员见张时顺毫无官威，也一路下轿陪同步行。只见张时顺一路走一路拱手行礼，遇到他幼时熟悉的村中长辈，一个个拉手寒暄。村民们无不称赞张时顺当官不忘本的朴素情怀。

入席坐定，“四大怀药”宴果然大受赞誉。

这场宴席的主角儿是山药、地黄、牛膝、怀菊，烹饪方法以清蒸、入汤、煎炸、焯水为主，皆有土地之芳香、草药之灵性、养生之功效。

怀府素鲍鱼银装素裹，透着几分文人雅士的风范。细细品来，怀府素鲍鱼中的“鲍鱼”可谓外焦里嫩、弹性十足。宾客们趁热入口，却发现这是地地道道的素菜！“鲍鱼”背面颜色较深的部位其实是山菇，腹面则是山药泥捏成，两者相得益彰，烹饪手法堪称一绝。

清蒸中华鲟肉质细软，鱼背上撒着葱丝、地黄丝、姜丝和青红辣椒丝，鱼身周围摆放着白玉山药段，如龙宫玉柱般笔挺，尽显奢华与霸气。

此外，怀府烧辽参、山药炖土鸡、冰凉菊花饮……一道道精品家乡菜，让张时顺找到了家乡的味道，也让南方的副官、随从感受到了怀庆府餐饮文化、怀药文化的精髓高深。

酒席散去，鼓声渐息，张时顺谢绝了所有客人，将大部分时间用来陪伴父母双亲，以弥补他离家数年以来对二老的亏欠。母亲则惦记儿子的身体，把时顺从参军那一刻开始，一路从哪里到哪里，经历了哪些战役，身上有多少处伤疤，都悉心盘问了个遍。昏暗油灯下，老母亲抚摸着张时顺背上的伤口，心痛不已。

相聚的时光总是幸福又短暂的。因军务繁忙，时顺很快就要踏上回归军中的征途了。离家时，家中一众亲人，为其备上足足两马车的吃穿货物，时顺都以着急赶路为由婉拒了，只带了自小吃惯了的山药若干。当然，时顺也并未忘记营长对自己的提携照顾，特意将“四大怀药”装了满满一车，准备到泉州之后送给当年的老营长，也让晋江当地的同僚，见识一下家乡“四大怀药”的神奇。

临走前夜，张时顺特意喊来弟弟协顺促膝长谈，兄弟俩的一场“帐中对”，彻底打开了张家向南方扩展的怀商之门。

帐中对妙议怀商　兄弟携手共创业

自古以来，面朝大海的晋江人就很有经商头脑，骨子里有敢于铤而走险的精气神。他们敢拼、爱拼、善拼，谱写出了一段段“爱拼才会赢”的传奇故事。在晋江担任守备的张时顺，自然也受到了当地人的感化。

临行前夜的“帐中对”，张时顺给弟弟协顺讲起当年怀商在南方一代的声名。

所谓怀商，怀庆府之商也。

东汉时期，“云台二十八将”之五、河内太守寇恂精心把治所打造成殷实、完富之地和专供刘秀军队物资给养的豫北经济文化之都。北魏、唐宋时期，河内商业及商业文化进一步发展，到了元、明、清时期，随着怀庆辖区面积不断扩展，交通条件更为便利，百姓多以种植粮食、药材、竹子、棉花、烟叶等为主，而且“四大怀药”等特产成为朝廷贡品。明、清时期，河内县城中商号店铺林立，堂庄作坊遍地，怀药交易空前繁荣，逐步形成了以怀药商人为核心的怀庆商帮。民国《河南省志》论及“河南之商人”时，多指“怀商”。张时顺口中的怀商，正是清朝末年在乱世中异军突起的以“四大怀药”经销为主业的诸多商号。

怀商的发展，一路艰辛。

怀商普遍敬奉药王孙思邈，因为孙思邈不仅医术高明、用药如神、医德高尚，还常在太行山一带采药行医，并提倡种植“四大怀药”。传说，唐永淳元年（682 年），孙思邈病逝于河内圪垱坡，后被宋徽宗追封为

“妙应真人”。因此，怀庆府一带修建的药王庙众多。据史料记载，有河内城中的药王庙、修武县药王洞、武陟县药王庙、温县孙真人庙、孟县（1996 年撤县建市，设立孟州市）孙真人庙、圪垱坡药王庙等，而最有名且能保存下来，成为怀商、怀帮总会馆的当属河内县城内的药王庙。

张时顺生活的时期，药王庙早已遍布怀庆府。

公元 1787 年，河内怀商筹资在城东南隅白庙门街附近、天鹅湖旁，创建了规模宏大的药王庙。据清道光十九年《创建三皇阁碑记》记载：“庙创于乾隆五十二年，初竣于嘉庆十三年。增修四圣殿、对庭、潇洒阁，竣于道光五年……道光五年始议建阁，是年开工……嗣修八卦亭，名医牌位十二尊，上下神龛四座，东禅院一所，落成于道光十四年。”

在兄弟俩年幼之时，父亲张静一曾多次带领他俩拜祭药王庙，张协顺自然对这些内容不陌生。但让他惊讶的是，哥哥时顺虽然离开故乡多年，南征北战，却没有遗忘家族的怀药生意，在闲暇时刻竟然如此勤奋好学，积累了关于怀商发展的深厚知识。

张时顺告诉弟弟协顺，药王庙不仅成为各方药商祭祀药王的庙宇，也是以“药生会”为主体的怀帮商会总会办公、接待、洽谈怀药贸易、制定行规公约的重要活动场所，具体办公地点在后段的三进四合院。当时药商业务兴盛，单在城内的药行就有同丰、和丰、协丰、协兴、复兴、三兴公等商号，称为货栈的有保和堂、永春堂、同和堂等，加上药店以及未统计名号的不计其数。

药王庙建成后，每年定期召开柳园药材大会，每次会期 15 天至 30 天，加上“担山”“走川”“跑水”① 的大力宣传，来自全国多地的商人都会提前到会，祭祀药王、敬香祈愿、登记设摊、买卖货物。

张时顺边讲边问弟弟：“各地商号都已经初具规模，不少商号已经走向全国，咱们张家的生意要想做大做强，要想让怀药声名远播，该怎么办?”

张协顺若有所思，却没有具体的想法。

① “担山”“走川”“跑水”是古怀庆府地区对于通过山路、陆路、水路经销“四大怀药”商帮的民间代称。

张时顺又给弟弟讲起怀商的运作模式和运营思路。

在当年，怀商的主要支持者是县、乡两级的城乡会，城乡会设正、副会长各一人，会内有监察和执事委员。据民国《沁阳县志稿》记载，当时河内城乡会“辖同业公会12个，商号179家，会员384人”，商号中仅怀药商号就占83家，几近半数。怀庆药商的具体组织者、领导者是“药生会”，又叫怀帮商会，其一手联络城乡会，一手服务个体怀商，并在长期业务往来中制定了具有约束力的怀庆药材行规。规定怀帮主要是对外的商业集团组织，由入帮代表选出会长1人、副会长2～3人，经费从入帮商号年纯利润中抽取1%～2%，不足部分由大商号自愿捐助。同时，还规定了入帮会的平等权利、待遇、义务以及应遵守的制度，包括货物以质议价、围盘跟盘、放秤放期、货运借支、驻外会馆设置等。

当年，怀商帮会在发展壮大中，以河内为基地，舟车转运，渡黄河，入汜水，至禹州，然后经唐河、汉水，抵武汉、长沙、广州等地。为了方便货物交易，扩大经营规模，怀商先后在北京、天津、河北安国、河南禹州、安徽亳州、湖北武汉、湖南长沙和衡阳、江西樟树、山西晋城等地筹建怀庆会馆，总计不下数十家，特别是至今保存完好的禹州怀帮会馆规模宏大，建筑造价和质量上乘，且每一块墙砖上均刻有“怀帮”二字，故怀帮会馆在禹州享有“十三帮一大片，不如怀帮一个殿”的美誉。

戏台、戏楼、戏剧也是怀商文化的重要内涵。

怀商在庙会集市或者商会取得巨大成就、分馆奠基落成以及开办慈善事业时都会搭台唱戏，主动邀请兴起于怀庆府的怀梆戏社前往各地演出助兴。民国《沁阳县志稿》记载，宋、金、元时期河内有戏楼12座，明有戏楼32座，清有83座，几乎商会所有驻外分馆都有戏楼，如禹县（1988年撤销禹县，设立禹州市）怀帮会馆的戏楼，与山门相结合，建在面阔18米、进深7米的台基上，面南称山门，面北为戏楼，上为单檐歇山孔雀蓝琉璃件饰顶，左右有钟楼和鼓楼相伴。

怀商还非常注重开办私塾，深化文化教育，培养爱国情操。坐落在天津曲店街的怀庆会馆，就由在津的同德药行、协盛全、新复兴等30多家怀商捐款修建。

大沽口之战几年后，张时顺曾利用差旅机会，专程到天津怀庆会馆参观。创建于清朝同治七年（公元 1868 年），位于天津市红桥区曲店街 32 号，坐北向南，门首挂有“怀庆会馆”四字匾额，分前后两个院落，有房 30 间，戏楼居中，系由怀庆药商张连堂、刘相茂等 30 余家商号发起建造，为怀庆药商居住、会友、储存药材所用，规模甚是宏伟。

会馆的雄伟自然是怀商发展的基础，张时顺却告诉弟弟，怀商之所以能够发展壮大，内核还在于精神传承。

在经营过程中，怀商东家和掌柜还善于选用有品行、能吃苦、肯实干的人到经营岗位上。他们经常训示徒弟：“做生意软似棉，能舍千句话，不舍一分钱；十年读书出了秀才，十年学不出买卖；生意何尝没学问，必须操心动脑筋。”

张时顺当然也关注到了当年大家对怀商的评价。诸如“南京到北京，买家没有卖家精”“招牌商号脸，好坏在打扮”。药王庙木牌楼的刻字，就是明证。其正面楷书浮刻“济世慈心”匾额，背面为“恫瘝在抱”，两面匾额既是对孙思邈高尚医德的高度赞誉，也充分展示了怀商救人济世的高尚情怀。其他商号也会在门口贴上“遵古炮制”“童叟无欺”的宣传标语，或篆刻一些期望生意兴隆的对联。

张时顺口若悬河，又列举了当年颇有名望的数家商号。

创建于清康熙年间的杜盛兴，让张时顺甚为钦佩。张时顺告诉弟弟，在南方，关于杜盛兴有很多故事，都值得张家人学习。

清康熙年间，杜家推小车向外地送怀药，逐渐有了些积累，杜堂的后人便在家乡创办杜盛兴商号，经营起“四大怀药”。为此，有“杜盛兴商号是用小车推出来的”这一说法。相传，杜盛兴将药材销往山东时，当地人并不买账，官吏还不时到药行找点麻烦。一次，杜盛兴在送货途中发现一个人昏倒在路边，他先让病人服用了自己的药，然后用独轮车将其送到家中。事后，杜盛兴得知这位病人原是济南府的一位师爷。有了这位师爷的全力帮助，杜盛兴终于在山东的药材市场站稳脚跟。杜盛兴从此立下誓言：“不卖次品，不牟暴利。”这一原则成为该商号一直坚持的经营理念。

张时顺为何重点讲了杜盛兴的故事？

如今想来，当时的张家虽然和商会也有联络，但因为实力不济，只能为各大商号供应怀药产品，根本无法形成属于自己的营销体系，更没有注册属于自己的商号，和杜盛兴起步时期极为相似。杜盛兴是用小车推出来的，张家的生意又该如何迎来一个新时代呢？

对于这一点，张时顺也有自己的考虑。

他告诉弟弟，自己身份特殊，身为晋江守备，虽然有心将家乡的怀药销往南方，却碍于官身所系，只能在幕后协助，不能公然抛头露面。张家的怀药产品只要质量过硬，有口碑，即便无商号，也照样可以干一番大事业。

怀庆府商帮的形成和发展离不开自己独特的商业文化体系，那就是讲信守义、吃苦耐劳、货真价实、童叟无欺、乐善好施、同舟共济。

兄弟俩携手创业，开始了张氏家族致力于怀药产业发展、文化传承的全新时期。

第四章
兄友弟恭同携手　怀药南下达晋江

张协顺茅塞顿开　“山药粉改孝”流传

前东南王村虽小，却也是名人辈出。

1982 年 4 月，村中一居民家中发现过一个宋墓。

据考古记载，该墓为南北向，墓室为穹隆顶砖券仿木八角亭式，顶部绘有八瓣双层红色莲花藻井图案，周围檐部施八朵五铺作单拱双抄计主造斗拱，檐至墓底八面均有华丽雕饰。南为墓门，北为四扇槅扇门，东北和西北均在上边刻卷帘，下面镶嵌多幅砖雕像，有杂剧、散乐、庖厨、侍女等高浮雕和阴纹线刻。雕刻细腻，形象生动，为研究宋代墓葬和戏曲艺术，提供了不可多得的实物资料。

宋墓中虽然没有更多关于怀药产业的遗迹，但其中关于戏曲艺术、庖厨等记载，却与怀商发展之路上的诸多细枝末节多有重合之处。

据记载，怀商形成于隋唐时期，成长于宋元时期，兴盛于明清时期，繁荣于清中叶至民国初年。怀商文化的发展，与地方戏剧发展、药王庙的建设等有着密切关联。

张时顺回到晋江之后，张协顺仔细思量与兄长的一席深谈，就此埋下了兄弟携手发展的种子。

张时顺离乡从军期间，弟弟协顺早早承担起了家族事业传承的重任。张家的山药种植、炮制、贸易诸多产业，自其太爷爷张配唐开始，到协顺已传承到了第四代。

长子时顺自幼参军，长年征战在外，无法承欢父母膝下。于是张静一便将协顺带在身边，让其自幼学习铁棍山药的种植技术，悉心传授其技艺，以备日后继承家业。协顺自幼听父母讲关于怀山药的故事，深受怀药世家文化的熏陶。

“山药粉改孝”的故事，在张协顺时期开始在家族内部流传。也是从这个时期开始，张家人赋予了这个故事更多精神内涵，每一代张家的传承人都会将故事亲口讲给下一代，并要求随着山药种植技术一代一代传承下去，弘扬孝道文化。

“山药粉改孝”的故事大概是这样的：

相传很久以前，在南方的一个乡村里，有一对年轻的夫妇，非常不孝顺，媳妇总盼着体弱多病的婆母早点离世，好去掉一个累赘。于是，她每天给老人提供的餐食仅能勉强糊口，有时候一天下来只有一碗稀粥。过了一段时间之后，老人便日渐周身无力，卧床不起。

好事不出门，坏事传千里。很快，这事让乡里的一位林姓老中医知道了。他决定将计就计，挽救老人的性命，也挽救这个濒临破碎、家风败落的家庭。

有一天，林姓老中医把这个儿媳叫来，赠送给他们一种药粉，说：“你把这个药粉和在粥里面，给你的婆婆吃，百日后她就不行了，保管达到你们的愿望。”

这个儿媳妇喜上眉梢，马上把这药粉拿回去，每天照着林老中医的吩咐去做，将药粉和在饭粥里边给婆婆吃。没有料到的是，十天后，婆婆非但没有死，而且还能下床活动了。百十天后，婆婆的身体竟然被养得白白胖胖、结结实实的，小两口百思不得其解。

身体日渐康健的婆婆在村里边，逢人就夸儿媳妇好。这对夫妇此时方才明白过来，这是林老中医的良苦用心。

想起以前所作所为，夫妇俩真是羞愧难当，尤其是儿媳妇，每每想起自己的邪恶用心便无地自容。

原来，林老中医送给他们的那个药粉就是怀山药磨成的粉。经过这番调教，这一对不孝夫妇变成了一对孝顺的夫妻，也就是这一味“山药粉”挽救了一家三口。从此这个故事就成为一段佳话流传至今。

协顺从父亲张静一那里听过这个故事之后，深刻认识到怀山药传奇背后被赋予的人间真情，也理解了父亲以怀药谈孝道的良苦用心。与时顺不同，从小就喜欢静心琢磨事情的协顺，对怀药的发展传承有了更多的深刻认知。他的脑海里时常回想起兄长时顺和他讲起怀商创富的故事，这更加坚定了他的决心。他向父亲张静一表态，不仅愿意加入怀药产业书写传奇的过程，还立志要与兄长携手，使张家的怀药产业发扬光大。

协顺的一生，也注定是和山药无法分开了。

幼年时期的协顺，除了跟着先生读书学习，空闲时间都会跟随父亲在田间地头学习怀药种植技术。

待年龄稍长一些，他就开始亲自下地干农活，从翻山药地这种基础农活开始，到锄松打垄、摆笼头，再到封土、浇水、除草追肥，张协顺都是一把好手。

他和祖上张配唐有极其相似的地方，就是农活学得快，炮制怀药敢创新。不到 16 岁，张协顺出山药、折山药、搓山药等手艺就已经样样精通。在家族里常年举办的挖山药比赛中，小小年纪的张协顺出铲精准，手法娴熟，一举超越了挖山药多年的老长工，全村人对此啧啧称奇。

张协顺在田间地头、炮制作坊是一把好手，在销售环节也心思缜密。面对性情各异的怀药客商，他都能从容应对；面对纷繁复杂的各路账目，他也能迅速厘清。在张氏家族的心目中，张协顺绝对是继承怀药产业的最佳人选。

这一切，都得益于他的勤奋。

单是学习山药的种植技术，他就花了近三年时间。善于改良的他，在其父辈种植技术的基础上，对肥料、种植间距等看似细枝末节的地方进行调整，不仅增加了怀药的产量，还提升了口感。

在学习的道路上，张协顺还是一个比较“轴”的人。为了核实“铁棍山药只生怀地”的传说，他翻阅了大量农学书籍来佐证，进一步研究铁棍山药种植的土壤条件，终其一生反复尝试验证。在那个科学数据尚无法精准考量的年代，他竟然凭自己的感官认知对土地“望闻问切”，能够精准选定什么样的土地会种出最好的垆土怀山药。一时之间在怀庆府被传为佳话，张协顺“怀药圣手”的美谈，也在怀药种植区不胫而走。

在对家族的怀药传承进行研究，尤其是对张协顺的“土科研”全面复盘的过程中，我也思考了一些问题。

古时候，人们对山药种植地不同、药效便不同的现象无法理解，只好以“药不敬药王不灵”加以解释。人们把同一块土地产量的高低变化，归咎于对神灵敬畏程度的高低，甚至把天气灾害、病虫灾害导致的大量减产也归咎于对神灵不够真诚。

今天，我们以跨越时代的眼界重新审视当年的一切，就有了不同的思考。事实上，对于怀庆府的怀药种植户尤其是怀商大户来说，与其说怀商敬畏药王，不如说是他们敬畏故土、热爱家乡。他们无法以足够的科学认知来分析问题，却对这片可以生长怀药的故土爱得深沉。他们把这分朴素的爱以劳动的方式奉献给大地，用汗水来换取属于他们的收成。

屈原曾在《橘颂》中赋予橘树“受命不迁，生南国兮”的爱国主义品质，而怀山药以生于怀川只姓“怀”的天性，也谱写了一曲北方的《怀山药颂》。我很庆幸，我的祖上可以用相对开放的视野来看待怀药生产；我很骄傲，我能从祖上发展怀药产业的历程中，找到一代又一代农民对怀药深沉的爱、一代又一代怀商对怀药发自内心的崇拜。

我们现在从科学的角度来解释，可以说是“一方水土养一方人，一方水土生一方物产”。

我们来讲讲怀川的土质。

焦作地区是多条河流交汇、湖泊沼泽遍地的冲积平原，黄河、济水、丹河、沁河等各大水系，像拧麻花一样在这里滚来滚去，把各地的微量元素全聚集在这里，这应该是铁棍山药生长的土壤条件。

我们来讲讲怀川的水质。

分布于太行山的岩溶地貌，不但使山区的雨水渗入地下，而且把各种微量元素从山里带到了山外，源源不断地补充到焦作的土壤中，这是水源条件。

我们来讲讲怀川的气候。

怀川地区背山面河，相对海拔落差较大，南方的湿热空气在此抬升易形成降雨，北方的冷空气又受到太行山阻挡，因此这里的年平均气温比同纬度的地区略高一些，构成了独特的气候条件，造就了铁棍山药独特的药效。

我们来讲讲怀川独特的地理特点。

沁河、黄河在怀川境内都是地上河，黄河更是闻名天下的悬河。黄河水自黄土高原入怀川后，水质较浑浊，泥沙俱下，所以出山西后黄河绵延数千公里，在河南境内河面较宽，河水泛滥，境内人称为阳河，流速较缓，浮力大。沁河水来势凶猛，桀骜不驯，水势来得快、降得快，水下漩涡较多，水性再好的人也很难横穿沁河，即使在非汛期，蜿蜒的细流也经常吞噬在河里戏水的人。

黄河为阳河，性温而缓顺；沁河为阴河，性急而险残。所以黄河和沁河泥沙俱下形成的冲积平原土壤，凝聚了各种微量元素，实现了“阴阳平衡”，这是大自然的厚爱，也是山药能够在温县温泉街道、北冷乡、黄庄镇、武德镇及武陟大虹桥、西陶一带种植且高产、高质量的原因。

当年的张协顺可能无法理解我们如今提出的这么多科学的论断，但勤于研究的协顺，还是用自己的土办法进一步提高了怀山药的产量和质量。

当年的前东南王村一代流传过一句俗语“要种地，看协顺”。老百姓为何这样说？当年的协顺自己研究出一套怀药从种植、施肥到收获的“规矩”，凡是种植怀山药的农户，只要跟着协顺的节奏干，就一定不会吃亏。如此一来，周边跟着协顺种怀药的村民越来越多，从张配唐、张炎若父子时期就搭建起来的“合作社雏形”规模也越来越大、越来越成熟，这也为张时顺、张协顺兄弟联手的事业，提供了雄厚的产量支撑。

当年的温县，各路怀商云集，怀山药的产业链已具雏形。凡是品质较高的怀药制品，最终都由官府药商收购，利润可观。随着时顺衣锦还乡给家族带来的信誉、资源，张家在河内当地也颇受官府照顾，为其山药生意提供了诸多便利。与此同时，协顺便通过其兄时顺在南方晋江军中为官的便利，与各路怀商都有贸易往来。

张家凭借官方资源，打通了南北货运途中的关卡，拿到通关文牒，先由马车将山药运至老河口，然后走长江水路，一路南下到晋江一带，还出口到东南亚各国。凡是与张家有合作的怀商老号，有时会与张家车队联合行动，前东南王村的怀药事业，得到了前所未有的发展。

张家的山药种植及货贸运输生意，在协顺、时顺两兄弟时达到了巅峰。张家在当地的产业声势极为浩大，每每提及“张家坊”，当地人是无人不知、无人不晓。据百姓回忆，在张家所在的两条街里，每条街至少一半都是张家的产业，其中还有一条街是专门给马车队的长工居住及停放板车用的。据说，当时张家的运输队声势浩大，马车多达200多辆，家里雇用长工近300人。即便是放到现在来看，拥有200辆马车、300名工人的运输企业也堪称规模庞大。何况张家还靠着怀山药的种植、销售带动着周边数百户人家。

张家以山药为主的“四大怀药”生意越做越大，种植面积从一开始的几十亩，到上百亩，再扩大到几百亩。除了种植、加工炮制外，进行南北货运贸易更是张家十分重要也是利润最大的一个商业板块。

1870年左右，张家运输马车队已经稳定而成熟，为了方便马车队运输，张家还出资将村子里的两条街道进行修整，光是修路挖土之后留下的坑都足足有几十米深，直到今天，前东南王村还有相关证据可供考查。

马车声动老河口　怀商路上张家人

温县前东南王村与湖北老河口，之前毫无关联。一个位居黄河岸边的中原腹地，一个位于汉江故道，两地相距千里之遥。

正是我们张家祖上的时顺、协顺兄弟联手，让古老的古温大地和遥远的老河口发生了关联。

湖北老河口挟蜀汉、扼新邓、枕太和、通秦洛，得舟楫之利、扼四省要冲，素有“襄郧要道、秦楚通衢”之称，享有“天下十八口，数了汉口数河口”之誉。

为了解张家在老河口的怀商遗存，在为创源堂投资建设的过程中，我曾多次到老河口了解相关情况。

数据显示，清嘉庆十四年（公元1809年），在老河口为怀庆会馆捐资的怀庆商号多达419家，如果每个商号按5个人计算，当年在老河口做生意的怀庆商人不下2 000人；每个商号按10个人计算，当年在老河口做生意的怀庆商人不下4 000人。据说怀庆商人在老河口曾购有义地，专门用于安葬客死他乡的怀庆商人。在张家家族传下的故事里，张家人在老河口的怀商中，占有极其重要的地位。

极其遗憾的是，由于研究推广的力度不够，怀商远没有晋商、徽商那样有名气，我们在老河口寻找张家或者说是怀商遗存的过程并不顺利。但我们还是通过寻访，找到了老河口怀庆会馆的旧址，不过据传曾位于老河口市新马路西的怀庆会馆，如今却杳无踪迹。

经寻访，曾坐落在老河口市新马路（原光化县盐仓库）的怀庆会馆，坐东向西，砖木结构，仿宫殿建筑形式，两殿一戏楼、飞檐斗拱，1940年被日寇炸毁，在改革开放后老河口的旧城改建中，仅存的两个大殿也已荡然无存。

往事如云烟，怀商有遗存。

走在老河口的马路上，我常常感觉自己回到了200年前，似乎可以看到从温县前东南王村出发的庞大马车队，他们浩浩荡荡走出怀川，一路来到老河口，让飘着异香的怀药染香了整个码头。

天下十八口，数了汉口数河口。

老河口素有“小汉口”之称，发达的商业汇集了全国各地的商贾精英。各地商人“离故土，辞乡邻，跋涉山川，懋迁河口，生意顺遂，安居乐业”。他们为了维护同乡、同行商人的利益，相继成立帮会组织，于是有了“八帮”（江苏、抚州、黄州、武昌、山西、陕西、湖南、河南）的组织，后又发展为“十三帮”（除原有“八帮”外，又增加了怀庆、汉阳、福建、浙江、徽州）。商帮们借“神灵偶像”与同乡、同行之谊，以募捐收厘金所得之资，陆续修建了山西、安徽、河南等16所会馆与36座寺庙，这些古建筑物至今仍见证着老河口商业的辉煌。张家人，也正是这众多商户中的一分子。

老河口的怀庆会馆碑文，也佐证了当年的盛状。

碑文记载：“约集同乡为会馆计议抽厘金，集干腋以成裘，合众志以成城。”对419户捐赠者“镌石以永垂不朽”。400余户共捐银8 876.2两（折合银圆为12 328.06元，每圆合库银7钱2分），捐铜钱1 067串370文（每千文为一串，每圆合一千文铜钱，折合为银圆1 067.37元），以上两项合银圆为13 403.04元，其他如捐地、捐物者不包括在内。

怀商抵达老河口之后，发展的脚步并未停留。正如我们家族流传下来的故事那样，张家人凭借关系可以拿到一路南下的通关文书，沿老河口的水路，将地道的怀药转运至长江，或顺流而下达东南沿海地区，或逆水而上抵贵州、云南、四川等西南地区，或沿长江、湘江南下到湖南、广西等地。

追随着张家人南下的步伐，我们在武汉长江边凝望，回想当年祖上从封闭的前东南王村来到开放的大江畔的情景，他们是否可以看到更远的世界？

可以证明的是，他们不仅能看到更远的世界，还在这“九省通衢”的大武汉占据了一席之地。

据资料显示，自明末清初汉口码头兴起时，怀商便成为首个入住这里的药材商帮，积极融入当地码头文化，与山陕商帮、安徽商帮、湖南商帮、四川商帮等一起加入了“打码头”的大军。

作为来自中原腹地的商人，在长江边上“打码头”是需要商业智慧和胆量的。

在武汉当地文史专家的研究中，有这样一段描述：“汉江河里近千艘木帆船让人看上去眼花缭乱。他们有河南帮驾排子船的，有黄陂帮驾丫首船的，有孝感帮驾铲子船的，有以汉川为主的中帮驾扁子船的，有樊城帮驾神船的，有谷城帮驾秋子船的，有四川帮驾白木船的，有陕西帮驾宝古佬船的，有湖南帮驾湘壳子和宝庆船的，有江西帮驾倒扒子船的等。这些帮船停靠码头也是有规定的地点，自成体系。”

2019 年，我曾专程到武汉汉正街寻找怀商遗迹，也算是追思祖上的功绩。想到我的祖上曾在这熙熙攘攘的千里商道上留下过自己的脚印，想到我的祖上曾将故乡的怀药带到如此遥远的地方，我不禁感慨万千。

历经百年沧桑，汉正街依旧热闹非凡，来自全国各地的商贩在这里扎根谋生。汉正街北侧的几条街巷同样如此，熙熙攘攘，人来人往。但不同的是，因为这里保留着的几条老街巷和一些老建筑，平添了几分静谧的感觉。

这里，正是当年怀商的聚集地。

在这里，我们仅听听药帮一巷、药帮二巷、药帮三巷、药帮大巷、杜家巷、全记巷、怀安一里等老街巷的名字，就知道它们与怀商有着千丝万缕的联系。

怀商是率先入住汉口码头、汉正街的药材商帮。因此，当地人习惯将怀商聚集的地方称为“药帮巷”。随着怀商影响力不断扩大，以及其他地方药材商帮的聚集，汉正街出现了药帮一巷（由“药帮大巷”更名而来）、药帮二巷、药帮三巷等街巷。

药帮一巷，古色古香。一条长长的石板路贯通东西，百年来被商人们踩得溜光水滑。这条石板路目前是湖北省省级文物保护单位，是武汉市现存最为完整的一条青石板路。

这条青石板路大约于清乾隆年间由河南商帮修建，路下有严谨的排水系统。由药帮一巷向北，便是由药帮一巷、药帮二巷、药帮三巷、杜家巷、怀安一里等老街巷交叉组成的集商业、生活于一体的偌大区域。这个区域便曾是怀商在武汉的总部——覃怀药王庙，初名怀庆会馆，又名覃怀帮药商会馆的原址。在汉正街覃怀药王庙的西侧是山陕会馆，其东侧不远是安徽会馆。汉正街覃怀药王庙与这两大知名会馆在汉正街呈三足鼎立之势。

汉正街覃怀药王庙的规模有多大?

在如今位于药帮一巷西侧的安徽幼儿园内的墙壁里镶嵌着一块地契碑，这份地契写于“大清康熙二十八年五月十五日”，是怀商购置土地修建覃怀药王庙时所写。

这份地契写道：“立大卖地基人吴来雨，今将自置荒地一大段，坐落循礼坊，坐北朝南，北至堤，南至街，东至大巷，西至杜家巷。今因移就先尽亲族人等，无人承买。夫妇父子兄弟好作商议，请凭中证说合，情愿出大卖于怀庆会馆，修建覃怀帮药王庙名下为业。三面言定实值时价。平纹银壹千五百两整……统共记地玖佰陆拾贰方叁尺玖寸八分，应合拾陆亩零玖毫玖丝陆乎……”

1 500 两平纹银是多少钱?

如果以大米作中间价换算，清代一两平纹银约相当于今天的 450 元人民币，1 500 两平纹银就相当于现在的 67.5 万元人民币。

初建的覃怀药王庙有多大?

占地面积“玖佰陆拾贰方叁尺玖寸八分，应合拾陆亩零玖毫玖丝陆乎”，约合 10 656 平方米，应该是当时武汉地区规模最大的商务会馆之一。

据记载，明清时期，怀庆商人在全国许多地方都创建设立了自己的商业会馆。而位于武汉汉正街的这处怀庆会馆是怀商在外地修建较早的商业会馆，也是河南地域商帮正式形成的重要标志。

此行所获，不止于此。

当年汉正街覃怀药王庙的正大门面朝药帮二巷，门口处有一对威风凛凛的石狮。现石狮尚存一座，置于武汉市全国重点文物保护单位——晴川阁门前。

我们还找到了与怀商老号杜盛兴之间的遗存。

覃怀药王庙西侧的杜家巷，正是由当年怀商知名商号——杜盛兴号所建，现宽仅约 1 米，但巷内尚存老墙砖。顺着药帮一巷北上，路经安徽幼儿园，其门口处上悬“药王庙”简介，写着药王庙“由怀庆府河内县、武陟县、温县、孟县在汉口的药材商集资兴建，初名怀庆会馆。乾隆年重修时，改名为覃怀药王庙。民国后，药王庙改为覃怀小学。解放后，先后改建为药帮巷小学、武汉财经学院分部”。

历史已经隐入尘烟，但看到“温县”二字，我还是倍觉欣慰。在当年张时顺与张协顺兄弟的“帐中对”里，曾多次提到对于杜盛兴的学习。按照家族记忆流传下来的故事，张家与杜盛兴之间肯定有怀药生意上的往来。如今简介上提到的温县药材商，也必定有当年张家人的身影。如今时间久远，我们无法找到当时捐资的名册，但这样的发现，还是让我们找到了祖上投身怀药事业的光辉身影。

我们在怀安一里还找到了怀商种植药材的地方，也在这里听说了怀商在长江边上“打码头”的故事。遥想当年，祖上张协顺带着浩浩荡荡的车马抵达湖北老河口，在汉江上乘船而下，不恰恰就来到了万里长江之上吗?

他们在这里创业打拼，在这里沉淀怀商的精神，在这里将天赐怀川的无价之宝送到了大江南北。

在相关资料里，我们还找到了关于怀商的评价。

长期关注汉正街历史文化遗存保护的华中科技大学建筑与城市规划学

院教授、博士生导师赵逵曾说："武汉是'打码头'打出来的江湖城市，要想在这里占据一席之地，是要靠实力去'打码头'的。怀商能在此创造如此辉煌的战绩，确实实力强劲。"

怀商在武汉的产业，用如今的话来说，就是创下了一处集祭祀、办公、商务接待、生产、销售等为一体的庞大的产业园区。

一路的发现，让人不断迎来惊奇。

在武汉，曾发掘出一件长 2.5 米的石药碾。这个曾被怀商使用的石药碾，可谓是中医药界之最。

在襄阳，米公祠碑廊中有一块石碑，我们在碑上发现了刻有怀庆会馆为修城墙捐资的明确记载。

在老河口，两块"怀庆馆"的专用青砖和怀庆义馆（临时存放客死他乡且准备运回老家的怀庆商人的建筑）"中州馆"专用青砖，也见证着怀商在这条商路上的故事。

作为怀庆张家的后人，看到先辈们在他乡留下的遗迹，的确很激动，我甚至可以想象到当年怀庆会馆飞檐斗拱的雄壮，不敢想象到底有多少怀庆商人在推广宣传怀药、传承怀商精神时客死他乡。

虽然我小时候也常常听长辈们回忆起以前家族工人因病、因伤客死异乡的故事，但如今在现实中发现了相关遗存，才真正受到了震撼。这也让我更加坚定了发展怀商文化、传承非遗精神的信心。

怀商创富在江汉　创富思考通古今

找寻怀商遗存，思考创富密码。

张家人和老河口渊源深厚，怀商在老河口创富，虽然如今找不到太多实物佐证，却也在当地留下了不少故事。

老河口是怀商从陆路进入水路商道的重要中转站，而怀商也对老河口的发展，尤其是抗日战争结束后的经济恢复发挥了突出作用。许多怀庆人到老河口，就相当于山西人走西口、山东人闯关东。怀商诚信经营、精打细算、吃苦耐劳的优秀品质，给老河口人留下了深刻的印象。

资料显示，老河口是一个典型的移民城市。

新中国成立前的老河口，城区内有 60%的人来自河南各地，除抗日战争爆发后因避战祸而流浪至此的怀庆人，推着独轮车贩卖怀山药的怀商占了相当一部分。而走河口的怀庆商人也不只经营怀药，他们广泛涉足手工业、饮食服务业、酱品腌制业及山杂货贸易业，有力地推动了当地经济的发展。

怀商走河口的创富时间段，基本上可以分为两个高峰期，即清朝中叶时期和抗日战争时期。

而在走访中，曾被当地网友多次提起的“两殿一戏台”的怀庆会馆，也逐渐被还原。

据记载，清嘉庆九年（1804 年），在老河口做生意的怀帮商人就“约集同乡，公议创修会馆，庀材鸠工，正殿拜殿，次第经营”。随后又于道光十五年（1835 年）修建了戏台，这才有了“两殿一戏台”的初步格局。也就是说，从修建怀庆馆始到全部告竣，历时 31 年之久。

整个怀庆会馆坐东朝西，会馆的正门是一座牌楼式的大门，青石券顶，两侧雕有圆形的万福图案，图案的四周是流苏瑞草。大门两侧墙壁是鼓形石礅，正门上方的石匾额上刻有“怀庆会馆”四个楷体字。进会馆后有连体的两进四合院，为四水归堂的构建模式，前院的两侧厢房为议事处和庶务堂，后院为怀帮的客房处。走出两院之后是一处戏台，随后是正殿和拜殿，整个会馆前后连为一体，都在一条中轴线上。

到道光二十九年（1849 年），怀庆商人两次刻碑铭文，才正式记录下了怀庆会馆的修建过程。此时，这座雄踞河口的会馆已经 45 岁了。按照铭文记载来推测，当时群聚老河口的怀商至少已经走了将近半个世纪之久的创富之路，且事业正值腾达之时，不然的话，长达一条街的怀庆会馆建筑是不可能建造完成的。

如果按照张时顺时代留下的故事，张家人参与到老河口的怀商事业中，应该是在 1860 年之后，这个时候在老河口，怀商已经有了一定规模。从这时候开始，一直到抗战期间，张家人始终参与其中，再也没有离开过怀商在这里的舞台。

修建怀庆会馆时与集资相关的一组数据显示，当初的修建者 419 户，计捐银圆达13 403.04元。而到1935年（即民国廿四年）重修在汉水大洪水中损坏的会馆时，捐款的怀商户数已达900户。如此看来，张家人200辆马车、300余工人规模的庞大车队去往老河口，也是真实的历史遗存。

而在这900户怀庆商人中，雄踞老河口繁华地带“金银窝”的协盛堂无疑是其中的佼佼者。协盛堂在老河口创业的独特经营之道，也为我们进一步发展怀商事业提供了帮助。据可靠的家族记忆，协盛堂当年与张家也有生意往来，他们的经营之道，也曾经对“张家坊”的生意产生过深远影响。

协盛堂作为怀商在老河口开设的一家中药铺闻名鄂西北。这个由300多年的老字号协盛全设在老河口的分号，也是老河口最大的中药材商号。在当地人眼中，协盛堂长盛不衰的秘诀有三：一是管理体制完善；二是对员工奖惩严明，管理人性化；三是严把产品质量关，用信誉留住顾客。

其用人之道为宽严并济，人性化管理。

老河口协盛堂沿用了协盛全总号多年来在用人及管理上总结出来的经验。在用人上，坚持“内进号”原则，即凡录用人员统一由博爱总号招收，且必须在总号当学徒满三年，方能视才任用，确保了人员素质。而在管理中，协盛堂不仅采取人员轮班调换方式，杜绝了因拉帮结派而影响事业发展的事情发生，还对店内员工（从掌柜至勤杂一视同仁）进行严格管理，不准吃喝嫖赌。但凡有违反者，轻则年终结账后发路费打发回家，重则立时赶走，不仅不发路费还要扣发工资。

协盛堂在对员工的管理上宽严相济，颇具人性化色彩；在工资分配上，不仅月薪按职责轻重、技术高低及入店时间长短划等分级付酬，还在年终结算时，从盈余额内提取资金，因人酌情付给酬劳，过年过节也有类似如今企业中的“福利”。不仅如此，协盛堂的员工当时就已经开始享受休假的权利：每三年一次探亲假，假期为半年；自愿放弃休假者，月薪按双倍工资支付。而员工家中如遇婚、丧、嫁、娶、天灾人祸，还可以申请向东家借钱，无力偿还者不予追索。由于待遇优厚，曾有“身居县长位，不如协盛堂当掌柜”之说。

业务之道，堪称灵活经营，诚信为本。

老河口的协盛堂在扩展业务上也有几手绝招：一是凡常年与该店有业务关系的药铺，允许建立往来账户，予以赊销，且赊欠经年亦不计息；二是讲究经营作风，对待顾客宾礼相待，信奉货真价实、童叟无欺的商业信条，使“协盛堂”三个字在当地群众心里形成一块响当当的金字招牌；三是药材加工一丝不苟，即使在拿到大订单或货物紧俏的当口，也绝对不会临时让他人插手赶制，杜绝了粗制滥造。

尽管协盛堂某些药品价格比一般的药店要高，但百姓还是情愿“高价买正品，花钱不上当”。时至今日，协盛堂的“金不换”膏药仍被当地群众念念不忘。

斗转星移中，曾经在千里之外汉江江畔留下创富传奇的怀商，只能通过后人的回忆来还原其经营之中的点点滴滴。在这点滴的记忆中，又有多少值得当代怀商学习和借鉴的地方呢？当代怀商能否在启迪和反思中，迎来一个重新崛起的契机呢？

在重振家族事业、全力发展创源堂的过程中，我也有所思考。

关键之一就是诚信经营。

老河口怀商正是凭着吃苦耐劳、诚实守信的优良品质，才书写了由小到大、聚沙成塔的财富神话。而协盛堂在当地留下的“问心无愧”匾额，也足以证明“诚信”两个字在怀商发展之路上留下的深深烙印。诚信经营是古代怀商一个最大的特点。他们老不骗、少不欺，对内严加约束和训导，对外诚实待人、经营，才塑造了那样辉煌的历史。反观现如今的一些所谓商人，为了实现利益最大化，甚至不惜以次充好、以假乱真，用外地山药冒充怀山药来自砸招牌，这又如何能重新竖起怀商的大旗呢？

关键之二是品牌意识。

我曾经遇到过在南方某地经营怀药的一位焦作商人，商品产地明明是河南焦作武陟县，打出的招牌竟然是“淮山药”！“淮”与“怀”都分不清楚，如此咄咄怪事，令人徒唤奈何。

我还曾读过一本书名为《百年荆州》的书籍，其中有关怀商的记载，竟然也将“怀”写成了“淮”。

书中一段“淮庆府所产淮地黄、淮山药、淮菊花、淮牛膝驰名中外”

的记载，让我不禁感慨万千。

抛开如今我们对怀商、怀药宣传力度不够大的因素，当代怀商没有坚持品牌意识，不注重对怀商文化的坚守，也是造成各地对怀商、怀药误读越来越多的重要原因。时至今日，焦作的当代怀商中始终没有一个龙头企业能打造出一个响当当的怀商品牌，这也是当代怀商无法重塑辉煌的瓶颈之一。

关键之三是行业协会。

从对老河口怀庆会馆的还原中，我们可以看出当时怀商行业协会在整个怀商群体中的影响力。当年的怀庆商帮就是由怀庆药商全行业负责人经过会议研究、设立帮规而成立的。而怀帮成立的目的，就是为了防止同行业垄断投机以致抬高价格或扰乱市场秩序。几乎所有怀庆的药材商都是怀帮的成员，只要加入怀帮的商号，无论大小都必须遵守怀帮规章。违反规章的，经过全行业会议讨论按情节轻重予以处罚，情节重的会罚其置办会馆内应用家具和建设费用，情节轻的会对其加以批评或令其道歉。

反观当代怀商，不仅存在各自为战的现象，甚至还有互相诋毁、互相拆台的现象存在。当代怀商只有在自觉、自省中重新整合现有怀商资源，发挥优势，逐渐形成龙头企业，才能重新扛起怀商的大旗，沿着先辈的创业之路，重新书写财富传奇。

创源堂发展至今，始终坚持品牌意识，把控产品质量，与祖上发展事业的思路一脉相承，这一点，我们必将坚定不移，永远传承下去。

第五章
怀商足迹遍九州　谋时以动再追梦

兄弟联手创奇迹　晋江古城怀药香

“创源”，事实上也是一种寻根。只有知道根在哪里，才知道发展之源在哪里。在家族记忆中，鼎盛时期的张家怀药生意，被各路怀商简称为“张家坊”。我对于“张家坊”历史遗存的挖掘、探索之路，正是“创源堂”的寻根问祖之路。

在创源堂的发展之路上，我之所以非常重视收集明清时期的怀商史料，其实也是有深层原因的。

一是试图找寻“张家坊”在怀商群体中留下的蛛丝马迹。在老一辈人的记忆中，前东南王村的张氏家族显赫一时，生意规模空前。仅仅是货运队，就达到了马车 200 余辆、员工 300 余人的庞大规模。在从温县到老河口，从老河口到武汉的水路，从武汉再到泉州、广州等地水陆转换的万里征途上，怀商的故事被到处传唱，岂能没有张家人留在历史中的身影？

二是试图挖掘“张家坊”在晋江的发展脉络。我们知道，怀商杜盛兴、协盛全、协兴永等诸多知名老号都曾与张家有过生意上的往来。“所有怀庆的药材商都是怀帮的成员，加入怀帮的商号，无论大小都必须遵守怀帮规章”——这样的记载，也佐证了知名药材供应商“张家坊”不仅是怀帮中的一员，其山药种植和加工的规模，必然也是怀帮之中地位非常重要的药材供应商之一。那么，“张家坊”在晋江的发展，必然受到怀商的影响。但这样的影响究竟达到何种程度，是值得我们进一步探索的。

三是寻找“张家坊”自身的发展思路。规模巨大，却没有留下关于商号的记载；延绵八代，却没有留下传承的文字记载。对于“张家坊”来说，这样的历史留白的确是份遗憾。但在后期对张家故事的收集过程中，我却发现，这份遗憾恰好佐证了“张家坊”发展之路的独特性。也正是这种独特性，让“张家坊”的生意在张时顺、张协顺兄弟联手创业时期，书写了在泉州、晋江等地的独特辉煌。或许是受到当年封建家族思想的影响，张家的怀药炮制技艺曾经坚持过口口相授的古老门规，甚至也受到过“传男不传女”等封建思想的影响。但归根结底，那都是时代的局限所造成的。

时代的洪流滚滚向前，我们终于还是还原了“张家坊”在晋江创造的商业奇迹。

一是建立了“张家坊”官方背书的商业信誉。

晋江对于张家来说堪称福地。自张时顺屡立战功被授晋江守备一职之后，张家就逐渐在晋江一带扎根。张时顺、张协顺兄弟俩议定联合发展家族事业，晋江正是第一块“试验田”。张时顺是古怀庆府人，在参军之初的前两年，家人多次托人给他送来“四大怀药”。“四大怀药”的神奇功效，军营中诸多南方兵士是有切身体验的。多次提携张时顺的营长，对“四大怀药”更是赞不绝口。他经常将“四大怀药”用于煲汤、煮茶，怀山药补脾健胃的功效，他感受最深。

据说，张时顺衣锦还乡之后带到南方的整车怀山药，经过营长的推荐，先后被送入泉州、晋江的文武官员之家。这份来自遥远中原的珍贵礼物，让他们对“四大怀药”有了全新认知。

以张时顺为核心“朋友圈”的泉州、晋江官场，成为“张家坊”官方背书的中心群体。他们在当地官场上的影响力，也无形中成为“张家坊”产品得以畅销的动力。

二是确立了“张家坊”在泉州、晋江的商业地位。

“千金之家，比屋可封。善封治家者累巨万，不止十数而已。”清代中期，资产丰厚的怀商，分号已经遍布北京、天津、山西太原、陕西西安、湖北武汉、四川成都等地。清朝晚期，怀庆商帮已经在大江南北颇有影响力。当时的知名商号甚至继续延伸触角，将分号开到了川藏交接的理县、松潘，甚至有些商号在香港都设置了分号。

然而，因张时顺在泉州的影响力，张家得以在泉州、晋江站稳脚跟，并且几乎垄断了“四大怀药”在福建一带的供应。张家山药到了晋江后，一般直接由当地的官府药商采购，销路十分畅通。返程时，货运队伍再将南方盛产的茶叶、丝绸、瓷器等带回中原地带。在张时顺的帮助下，张协顺带领张家坊成功加入了南北货物互通的怀商帮，货物从一开始的以山药为主，逐渐扩充到怀川产的山药、地黄、牛膝、菊花“四大怀药”。

当然，张家坊得以在泉州、晋江一代立足，并不仅仅是因为张时顺的助力，更主要的是因为其产品质量过硬。

一是药材质量上乘。当年，张家坊运往南方的药材均为上乘中药材。以张家药材为基础生产的各类中药，均有外观好、质量优的特点，服用时口感极佳，服用后疗效明显。

二是价格亲民。张家在泉州当地的关系网，使得张家的怀药得以批量运到当地，而张家坊自己在温县拥有数百亩山药生产基地，也直接降低了药材的成本。张家的山药在泉州、晋江百姓心中，是吃得起的好产品。

三是品种齐全。当时的张家正值鼎盛时期，家族资金雄厚，各种档次的药品力求齐备。兴盛时期的张家不仅购销质量上乘的“四大怀药”，还将触角延伸到博爱、武陟、修武等地，将怀庆府所产的怀姜、酸枣、连翘等药材运到南方。

四是炮制严格。自张配唐时代起，张家坊的药物炮制始终谨遵古法，严格按照操作规程进行。如切片前都要根据药品的耐湿度进行操作。首先要将药物淘洗干净，浸泡一段时间之后用湿麻袋包好闷软，以减少药味的流失；其次，切片要薄厚均匀，长短一致。在张家流传的家族故事中，关于药物的切片，张静一是尤为严苛之人。也正是在他的教授之下，张协顺完成了手艺的家族传承，其所炮制的怀药，在泉州大受欢迎。

五是注意清洁。张家因为是自产自销的家族生意，药材的清洁工作几乎做到了极致。即便是零星收购过来的怀药，也要经过淘洗、过箩、筛检、去杂、去劣、去霉变等程序。不仅如此，张家在生产过程中对于药橱、碾子等生产工具也都要进行定期清理，以确保怀药制品无泥沙杂质。

六是注意包装。张家坊的怀药，极其注意包装。这可能与当年张时顺的销售理念有关。当年的张家，在晋江官场结识很多达官显贵，便对怀药的包装提出了更高的要求。据家族老辈人回忆，凡是销往晋江的怀药，在温县前东南王村包装时，就用到了红绸丝带等装饰品。不仅如此，一些送给更高层级官员或者是打算出海送往东南亚等地的怀药，更是增加了独立的包装，以提升怀药产品的档次。

在管理方式上，张家坊和当时的怀商老号并无不同。在参考怀商老字号传统管理模式的基础上，张家还有不少独特的地方：

一是分工明确，各司其职。所有工序都有严格的流程，所有环节都有明确的分工。正是靠着一个一个环节的严格把关，张氏家族的品牌优势才得以巩固、传扬。

二是盈利分配量化考核。种植户的分配剥离在总体之外，经营的收入则根据员工本人的技术高低、责任大小、劳动态度、进店年限等因素上下浮动。每年的春节、端午、中秋等传统节假日，普通员工都可以领取一定的福利。

三是纪律严明，奖罚分明。对于工作不认真导致药材质量受损的，根据实际情况予以罚款处理。对于偷拿药品、贪污现金等行为，一经发现坚决处理，重则直接开除回家。在张家坊晋江的商铺里，很多老员工一干就是一辈子。

四是抚恤员工有机制保障。从温县到晋江的万里商道，绝非一帆风顺。多达 200 辆马车、300 余工人的浩大商队，自然也不会总是一路平安。对于员工受到的人身伤害，张家坊始终注重抚恤，建立了一定的保障制度。对于因公身亡、受伤的员工，张家坊总是给予家属优厚的待遇，这也是张家的生意能够持久兴旺发展的原因之一。

由于张家坊经营管理方法得当，店内人和心齐，各项工作井井有条，声名远播，生意越做越大，整日顾客盈门，形成了长期兴旺发达的局面。

时局激荡守业难 韬光养晦再出发

怀商的由盛而衰，与国家时局的变幻紧密相连。

清康熙二十八年（1689 年），时值康熙盛世，怀庆商人在武汉修建的药王庙——怀庆会馆，成为怀庆商帮正式形成的重要标志。也是从这个时候起，怀商以本地所产的“四大怀药”为依托，步入商海弄潮，参与商业竞争，在竞争中发展壮大，至乾隆年间规模愈大。怀商凭借吃苦耐劳的创业精神、有效的管理机制及独具特色的经营理念，创下了骄人业绩。也正是在这样的大背景下，张氏家族依托温县的“四大怀药”资源，借力福建泉州、晋江的家族关系，让家族事业日渐辉煌。

清末民初，动荡的社会环境加上自身的局限，怀商开始出现没落的迹象。1937 年，日军发动全面侵华战争，战火与掠夺给日渐式微的怀药商帮又一沉重打击。

时局艰难，张家的生意也彻底陷入停滞。

新中国成立后，1956 年公私合营，兴盛了 200 多年的怀商正式退出历史舞台，张家人也开始以种植粮食作物为生，参与到新中国建设的历史进程中去了。

半个多世纪过去了，作为一种文化概念，有关怀商的资料仍散见于全国各地的历史文献中，留存在怀商遗存的老建筑与老物件中。近年来，随着焦作市“四大怀药”产业的发展，怀商文化研究也开始升温，人们希望从怀商的辉煌历史中寻求振兴怀药产业的良方。我们张家人也又一次找到了家族基因延续的本源。怀商从辉煌走向没落的过程，也正是张家怀药生意由盛而衰的见证。抛开历史原因不谈，思考怀商的没落之路，找寻怀商没落的原因，也是创源堂在发展之路上必须认真面对的问题。

在河南省禹州市市区西北隅，一座始建于清道光年间的古老建筑坐北朝南，上覆孔雀蓝琉璃瓦、雕花脊，檐下施五彩斗拱，殿内遍施彩绘。100 多年过去了，它依然坚固如初、辉煌壮丽。这就是禹州市的怀帮会馆，也是目前全国保存最完好、规模最大的古代药商会馆。

我曾经多次来这里考察。

之所以会经常来到这里，是因为我的祖辈们与这里发生的密切关联。张家坊的怀山药运输团队，曾经多次在销售途中在这里歇脚，张家的故事也曾在这里流传。

每次看到享有“十三帮一大片，不如怀帮一个殿”美誉的怀帮会馆，我总能想象到怀商在禹州街道上忙碌的身影。遥想当年，怀商的足迹遍布长河上下、大江南北，出现了诸如杜盛兴、协盛全、寨卜昌、西复兴等著名商号，涌现出了鲁连城、杜严、靳法蕙等工商巨子。当时，怀商在全国各地广设会馆，广织销售网，促进了经济发展，创造了独具特色的商业文化。张家人更是一路将商业网络布局到福建泉州、晋江，甚至将销售网络延伸到台湾、东南亚一代。

盛极一时，衰于瞬间。

创造了许多商业神话的怀商，为何后来几乎是一夜之间销声匿迹，再也没有如晋商、徽商那般重新崛起?

社会稳定、经济发展，才会有商人的崛起。一旦发生战乱，商帮就失去了发展的最大基础。清末民初，战乱频繁、兵匪猖獗，药商遭遇抢劫的事时有发生，中小药行纷纷停业，药材市场日渐萧条，再加上怀商主要依靠怀药贸易，资本较弱，在官僚资本的冲击下显得难以招架。后来，西药逐渐进入中国市场，怀药的销售更是备受冲击。

于怀商而言，东家不干涉掌柜的经营，既有先进的一面，也存在一定问题，东家的子弟不参与经营，便在家坐享其成。商场如战场，怀商后代逐渐失去了在商场上生存发展的能力，再加上有些人贪图享乐，也成为怀商衰败的一个原因。史载，沁阳市一怀商在开封设有 6 家连锁门店，生意兴隆。后来，该怀商的长子到开封经营，整日花天酒地、吸食大烟，仅 3 年时间便将 6 家门店败得精光。

民国初期，虽然怀商整体显露颓势，但仍有一定的发展空间。史载，1923 年，温县人张子杰联合温县、沁阳、济源、孟县、武陟各大怀药商家，成立了怀药股份有限公司，首开民间整合怀药资源之先河。由于垄断怀药经营且触犯省政府权贵，张子杰后来被中小怀商控告至北洋政府，公司被迫停业。后来，张子杰回到天津继续从事怀药贸易，1935 年逝于天津。

1937 年，日本发动全面侵华战争，怀商再受重创。其中，怀商著名商号杜盛兴在全国各地的许多分店都毁于战火，其他实力较小的商号更是倒闭无数。

如今，沁阳市城乡街头，连锁药店保和堂的绿底棕黑字门牌，颇显历史沧桑感。店里，两杆清末民初造、长度均超过 2 米的大药秤，更具有古老的文化气息。作为保留至今的一个古怀商商号，保和堂的发展历程见证了怀商退出历史舞台，又重新登场的过程。

保和堂药店系孟州人杜有自创建于清光绪二十四年（公元 1898 年）。他中进士后，在广东省任知县 10 余年，返乡后经商，后来在怀庆府购买了一家破产店铺，开设了保和堂药店。保和堂药店以药优、价廉、品种全而闻名怀庆府，并在上海、广州等地派有坐庄老板。

抗日战争爆发后，保和堂药店生意萧条。20 世纪 50 年代，药业市场由国有药材公司统管，保和堂药店被并入当时的县医药公司。2004 年，沁阳市医药公司筹建保和堂药品连锁有限公司，让保和堂这一老商号重新焕发青春。

保和堂只是个例外，大部分怀商商号已消失在历史长河中。以沁阳市为例，民国年间主要药行店有协丰药行、协兴药行、永春堂、同合堂、致和堂等 50 余家。如今，这些商号只能从历史文献中寻找。

怀商中著名的商号，和张家颇有关联的杜盛兴的结局又如何呢？

博爱县界沟乡邬庄村曾是杜盛兴商号总号所在地。虽然明清时期的建筑多数已被损毁，但这里仍保存着一座杜氏祠堂。最初的祠堂已被损毁，祠堂仅剩一块碑刻，字里行间仍能感受到杜盛兴商号昔日的成就。

20 世纪 50 年代，杜盛兴商号被公私合营。当时，在坞庄村，杜盛兴商号的房屋占了全村一条街，气势相当壮观。从 70—80 年代开始，这些建筑拆的拆、改的改，早已面目全非，只留下“盛兴胡同”这个地名。

虽然怀商已成为一个历史名词，但是，古怀商为焦作商业增添了文化底蕴，怀药商帮创造的怀商文化值得后来者学习。

那么，我们该向古怀商学习什么呢？

近年来，焦作怀药产业得到了一定发展，企业增多且产业链条不断拉长，但上规模且在国内市场上有一定影响力的企业几乎没有，绝大多数的怀药企业都是小而全、散而乱。究其原因，是没有形成分工合作的专业化产业体系，结构矛盾突出，恶性竞争。我们要从古怀商那里继承精诚团结的精神，需要大家同心协力、分工合作，共同把怀药产业做大。

听别人的故事，想自己的心事。

对于张家来说，其运营模式和怀商老号有着明显的区别。张家一般不雇用掌柜，东家就是最大的掌柜。在张家，子弟要么读书，要么就直接参与家族生意，也避免了子弟与生意本身的剥离。但在历史的发展大潮中，张家依然未能避免式微的局面。令人庆幸的是，张家人的怀药炮制技艺始终在家族中流传，至今未有丢弃。这也是如今创源堂能够重新延续家族基因的根本原因。

市场混乱待重整　怀商崛起须时日

改革开放后，随着市场经济的发展，经营“四大怀药”的商人又多了起来。

20 世纪 90 年代以来，“四大怀药”的种植面积不断扩大，经营“四大怀药”的商人越来越多，他们大胆走出去，在全国开店。如今，焦作市内从事“四大怀药”经营业务的人员众多，常年在广州黄岐、黄沙、清平等药材市场从事怀药经营的怀药商客也不在少数。近年来，“四大怀药”主产区温县，在 36 家怀药深加工企业中培育了 4 家省、市级农业产业化龙头企业，依靠龙头企业带动“四大怀药”深加工，拉长产业链条，实现增值双赢。

然而，市场的盲目发展，还是为怀商的重新崛起留下了隐形危机。

以“四大怀药”之一的铁棍山药为例，作为焦作市土特产之一，其因自身特殊的保健价值被市民所喜爱，也曾以高昂的价格进行销售。但在 2000 年前后，铁棍山药不仅价格浮动多变，山药种类也是鱼龙混杂，尤其是外地菜山药以较低的价格、较高的销量进入市场，更给怀山药以沉重的打击，甚至出现滞销的情况。

当年这种局面的形成，起源于“内部之争”。“武陟怀山药”“温县铁棍山药”“沁阳铁棍山药”……说法不一，市场混乱，让地地道道的怀山药无法形成真正的品牌价值。这也使得其他省份的各路菜山药有机可乘，进一步拉低了怀山药的市场份额。

这样的问题如何破解？

当时不少有影响力的怀药种植大户曾提议，可由政府出面，统一注册商标，统一品牌，统一包装，统一收购，再由政府成立大型的对外销售窗口进行统一销售。各大企业单位发放福利，招待来宾，都可到政府销售点购买，同时，和旅游相结合，引导外地游客到销售点消费。此外，还可以在全国各地设立“四大怀药”销售连锁超市；给农户一个合理的收购价，解决销售难题，保证山药质量，让外地菜山药没有容身之地。

也有不少商户再次提到了当年的怀帮。

类似于怀帮的“四大怀药”协会，可以搭桥牵线，让深加工企业直接和山药种植基地对接，由协会和企业签订协议，这样既能保证怀山药的销售量，又能保证深加工产品的质量。

我父亲张世峰作为第七代传承人，见证了改革开放之后怀山药市场由乱到治的全过程。张家之所以决定重拾祖业，为怀药产业发展贡献力量，也得益于温县县委、县政府对怀药事业发展的大力支持。

早在2002年市政府下发的《关于实施中药现代化科技产业工程意见》，就对“四大怀药”的产业开发和公共品牌打造起到了纲领性的指导作用；2003年8月，国家质量监督检验检疫总局发出公告，认定“四大怀药”原产地为焦作市的武陟县、温县、博爱县、沁阳市、孟州市、修武县，并实施原产地域产品保护，这意味着“四大怀药”正式戴上了“焦作制造”的帽子；2004年5月25日，焦作市“四大怀药”生产技术标准操作规程（SOP）制定并予以发布。2004年11月18日，焦作市成立怀药行业协会；2005年8月25日，国家质量监督检验检疫总局批准焦作市25家“四大怀药”生产、加工企业的64个产品使用地理标志产品专用标志。从此，这些企业销售产品时有了护身符——加贴统一的“中华人民共和国原产地域产品”标志；2005年年初，市政府授权市怀药协会向国家工商行政管理局商标局申请注册“四大怀药”集体商标、证明商标，3 年后的 2008 年，焦作市终于成功注册地理标志商标。

在这条“四大怀药”品牌保护之路上，食药效果俱佳的怀山药，开始受到越来越多消费者的喜爱。而焦作市各类怀药生产专业合作社，也将怀山药的推广、综合利用，放在了重要位置。

在怀山药亟待破困前行的关键时候，2011 年，旨在“传承弘扬温县铁棍山药文化，提升温县铁棍山药的品牌影响力，强化‘温县铁棍山药’证明商标推广应用，探索温县铁棍山药产业发展之路，推动温县铁棍山药产业快速发展”的第二届温县铁棍山药文化节在温县举办。

此次文化节上，举办了温县铁棍山药交易市场开业仪式、文化节开幕式、温县铁棍山药合作项目和团购签约仪式以及温县铁棍山药产业发展研讨会等多场活动。其中，温县铁棍山药交易市场将对“四大怀药”产品进行连续 7 天的展销活动；参加温县铁棍山药合作项目和团购签约活动的，不仅囊括了医药生产上下游及销售流通的企业、单位，还吸引了众多海内外知名企业，他们也纷纷前来签约团购。

与之前举办的首届温县铁棍山药文化节相比，第二届温县铁棍山药文化节不仅是一场文化盛会，更是着眼于推动铁棍山药“飞入寻常百姓家”的“红娘”。这一届节会的举办，也事实上奠定了温县铁棍山药的品牌价值和地理认知。

为了加强温县铁棍山药的品牌保护，除了连续举办两届文化节外，“温县铁棍山药”国家地理标志证明商标成功注册。随后，为进一步加强证明商标的管理和推广应用，温县制订了《证明商标管理实施细则》和《包装管理办法》，统一设计了外包装箱基本样式，建立了防伪和追溯系统。

正因为有了注册商标，有了统一的外包装，在第二届温县铁棍山药文化节上开业的铁棍山药交易市场才有了品牌自主权。在这个市场里，各门店统一门头式样、统一货架标签、统一销售单据、统一价格、统一包装，并由市场管理办公室予以监管，保证了非原产地铁棍山药进不来，无认证铁棍山药出不去。

温县铁棍山药的破困之举，在一定程度上吸引了八方来宾来到铁棍山药原产地，了解铁棍山药的种植和文化传承，保护了本地种植户的利益，也为提高铁棍山药种植效益提供了坚强保障。作为张家第八代传承人，我倍感责任重大。也是在这个时候，我渐渐产生了回归家族本行，为地方特色产业贡献力量的想法。

第二篇

追梦

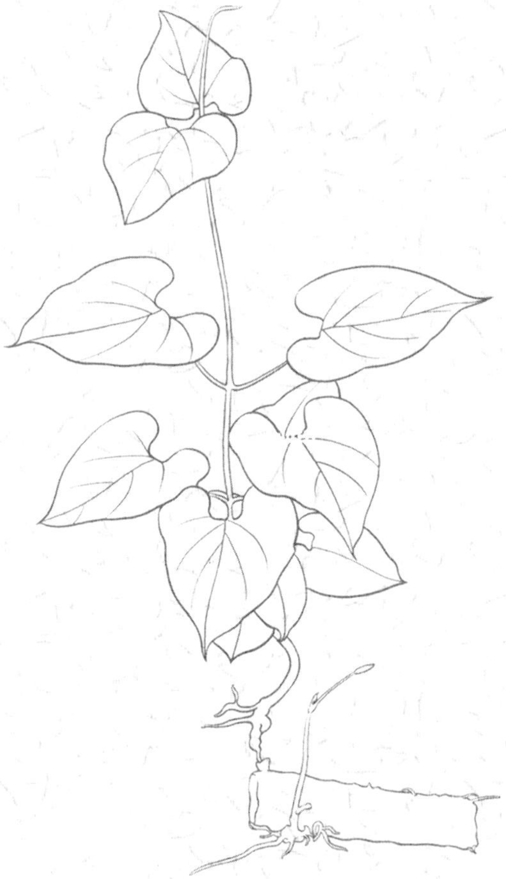

第一章
旧梦重寻耀古温　父子联袂多艰辛

世锋创业铸辉煌　家族基因再闪耀

作为家族第七代传承人，父亲张世峰曾经在古温大地屡创辉煌。

他曾是温县首批取得中高级职称的企业家，曾获得国务院政府特殊津贴，曾是温县纳税大户……可以说，荣誉等身的父亲张世峰继承了祖上善于经营的智慧。

许多年来，人们总是津津乐道于他带领企业商海弄潮的故事，却常常忽略了他与“四大怀药”这个家族产业之间的关联。

1952 年，父亲张世峰出生于温县前东南王村。在他幼年的记忆里，家中那座宏伟的大宅尤为神秘。地面光滑的石板条，回廊笔直的木柱，窗棂上精巧的雕花……这座与周围普通的农家民居格格不入，甚至颇有些鹤立鸡群之感的大院建于何时？这座张家大院里曾经发生过多少故事？隐入历史尘烟的家族故事背后，又是什么样的生意支撑着家族一步步走来，留下了这座家宅大院？

很多疑问都已经没有答案。

从奶奶口中，父亲逐渐还原了关于家族的零碎记忆。他知道了张配唐带领家族初涉怀药事业的故事，知道了张炎若考中太学生的故事，知道了举人兄弟俩携手创业的故事，知道了家族里声势浩大的商队故事……随着家族故事的点滴还原，他也知道了这座大院的根基，是由一根根怀山药、一束束怀牛膝、一块块怀地黄和一朵朵怀菊花“堆砌”而成。

家族创业的故事引领着他成长，大院里的灯光也点燃了他传承家族事业的梦想。

从温县一中毕业后，张世峰回到家乡前东南王村，在时任生产队长的兄长张世云帮助下，他躬耕农田，一边和兄长种植粮食作物，一边钻研“四大怀药”的栽培技术。在多年的研究过程中，他尤其擅长怀山药、怀地黄的育苗、保存和炮制加工。这是他天生聪慧的禀赋使然，却也与家族记忆的“复活”有关。当年的条件下，大批农田不可能用于怀药的种植试验，兄弟俩就在自家的自留地里试验。他们白天种地，晚上就会跑到本家长辈家中，了解当年种植、炮制怀药的技术。昏暗的灯火下，兄弟俩交谈的样子颇有些当年张时顺、张协顺兄弟帐中对谈的味道。只是当时的他们并未在意，时代的发展，政府的扶持，会让张家的家族生意超越过往，重现辉煌。

父亲张世峰的钻研之路是艰难的，却也是有所突破的。

一是在山药苗的保存方面有所突破。

每年霜降之后，怀山药开始收获。山药的秧苗也随着季节的变化迅速枯萎。山药从地下开挖之后，需要将部分山药的顶端（约 15 厘米）掰断，用于来年怀山药的育苗、种植。被掰断的这部分山药，温县农民俗称“笼头”。山药掰断之后，会形成裸露的横截面，极易腐败。从严冬到明春，“笼头”如何安全过冬，在当时是个大问题。

张世峰并没有拘泥于家传的方式，而是大胆利用自己在高中时候学习的化学知识进行创新。

白石灰是一种古老的建筑材料，广泛应用于建筑、修路、造桥等领域。同时，白石灰也有许多特别的功效和作用。

首先，白石灰可以起到杀菌的作用。因为白石灰是一种碱性物质，可以改变微生物的生理和代谢，使细菌、真菌死亡，所以广泛应用于消毒杀菌，在医疗、食品加工、公共卫生等领域都有应用。

其次，白石灰还可以起到防腐的作用。主要原理是白石灰具有强烈的吸湿性，能将空气中的水分吸附到其表面，使木材等物质表面水分蒸发，降低湿度，从而防止微生物的生长，避免木材腐朽。

张世峰心想，在山药的横截面涂抹上一定比例的白石灰水，不知道会不会起到保护“笼头”的作用？

张世峰拿出一部分“笼头”，在横截面涂抹上了白石灰。第二年春天，这一部分“笼头”不仅没有腐败，水分也保持得很好。“笼头”下地之后，出苗率高，苗也非常壮实。

张世峰的试验，在前东南王村引起了不小的轰动。这也是“科学技术是第一生产力”在小村里的具体践行。从这一年开始，村里很多种山药的农户都来找张世峰学习新技术。时隔近百年，张家后人又一次在怀药种植上显露峥嵘。

二是在怀药加工炮制上初步萌生加工意识。

经过数十年的战乱，加上新中国成立后经济事业发展艰难，“四大怀药”的炮制技术趋于萎靡。对于一些零星种植散户来说，收获一些山药能补贴家用就满足了，他们并不在意山药品相的好坏，更不在意怀药的古法炮制。

在公社五七工厂上班的张世峰，却特别在意山药的品相。

时隔多年，张世峰依然记得自己最初的想法。他回忆说，当年的养殖业不发达，有机肥比较少，化肥也是稀缺品，土地肥力不行。对于怀山药这种极其损耗土地肥力的植物来说，是致命的打击。有时候地里产出的怀山药又细又短，影响了销售价格。

张世峰又从家族记忆中找到了妙招。他拿出张家坊当年用过的弹板，将怀山药熏蒸、浸泡之后在弹板上反复弹制，将品相不好的山药都加工成了直径 3 厘米左右、统一规格、洁白无瑕的成品。这样的怀山药不仅品相得到提升，也使家庭的收入增加了，一时间在前东南王村推广开来。

小突破，大艰辛。

张世峰亲身经历了山药育苗之难、种植之难、炮制之难，也真正了解了祖上创业的艰辛。

寒冬腊月，曾经的张家坊氤氲着熏蒸怀山药的浓重水汽。张家的祖辈从水里捞出浸泡的山药，在弹板上一遍又一遍弹制，又一遍又一遍将山药放回冰冷的水中。一个冬天下来，张家人几乎人人手上都布满了皲裂的疮口。

时光久远，后人实在是不敢想象，到底加工多少山药，才能装满奔向老河口的200辆马车，才能支撑起张家坊在万里商道上留下的200年声誉。

父亲张世峰最终没有选择“四大怀药”这个行业，但他却打开了另外一扇属于自己的窗口，为温县这片土地的蓬勃发展贡献了属于自己的力量。父亲当年对“四大怀药”种植、炮制的钻研突破，影响着我，鼓励着我，也点亮了我接手家族事业的一盏明灯，为我照亮了前进的方向。

梦里古宅灯火旺　怀药传承有来人

承载父亲成长记忆的古宅，终于离我远去。

在我幼年的记忆中，古宅大院只是照片里的模样。我无法还原出更加清晰的图像，也无法从记忆深处找到祖上更多的创业故事，但有一个坚定的信念却在心底萌生——我一定要延续祖上奋斗的足迹，重塑“四大怀药”的辉煌。

我自己认为，这是一种与生俱来的感觉。

一是对怀药无法抗拒的亲近感。

在我出生的20世纪70年代，改革开放的春风已经渐渐温暖着古温大地，“四大怀药”的种植、销售也成为农村种植结构调整的发展方向。在我10岁左右的时候，我就特别喜欢跟着父亲张世峰到山药地里侍弄山药，到家里的煤火前看父亲熏蒸地黄。我还特别喜欢跟着母亲去黄河滩摘菊花，怀菊花那种独有的芬芳，至今还留存在我的记忆深处。

二是对家族故事的执着寻访。

古宅拆除的时候，我可能是10岁左右。当年的我虽然不明白什么是保护文物，心中还是产生了巨大的失落。当年的我很喜欢到伯父张世云家中去，听他讲老辈人留下来的家族故事。每每听他讲述，我都仿佛看到了古宅里灯火辉煌的过往，仿佛看到了张配唐和张炎若父子在灯下记录怀山药古法炮制的技巧，仿佛看到了张炎若挑灯夜战备考乡试，仿佛看到了张静一邀请太极拳师傅在家中宴饮，仿佛看到了张时顺在院子中推拉石磙，仿佛看到了张协顺苦心钻研怀山药炮制技艺，仿佛看到了晋江守备回乡的盛况……我当时就觉得，这个大院的每一块石板下都有家族的故事，一砖一瓦里也都是家族留存的记忆，这些都需要有人来寻访，有人来传承。

三是对怀药炮制技艺的痴迷。

从小在怀药田中长大的我，对怀药的炮制技艺非常痴迷。从高中时候起，我就开始阅读相关书籍，开始学习关于怀药的炮制技术。

据《怀庆府志》记载：地黄、牛膝、山药、菊花等俱出于河内县，为献贡之常品。由此可见其种植历史之悠久，药品质量之精良。

在明洪武二十四年（公元 1391 年）大道寺的地黄被列为贡品，当地政府每年以生熟地黄各五十斤上贡朝廷，加之怀地黄有“牛角茬”“菊花心”之品别，故而历代医家对此多有著述。清代医家汪昂在《本草备要》中言：“干地黄……江浙生者，南方阳气力微，北方生者纯阴力大，以怀庆肥大菊花心者为良。”而明代医家张景岳，对怀地黄更是推崇备至，在其补方中屡屡用到“大怀熟”之名。

怀牛膝在唐代即被列为贡品，早在汉代《吴普本草》中言牛膝“生河内”；唐代孙思邈所撰《千金翼方》曰“怀州出牛膝”；宋代《本草图经》云“牛膝，生河内川谷及临朐，今江、淮、闽、粤。关中亦有之，然不及怀州者为真”；明代刘文泰在《本草品汇精要》中称之为“道地”药材：“怀州者为佳”；清代吴仪洛亦曰“出怀庆府，长大肥润者良”。

《本草述钩元》亦云，牛膝“根长约三二尺者良，江淮闽粤关中皆有，惟有怀庆生者，根极长大而柔润也”。怀牛膝古今医家交口赞誉其性能，在临床上也得到广泛应用。如《千金方》中的牛膝汤、《圣济总录》及《济阴纲目》的牛膝散、《素问病机气宜保命集》的牛膝丸、《本草纲目》的牛膝酒等。

怀菊花产于河南沁阳、博爱、武陟、温县一代，古代本草多认为河南是药用菊花的地道产地，河南怀菊培栽历史悠久。作为药用，以产于温县一带的怀菊最为有名，是“四大怀药”之一。其次为安徽的亳菊、滁菊、浙江的杭菊、四川的川菊和山东的济菊等。菊花有很高的药用价值，怀菊就属于药用菊。怀菊花，花、叶、茎皆可入药。古代医学认为，怀菊花得天地之清气，含金水之精英，饱经露霜、备受四气、善清上焦邪热、疏风解毒、清肝明目、安肠胃、调四肢、解渴消毒，久服利血气，轻身耐老，延年益寿。近代临床报道：用开水冲泡怀菊花作茶饮，对高血压、头痛、失眠等症状有明显疗效。

当年的我，特别关注“四大怀药”之一的怀山药。这可能和张家坊的产品以怀山药为主有一定关联。

怀山药在明代即被列为贡品。明代医家刘文泰称其为道地药材：“今河南者佳。”清代医家吴仪洛言：“形扁者为怀山药，入药为胜。”据清道光十三年（公元1833年）《河内县志》载：“藏之属曰薯称菜山药，药之属薯为药神药，又称铁棍山药，供药用，产于怀庆府者优。”沁阳市山王庄镇大郎寨村的山药于明洪武二十四年（公元1391年）被列为贡品，历代称郎山药者为最优，铁棍山药加工后称鸡山药，早已闻名全国。

当年的温县，就是正宗铁棍山药的原产地。

我还了解到，在临床上有许多以山药为主药的方剂，如张仲景的薯蓣丸、《太平惠民和剂局方》中的“无比山药丸”、《圣济总录》中的山芋丸、《圣惠方》中的九仙薯蓣煎等均以山药为君药，以获补脾益肺、固肾益精之效；而张锡纯对怀山药更是情有独钟，在《医学衷中参西录》第一卷治阴虚劳热方中，创制11首方剂，其中有9首方剂中提到怀山药，用以治疗各种虚损病症，效果极佳。单用山药一味治疗喘汗烦渴、久泄等症也每获良效。以薯蓣来命名的方剂有一味薯蓣饮，即薯蓣粥、薯蓣鸡子黄粥等。

此外，在我幼时的记忆中，山药也是人们喜欢食用的美味佳肴，如蜜炙山药、蒸山药、山药饮汁等，均具有很高的保健药用价值，很值得开发利用。

事实上，当年对“四大怀药”药性的学习，我是懵懂的。但对怀药药食同源的特性，却了解甚深。我甚至在当年就曾考虑过怀山药的深加工问题，只是见识尚浅，眼界也不开阔，我只是想到了怀山药罐头这种提升口感的模式。家族里流传甚久的“怀山药改孝”的故事，让我曾想过怀山药粉的加工，但也只是在脑海里一闪而过，尚未形成成熟的创业思维。

父亲张世峰看在眼里，急在心上。当年未能参加高考的他，对家中子女的教育尤其重视。在他的心中，早已为我规划好了未来——高考、上大学、进入政府机关。

当年的他之所以会这样考虑，如今想来，原因无非有三：

一是因为自身创业维艰，虽然开创了一番基业，在温县也颇有声望，但他深知创业之苦，创业之难，他并不想让我重走他的创业之路。

二是因为当年怀药发展尚且不成规模，政府层面对于怀药产业的发展缺乏科学规划，这个行业的前景并不明朗。不仅如此，作为珍稀产品的怀山药，当年却面临着“真假之争”的困扰。有一些人从外地购进山药冒充怀山药，不仅影响了怀山药的声誉，也扰乱了怀山药市场，更损害了老百姓的利益。面对如此混乱的局面，想在怀药市场上开辟一番天地，实属不易。

三是家族对于书香传家的重视。从府吏到邑武生，从邑武生到太学生，从太学生到晋江守备……200 年间，从张配唐涉足怀药产业以来，耕读传家就是张氏家族发展的总基调。张氏家族以怀药产业为支撑的根本目的，还是希望后世子女登科中举，为家族赢得荣誉。这样的思路影响着父亲张世峰，也为我的求学之路注入了动力。如今回想起来，父亲的思路不仅没有错，反倒为我搭建了更为广阔的发展平台。如果当年我不到大学校园里去，根本就不会接触更多关于非遗、关于怀药、关于民族文化等深层次的知识，更不会开创出“创源堂”这个品牌。

然而，我对“四大怀药”的发展梦想是如此执着，时常在梦中回到当年的张家坊。我看到了祖祖辈辈的奋斗和努力，看到了他们对“四大怀药”传承的坚定脚步，这样的梦想，始终激励着我，让我坚定了自己未来的发展方向。

一是一定要深挖家族故事，让“四大怀药”传承下去。从张配唐时代开始，我的家族便涉足“四大怀药”产业。在这条艰难异常的道路上，他们从家族的零散地块试种开始，扩展到全部家族的土地、扩展到全村的土地，让“四大怀药”在前东南王村完成了创富传奇，也书写了家族的荣光。这样的故事，不能隐藏在历史深处，而应该成为不能磨灭的家族记忆。

二是一定要助力“四大怀药”发展，为乡村振兴贡献力量。我生在农村，长在农村，亲眼见到农民的不易，也看到了“三农”发展过程中的诸多困难。在我看来，“四大怀药”就是一把“金钥匙”。当然，经过这么多年的发展，温县的“四大怀药”产业发展已经初具规模，但龙头企业不多、知名品牌不多等问题依然制约着“四大怀药”产业的发展壮大。如果通过品牌带动，能够为乡村振兴贡献自己的绵薄之力，我愿意尽我所能。

三是要立足创新，以科技创新带动“四大怀药”产业发展。自古以来，“四大怀药”的发展便拘泥于古法炮制，在坚持历史传承的同时，却与科技创新擦肩而过。如今的“四大怀药”发展已经进入了全新的赛道，各路企业都在“八仙过海，各显神通”。作为古老的张家坊传承人，我的脑海里始终有两个想法在碰撞：一是传承，二是创新。传承之路，是基于古法的突破创新；创新之路，则是古法支撑的科技加持。

我的家族从古老的历史深处一路走来，他们从怀山药的种植、炮制、销售中积累了大量的家族经验，也为我的科技创新之路奠定了坚实的基础。

我的梦从寻根开始，我的梦从古宅的灯火里开始，我的梦从万里商道上张家人的脚印里开始，我的梦也从现在开始。

时光上溯 200 年，一个关于家族寻根的故事讲完了。张配唐、张炎若、张静一、张时顺、张协顺、张全刚、张守业、张世峰，这些闪亮的名字背后，都是关于“四大怀药”传承的踔厉奋发，都是对于家族事业发展的兢兢业业，我要读他们的故事，我要学他们的精神，我也要立志将家族的梦想延续下去，传递下去，争取让家族之梦重新闪耀出新时代的光芒。关于我，关于创源堂追梦的故事，拉开帷幕。

第二章
青春少年战高考　大学校园识非遗

张家少年有奇志　中学校园露头角

温县城内初级中学是豫北一所历史悠久、质量一流、特色鲜明、具有强大影响力的百年名校。

1906 年，正值科举废弛、新学兴张的教育变革时期，温县官立高等小学堂成立，后更名为温县城内完全小学。1995 年，初中部从温县城内学校分离出来，其间几易校名，2016 年复名为温县城内初级中学。

1989 年 9 月，温县城内初级中学的操场上人声鼎沸，迎来了新的学期。在这熙熙攘攘的人群中，少年的我站在其中，看着冉冉升起的五星红旗，眼神里透着一股坚定和热情。

我虽来自农村，但从小就懂得珍惜学习的机会。父母总是鼓励我要好好读书，告诉我只有知识才能改变命运。从小学到初中，我的成绩一直很优异，墙上张贴的一张张奖状，是我努力的最好证明。也只有我自己知道，这些成绩的取得都是因为老师们的辛勤付出和自己的勤奋好学。

这年春节，我的班主任孙尚俭老师布置了一项寒假作业，要求同学们写一篇关于自己的梦想的作文。我决定写下自己的心声。

我想象着未来的画面：自己成为一名优秀的科学家，为国家的科技事业贡献力量。

我用心描绘自己的远大志向。我写道：“我立志成为一名科学家，致力于科学研究，为国家的创新发展贡献一分微薄之力。我希望能够攻克一项重大科学难题，为人类的进步和发展贡献智慧。我相信，只要我勤奋努力，不懈追求，就一定能够实现我的梦想。”

青少年时期的梦想虽然是宏大而模糊的，但确确实实为儿时的我指明了方向，平添了动力。因为我知道，梦想是人生的指南针，能为成长提供奋进的方向。有了梦想，就有了追求的目标，就有了内在的动力；有了梦想，我就会更加懂得珍惜时间，并愿意付出时间和精力去实现它，这种主动性和决心，将帮助我在面对困难和挑战时保持坚韧不拔的精神。

从小到大，我听过太多的名人故事，他们在梦想的激励和引导下，一步步走上了人生顶峰，这些人的成功故事，在我懈怠、在我疲惫、在我彷徨、在我悲伤的时候，就会出现在我的脑海，在我的学生时代一直激励着我，他们也是我的人生偶像。

开学后，我怀着满腔热忱投入更加努力的学习中。我每天都早早到校，晚上也常常熬夜自习。在我的努力下，我的成绩一如既往地优秀，而且我还主动参加了各种学科竞赛和活动，都取得了优异的成绩。

孙尚俭老师看到了我的勤奋与执着，在课堂上对我进行表扬，鼓励其他同学向我学习，希望大家都能够勇敢地追寻自己的人生理想，实现自己的人生目标。

现在回想起初中时代，真的让人感到十分暖心，同学们相处融洽、亲如一家。无论哪个同学有什么困难，大家都会积极伸出援助之手。

在这样的氛围里学习和生活，我也养成了帮助别人的好习惯。有一段时间，班里有一位同学一直没有到校，我了解后知道他是因为生病而缺课了。这位同学的学习成绩本来就一般，所以在养病期间，他就很担心自己会因此而更加落后。知道这个情况后，我主动向孙老师提出申请，要帮助他补习功课。

从此，我利用课余时间来到这位同学家里，把学校的课程尽可能详细地讲述给他听，并且还给他出了许多题目，让他练习。针对他不会的题目，不厌其烦地一遍遍讲解，直到他完全弄懂为止。那段时间的周末，我几乎都是在那位同学家里度过的，我不仅没感到浪费时间，而且还因为帮助到了同学感到很充实，幸福感和自豪感油然而生。

此后的日子里，我和这位同学结成了学习“搭子”，也成了最好的朋友。在我的帮助下，这位同学不仅补上了落下的功课，而且还在期末考试中取得了非常理想的成绩，也考上了理想的高中。通过这件事情，让我明白了团结协作、共同进步是非常重要的，这也为我以后人生的顺利发展打下了基础。

时光如梭，转眼间，三年过去了。在孙尚俭老师的悉心指导下，我参加了多项全国性的竞赛，取得了优异的成绩。

然而，追梦的道路并不平坦。在学习的道路上，我遇到了一个又一个“拦路虎”，情绪和意志有时候会陷入低谷，困惑和疲惫时不时涌上心头。但正是这些困难，磨炼着我的毅力和心性，在心中理想的召唤下，我总是能够不屈不挠地坚持下去，不断地寻找解决办法，不断地提升自己。

经过多年的坚持努力，我终于取得了不错的成绩，也成为母校的骄傲。

在一次受邀回母校演讲时，我回顾了自己的追梦之路。我说：“在追寻梦想的过程中，我深刻体会到，勤奋和执着是实现目标的关键。无论遇到多大的困难和挑战，一定要坚持我们的理想和信念，唯有此，才能够战胜一切前进道路上的艰难险阻。”

我的故事在学校里被传为佳话，学弟学妹们把我当成学习的榜样。如今，孙老师依然还奋战在培育桃李的一线，他鼓励现在的学生，要以我为榜样，立下自己的志向，并为之努力奋斗。

多年后的温县城内初级中学操场上，依然充满了欢声笑语。那些曾经的学生，如今都走上了各自的人生道路，而我的这点儿励志故事，激励着后辈的年轻学子勇敢地去追寻自己的梦想，为实现国家的伟大目标和自己的人生理想而奋力前行，永不言弃。

温县一中勤学练 高考一举夺“功名”

1992 年 9 月，经过初中三年刻苦学习的我，终于考上了自己心仪的高中——温县第一高级中学。这所学府是温县境内历史最悠久、师资力量最强、教学质量最高的一所示范性普通高中。温县一中始建于 1936 年，经过多次迁址和更名，最终于1962年定名为温县第一高级中学。她有着悠久的历史和优良的传统，始终秉承“励志、勉行、诚信、报国”的校训精神，坚持“立德树人”的根本任务，尊重个性、注重多元，不断总结拔尖创新人才培养方面的优秀经验，以优异的教学成绩、高质量的教育水平，始终走在省内普通高中的第一方阵。

进入20世纪80年代，温县一中开始高速度、高质量发展。在教育教学方面，学校引进了先进的教育理念和教学方法，注重培养学生的创新思维和实践能力。同时，学校不断拓展和完善基础设施建设，新建了教学楼、实验楼、图书馆等设施，为学生提供了更加优越的学习环境。

尤其近几年来，温县一中涌现出许多学业有成的学生。2019年，全市高考文科前两名均出自该校，学生李祎欣以全市文科第一名的优异成绩被北京大学录取，学生慕公培以全市文科第二名的优异成绩被中国人民大学录取。此外，温县一中还有许多其他优秀的学生在高考中取得了优异成绩，如学生王鑫鹏、茹俍恺、王悦同被中国人民解放军海军航空大学录取，学生王祎圣以600多分的成绩被上海交通大学录取等。

除了高考成绩，温县一中还培养了许多优秀教师。例如，河南省优秀教师、焦作市劳动模范、温县名班主任范海伟就是该校的优秀教师代表。此外，该校还有许多优秀毕业生在各个领域取得了显著成就，如夏威夷博士获得了美国国立卫生研究院的科研基金，冯靖果博士被评为河南省文明教师，马明华博士被评为河南省骨干教师等。

我当时在温县一中求学时，学校无论硬件设施，还是软件配置，远没有现在这样完备。但曾经的同学年少，多年后在一起聊起在校时发生的点点滴滴时，都感到无比亲切，根本不影响温县一中在我们心中的神圣和高大形象。

当我第一次踏进温县一中的校门，我的心情既激动又忐忑不安。我不知道在这里会遇到什么样的老师和同学，不知道自己能否适应这里的生活和学习环境。

当走进教室的那一刻，我第一眼看到的是和蔼可亲的刘家敏老师。她向我们介绍了自己，并告诉我们她是我们的班主任。接着，班里其他同学也一一作了自我介绍。在那个瞬间，我感到了班级的温暖和团结。

课堂上，老师的讲解生动有趣，让我对学习产生了更浓厚的兴趣。课间时，同学们互相帮助、友爱团结。在这里，我看到了一个与初中完全不同的世界，一个充满竞争和合作的世界。

在温县一中的第一周，我深刻地感受到了学校的严谨治学和良好校风。学校严格要求学生按时到校、文明守纪、勤奋学习。在这里，我看到了许多优秀的学生，他们自信、自律、自强不息。这些优秀的学生不仅在学习上表现出色，而且还积极参加各种课外活动和实践锻炼，给我树立了很好的榜样。

我怀揣着自己的梦想，踏上了人生的新征程。

班主任卫习全老师是我的第一个人生引路人。他是一位严谨而富有激情的教育者，也是一位严于律己、宽厚待人的恩师。他发现了我的潜力，看到了我眼中的坚定，为我指引了前进的方向。

卫老师总是用爱迪生、鲁迅等名人小时候刻苦学习的故事来引导和教育我们，让我们明白，热爱学习是一种宝贵和可贵的品质，它可以帮助我们实现自己的梦想，成为一个有价值的人，一个对社会有用的人。在这些名人轶事中，我不断汲取着前进的力量，也让我前进的目标更加清晰。

日复一日，我在学校的图书馆里默默奋斗，用汗水浇灌知识的花朵。我深知"天道酬勤"的道理，每一分努力都不会白费。我时常被那些前人奋斗的事迹所感动和激励，他们曾是这个学校的骄傲，我也要成为他人眼中的楷模。

可能是我学习太辛苦，没能安排好学习时间，高二时我的身体日渐消瘦，人也变得十分焦虑，感到很疲惫，不知道该怎么做才能保持状态。

卫习全老师看到我状态不佳，就主动与我交流。他问我最近的学习情况，还帮助我制定了合适的学习计划。在他的指导下，我开始更加合理地安排时间，不再熬夜学习，保证了充足的睡眠。他不仅关注我的学习，还时刻关心着我的身体健康。他知道我消瘦了很多，就每天给我安排营养均衡的膳食，让我补充体力。

最重要的是，他还教给我很多应对焦虑和一些放松身心的方法，让我在紧张的学习之余也能得到放松。在卫习全老师的指导下，我重新找回了信心。

从某种意义上说，高中三年紧张的学习，就是为了冲击高考这个关乎每位学子前程命运的考试。我对这场人生中十分关键的考试，内心也充满了紧张和期待。为了能够在这场大考中胜出，我每天早起晚睡，一个人默默地看书、背诵、做题，不停地努力着、进步着。我的父母看在眼里，疼在心里，但却不曾干涉我的学习。他们知道，只有自己走出的路，才是最坚实的路。

在高考前的几个月，面临巨大的压力，我的成绩出现了不稳定的现象，几次模拟考试的成绩也不太尽如人意。

尤其是在数学学科方面，我一直为分数提升不上去而苦恼。我在困惑中不断摸索，决定自己去查阅资料，向同学请教，向学校的老师寻求建议，这是个痛苦且焦虑的过程。最终在大家的帮助下，我找到了出现问题的原因，也找到了解决方案。数学成绩的提升让我更加自信，也让我明白遇到困难时，必须勇敢面对，积极寻求解决办法。

终于，高考的日子来临了。那一天天空湛蓝，阳光明媚，我尽量保持心情平静。我知道，这三年的一切付出都将在这片蓝天下开出美丽的花朵。

但高考考场上的紧张气氛是难以形容的。它像一股凝固的空气，笼罩着整个空间，让人无法自由呼吸。每个人的脸上都写满了紧张和焦虑，仿佛一场无声的暴风雨即将悄悄袭来，让人内心不由自主地产生一些紧张和不安。

考生们坐在各自的位置上，目光紧盯着试卷，手中握着的笔像生命线一样，连接着各自的未来。每一次下笔，都是对自我能力的挑战和检验。

监考老师的严肃面孔和敏锐目光，更是给考场增添了一种压迫感。他们像是在默默地对考生们说："这是你们的选择，你们不能放弃，不能退缩。"这种无形的压力像山一样压在每个考生的心头，让人几乎无法喘息。

考场上的时间仿佛被拉长了一般，每一秒都显得那么宝贵。时钟的嘀嗒声在寂静的教室里回荡，像是在敲打着每个人的心。考生们呼吸的声音、写字的声音、橡皮擦在纸上摩擦的声音，如同交响乐中的旋律交织在一起，形成了一种独特的紧张气氛。

考试结束之后便是等待，是漫长的等待。那份期待，就像等待一个新生命的降临，既充满激动，又带着不确定的忐忑。这段等待的时间，虽然充满了不确定性，但也让我很是期待。期待那个未知的结果，期待那个可能会改变我一生的机会。等待通知书的心情，让我们既焦虑又期待，既忐忑又兴奋。而无论结果如何，我都将勇敢地面对。

然而，命运之神对我终究还是眷顾的。终于，在一个午后，我收到了河南省检察学院[①]的录取通知书。我感到无比激动和欣喜。这份薄薄的纸张，是我一直以来辛勤努力和奋斗的成果，也为我未来的学习和生活揭开了新的篇章。

我迫不及待地打开通知书，仔细阅读每一行文字。我感受到了周围空气的鲜活和生动，仿佛连阳光也变得更加明媚。那份从心底涌出的欣喜，让我忍不住想要与全世界分享这个好消息。我迫不及待地打电话给家人，让他们也来分享这份喜悦。

我站在窗边，望着远方的天空，心中充满了对未来的期待和对大学生活的向往。那是一种全新的挑战和机会，也是对自我成长的再一次追求。我期待能够在大学中学习到更多的知识和技能，遇见更多的朋友和老师，探索更广阔的世界。

捧着那份通知书时，我心中充满感激和敬畏。它是我过去努力的见证，也是我未来奋斗的动力。我深知，这份喜悦的背后，是无数个煎熬的夜晚，是无数个坚持的白天，是无数个克服了的挫折。

我捧着通知书，眼泪不受控制地流淌下来。我知道，这只是一个新的起点，还有更长的路要走，更多的挑战要迎接。

大学校园心激荡　家乡田野梦飞翔

到河南省检察学院学习深造，也是我一直以来的一个梦想。如今，这个梦想终于成真。在这里，我将接受更高水平的教育，结识更多志同道合

① 作者入学时为河南省检察学院，2003 年 4 月经省政府批准，并报教育部备案同意，设置河南检察职业学院。

的伙伴，挑战更加复杂的知识体系。我怀着感恩之心，怀着满腔的热情，踏上了人生的又一段新的征程。

在河南省检察学院学习的日子里，我依然保持着那份不懈的努力。我发现，这里的竞争更加激烈，需要学习的知识更加深奥，但我并没有因此而退缩。我暗暗嘱咐自己，要像一盏永不熄灭的明灯，照亮前行的道路，照亮自己和他人的前程。

河南省检察学院前身是成立于 1985 年 8 月的河南检察干部学院，是河南省人民检察院直属事业单位，学校的校训是“崇德尚法、求实创新”。

当我踏进河南省检察学院的校园，一股新鲜而充满活力的气息扑面而来。这是一个新的开始，一段充满未知和期待的旅程。我怀着激动和忐忑的心情，走进了这个向往已久的学习圣地。

站在校训下，我感到一种从未有过的庄严和肃穆。那是一种沉甸甸的责任和一种对知识的敬畏。我举起右手，一字一句地宣誓，那是我对未来检察官职业的承诺，也是我对自己人生追求的誓言。我既兴奋又充满憧憬，期待着未来的挑战和机遇，期待着能够在这里学习、成长，成为一个对社会有价值的人。

站在新的起点，面对新的人生画卷，我浑身散发着无穷的自信，憧憬着美好的未来。我知道，未来的路还很长，我需要一步一步地走，一点一滴地积累。但我有信心，在这个优秀的学校里，我将能学到足够的知识，不断提升自己的能力，成为一名优秀的检察官，实现我的梦想。

我感谢这个学校给我提供的机会，感谢这个平台让我能够展现自我、实现自我。我将以最大的热情和努力去学习、去实践、去成长，将以最真诚的态度对待每一个人、每一件事，将以最坚定的信念支撑我的理想，我的梦想。

在这一全新的环境里，我在学习上更加刻苦努力了。为了提高自己的专业知识水平，我经常利用课余时间到图书馆查阅资料，主动向老师和同学请教问题。有一次，我在学习刑法时遇到了一个难题。为此，我不仅认真阅读了相关书籍，还到郑州市图书馆查阅了有关资料，并请教了学校老师，最后形成了一个体系完整的解决方案，得到了老师和学校的高度认可。我们的校报记者获悉这一线索后，还与我联系并进行采访，在校报上以《刑法难题 学生挑战成功》为题予以报道。

这篇报道，让我成了系里的“小名人”，这样的名人效应让我结识了更多志同道合的同学。

大学的生活是丰富多彩的，我在努力学习课本知识的同时，也十分注重社会实践，经常积极参加学校的活动。当时，我根据自己的爱好，加入了学校的法律援助社团，给需要法律援助的人提供法律咨询和帮助。

在一次法律援助活动中，我们小组遇到了一个复杂的案件，为了帮助当事人解决问题，我们不仅认真查阅了相关法律法规，还主动与其他组的成员合作，最终提出了一个合理的解决方案，帮助当事人圆满解决了问题，得到了他的认可和肯定。

还有一次，河南省检察学院举办了一场模拟法庭活动，我也积极参与。在活动准备阶段，我认真阅读案件材料，熟悉相关法律法规，还与其他成员一起进行演练和准备。在活动现场，我扮演了检察官的角色，以严谨的态度和清晰的语言表达呈现了案件的事实和证据，让观众对我的专业能力刮目相看。在模拟法庭的庭审阶段，我的表现非常出色。不仅有条不紊地陈述了公诉方的主张，还灵活应对了辩护方的质疑和攻击。在最后的总结阶段，我言简意赅地指出了案件的关键点和问题，提出了合理的量刑建议，赢得了在场观众的掌声和赞誉。

在这个美丽的校园里，我贪婪地吸取着营养，专业知识在不断积累、社交面在不断拓宽，方方面面都在提升，从一个默默无闻的少年成长为校园里的佼佼者，成为大家眼中的榜样。

然而有一件事却在我心中埋下了一颗种子，对我职业和人生的改变产生了影响。那是一次假期，回到温县老家的我，看到父亲在加工炮制山药。这一我从小司空见惯的劳作，这次却给我带来了思想上的极大震撼。

出生于温县温泉镇街道前东南王村的我，祖祖辈辈与“四大怀药”种植与炮制打交道，传到我这一代已是第八代，可谓是出身于“四大怀药”世家。

童年时，父亲肩挑日月、手转乾坤，靠着勤劳的双手种植炮制“四大怀药”，养育一家人。每到种植收获山药、采摘菊花的季节，父亲常常向我讲起祖辈们如何种植与炮制“四大怀药”的往事。

也许是原来年纪较小，也许是多年来专注于学业，我对家传的手艺并没有太大的兴趣。但现在不一样了，也许是学历的积累，也许是眼界的开阔，我对“四大怀药”的情愫瞬间被激发了出来。

利用这个短暂的假期，我如饥似渴地翻阅与“四大怀药”有关的历史典籍，了解有关种植、药性、加工等知识，并深入到田间地头，与种植“四大怀药”的农民促膝长谈，不断丰富自己对“四大怀药”的认识。

然而，假期是短暂的，学业是繁忙的，尤其临近毕业，还有很多很多学业上的事情要去处理，我只好把对“四大怀药”的挚爱暂时放在心底，专心做好毕业前的各项事情。

两年的时光转瞬即逝，在毕业的那一刻，凝望着校园，我心中涌动着无限的感慨。

这两年，通过学习法律课程和参与相关的检察业务，我掌握了扎实的法律知识和业务技能，不仅学习了刑法、民法、行政法等基础法律课程，还深入学习了刑事诉讼法、民事诉讼法、行政诉讼法等法律程序和实务知识。这些专业知识为我未来的检察工作提供了坚实的理论基础。

在实践能力方面，通过模拟法庭、法律援助、案件调查等实践活动，我锻炼了自己的法律实务能力。通过参与真实的案例，我了解了案件的调查、起诉、审判等全过程，学会了如何运用法律知识解决实际问题。这些实践经验不仅丰富了我的知识体系，也使我具备了实际工作的能力。

除了专业知识和实践能力，在校期间我还注重培养自己的综合素质，如沟通能力、领导能力、团队协作能力等。通过参与学校社团、志愿服务等活动，我学会了如何与他人合作、沟通和协调，提高了自己的组织能力、领导能力和解决问题的能力。这些综合素质为我未来的职业生涯奠定了坚实的基础。

在这里，我结识了很多好老师和好同学，这是我人生中一笔宝贵的财富。老师们不仅在学术上给予我精心指导，还在思想上、生活上给予我关心和帮助。他们的教诲让我更加深入地了解了专业知识，也帮助我更好地成长。同时，同学们的陪伴和支持也是大学期间不可缺少的一部分。我们一起度过了难忘的时光，共同经历了快乐和悲伤，也一起在进步和成长。

学成毅然回古温　返乡入职检察院

从河南省检察学院毕业，也意味着我真正向了进社会，面临最大的问题就是如何择业。

充分听取了家人、导师和朋友们的意见和建议后，我最终决定报考公务员，入职家乡的检察院，用所学专长，为家乡发展做出自己的贡献。

有报考公务员经历的人都知道，备考的过程是相当煎熬和痛苦的。对于我来说，也概莫能外。

每天一早，太阳还未完全露面，我就已经点亮了书桌上的台灯。我喝着浓咖啡，咬着笔头，书本像山一样堆在眼前。

焦虑像一团热气球，在我心中不断膨胀。我担心自己是否能够全部掌握考试内容，是否能顺利通过这场考试。

每当夜深人静，万家灯火熄灭，只有我书桌上的灯还亮着。我独自面对着那些复杂的公式、难以理解的法律条文，或者是那些绕口令一般的政治理论。疲倦像一条蛇一样缠绕在我身上，我努力睁大眼睛，保持清醒，但思维却像是一团乱麻，困扰着我。

每个日夜的循环，我都在焦灼与疲惫中挣扎。看似平静的外表下，是我无比焦虑的内心，前路未卜的恐惧和担忧不断在心中萦绕。我既担心自己的努力不够，又害怕无法突破这场考试的困局。

备考初期，我觉得自己基础不够扎实，于是决定先从基础知识开始复习。我花费了大量的时间和精力认真阅读了各种教材和参考书，努力巩固自己的基础知识。然而，随着时间的推移，我又发现了一个新问题，就是我总是在重复学习已经掌握的知识，因而没有取得明显的进步，这让我顿时感到非常沮丧。

备考中期，我又意识到自己的申论成绩一直不太理想，于是决定花更多的时间和精力来提高自己的写作能力。我开始阅读背诵各种文章和范文，学习如何构思和表达自己的观点。然而，无论我怎么写，总是觉得自己的文章不够出色，这让我感到心里没底。

在考试前一个月，我报名参加了一个培训班。在培训班中，通过老师的悉心辅导，我学习了许多新的解题技巧和方法，并且和其他考生交流经验，让我收获良多。

参加考试的人很多，只有成绩排名靠前才能进入面试环节。面对这些困难，我没有放弃并坚持了下来，最终通过了笔试，进入了面试环节。

我知道自己没有经验，但又需要在短时间内展现出自己的优势和能力，因此面试当天我非常紧张。我提前到场，和面试官们交流了几句，尽量让自己放松下来。当面试真正开始后，我逐渐找到了最好的状态，对考官所提的问题对答如流。

“有志者、事竟成，破釜沉舟，百二秦关终属楚；苦心人、天不负，卧薪尝胆，三千越甲可吞吴。”当我拿到温县检察院的录取通知书时，首先想到了蒲松龄的这一励志自勉联。

“儿子，你考上了温县检察院，这是你人生的一个重要阶段。我希望你能记住一句话：立身正、业务精、办事公。”在入职的前一天晚上，我与老父亲坐在书房里，他语重心长地对我说。

他说，作为检察官，首先要立身正，要端正自己的品行，保持公正的立场，只有高尚的道德品质，才能够抵抗住各种诱惑和压力，始终坚守正义。其次是业务精，检察官是一个需要专业知识和技能的岗位，必须不断学习和提高，成为业务的行家。不仅要有扎实的法律知识，还要具备良好的分析能力和判断力，这样才能更好地履行职责。最后要办事公，作为检察官，必须秉持公开、公平、公正的原则，对待每一个案件都要以事实为依据，以法律为准绳，不能有任何偏见和私心，更不能受任何干扰。

听着父亲的话，我深感教导的分量。这些话语像一盏灯，一直在照亮我前行的道路。

作为一名刚入职的新人，我牢记父亲的教诲，时刻以谦虚、认真、勤奋的态度对待学习和工作，不断提高自己的能力和素质。

在学习上，我不断了解相关法律法规和检察工作流程，以便更好地履行我的职责；同时还阅读相关的法律书籍和文件，参加检察机关的培训课程和会议，向老同事请教和交流，学习更多的实践经验和案例。

在工作上，我努力提高自身的业务能力和综合素质。我深知，作为一名检察官，需要有扎实的法律基础知识和业务能力，以及良好的沟通、协调、表达和组织能力。所以，我通过参加培训班、旁听案件、参与办案等多种方式，提高自身的业务能力和实践经验。同时，我还刻意加强自身综合素质的提升，包括团队合作、领导能力、思维分析等方面的能力等。

我积极融入团队，参与院里的各项工作。作为团队的一员，我与同事建立了良好的合作关系，并主动承担工作任务，与同事共同制定工作计划和方案，协作完成各项工作任务。在工作中我时刻尊重领导、遵守制度和纪律，做到严格要求自己，不断提高工作效率和工作质量，业务能力大幅提升，迅速成为行家里手，办理案件时也能够独当一面，得到了领导和同事们的好评。

但工作也不总是一帆风顺的。有一次，我负责处理一起案件，由于自己的疏忽，漏掉了一些重要的证据，导致案件审理出现了问题。这个错误让我感到非常内疚和沮丧。但我没有逃避责任，而是主动承认了错误，并采取了补救措施，最终成功地处理了案件。这次经历让我更加明白，工作中必须时刻保持高度的责任心和专业精神。

还有一次，我遇到了一个非常棘手的案件。案件的事实和证据都非常复杂，需要仔细分析和梳理。我花费了大量时间和精力，仔细研究了案件材料，并与其他同事进行了深入讨论和分析，最终成功地解决了这个难题，得到了领导和同事的认可和肯定。这次经历让我更加自信和自豪，同时也更加清楚了自己的职业方向和目标。

在温县检察院工作的几年时间，是我个人成长最快，也是我业务能力提升最快的几年，在这里我结识了新的朋友，接触了更真实、更广阔的社会现实，让我形成了更加正确的世界观、人生观和价值观。

在这里，我也实现了当检察官的梦想，用自己的双手捍卫正义，守护法律，为社会的和谐稳定贡献自己的力量。我也明白了，只要有梦想，只要有付出，就一定能在人生的舞台上放飞青春的梦想；无论前路如何崎岖，只要坚持走下去，终将收获属于自己的辉煌。

第三章
辞职下海进药田　力排众议谋创新

怀药梦时常萦绕　使命感情切意坚

在大家眼中，检察官是一个充满神秘色彩的职业。很多人对检察官的认知停留在电视、电影等媒体塑造的形象上，认为我们手握权力，能够决定他人的命运。

然而，真实的检察官生活并非如此。检察官的工作是十分忙碌和辛苦的，正如现在所说的，“996”“5＋2”和“白＋黑”是工作的常态，真正是“两眼一睁忙到熄灯”。

我们的工作也是充实和充满成就感的，每天都在处理各种复杂的案件，为了维护社会的公正与公平而努力。当我们成功打击犯罪、保护无辜时，那种成就感和满足感是无法用言语来表达的。

为了让更多人了解检察官的真实生活，检察院经常开展公众开放日活动，邀请社会各界人士来参观我们的工作环境、了解我们的工作内容。通过这些活动，我们收到了许多积极的反馈，很多人在深入了解检察官的工作后，对检察官的职业有了更多的认可和尊重。

在我为了检察事业忙得不可开交的时候，也正是温县“四大怀药”产业蓬勃发展时期，尤其是铁棍山药被广大受众认可，生意处于井喷状态。

幼时对于怀山药的记忆，让我一遍又一遍思考着关于怀山药的发展，把自己一次又一次引入到与怀山药关联的梦中。

在温县，铁棍山药不仅是一种美食，更是一个地区的文化象征。它代表了温县人民对土地和自然的尊重，以及对品质和传统的坚守。

我家祖上张配唐自清咸丰五年（公元1855年）开始从事怀山药的种植与加工贸易以来，在继承前人的基础上，研究出了张家独特的怀山药种植和炮制手艺。在这近200年的时间里，这一手艺在我们家族里代代相传，并且每代人都融入了自己对种植和炮制工艺的感悟和创新，让这一工艺日臻完美，传到我父亲是第七代。当时我的父亲和家人，由于家族的传承关系，都在经营着与铁棍山药相关的生意。

每次在工作之余见到父亲时，他总是忙碌的，他的世界似乎被铁棍山药的生意全部占据。每天清晨，当大家还沉浸在梦乡时，他就已经开始了新的一天。他每天都要前往铁棍山药的种植地，监督采摘和加工的每一个过程。他总是亲自把关每一个环节，从种植到收获，再到销售，每一个细节都不放过。

我看着他的身影，内心充满了敬仰和钦佩。他是一个真正的奋斗者，他的坚韧和毅力深深地影响了我。我明白他的辛勤努力不仅是为了生计，更是为了“四大怀药”这一产业的发展。他的忙碌不仅因为责任，更是一种对生活的热爱和投入。然而，每当看到他疲惫的神情和忙碌的身影时，我也会感到无比心疼。

父亲常常告诉我说，这点苦算什么呢！他年轻的时候，国家正从计划经济向市场经济转型，各行各业都处于起步阶段，充满无数的机遇和挑战。他抓住了这个机遇，不仅仅是为了自己，也是为了家族和更多的人。他相信自己的眼光和能力，要通过自己的努力和奋斗，将“四大怀药”生意发扬光大。

为了找到更好的市场，父亲走南闯北，把他的产品推销到全国各地。他常常风餐露宿，无处安身，但他从未退缩。不论面对多大的困难，他都坚定地认为自己的事业是正确的，是值得奋斗的。他的努力并没有白费，他的山药生意逐渐发展起来，赢得了越来越多的认可。他以诚实、勤奋和创新的精神，打破了旧有的市场规则，为家族企业打造了一片新的天地。

这种坚持的背后，是父亲对“四大怀药”的深厚感情和对家族生意的深深执着。他相信，只有对每一个环节都尽心尽责，才能保证铁棍山药的品质，也才能维护家族的荣誉。他的坚持，让我看到了一个企业家在艰难困苦中的坚韧与不屈。

父亲的辛勤付出和家族传承的精神，让我明白了什么是真正的企业家精神。正是这种精神，让我们的家族企业在竞争激烈的市场中立于不败之地，也让我们的家族更加团结、更加强大。

家族传承的责任，“四大怀药”发扬光大的使命，无数次出现在我的梦里，有时在夜深人静的夜里，我会感到若有所失。我的内心深处传来一种强烈的召唤，那是来自家族传承的责任和使命，是关于“四大怀药”的发扬光大。

夜深了，寂静的房间里只有笔尖划过纸面的声音。我沉浸在这种深深的思考中，仿佛又回到了那个走南闯北的年代。我看到了父亲坚韧的身影，他在风餐露宿中寻找着山药的销路，他的眼神坚定而执着。我也看到了自己，在无数次的失败和挫折中，勇敢地站了起来，继续前行。

我的内心充满了矛盾和焦虑。对于这个使命，我既充满期待又充满恐惧。我害怕自己无法完成这个重任，害怕让家族失望。但我又深知，这是我无法逃避的责任，是我必须去面对的挑战。

这个梦境如此熟悉，却又显得那么遥远。我看见了家族的祖辈们用勤劳的双手和坚忍的意志开创了这份伟大的事业。他们的故事如同一盏盏明灯，照亮了我前进的道路。然而，我也看到了自己的无助和迷茫。在这个瞬息万变的世界里，我该如何继承这份宝贵的传统？

我不断被这些使命和责任折磨着，“是否该下海经商，把‘四大怀药’尤其是家族的怀山药产业做大做强”的念头，不时在脑海里闪现。

升职庆贺声未远　创业之人已转身

人们常说，付出在哪里，收获就在哪里。

这句话，在我在温县检察院工作期间得到了真切的印证。从 1997 年 9 月入职温县检察院后，我就全身心投入到工作中，家里的事父亲很少让我操心。他总是那句话：“把工作干好就中！就是对家庭最大的贡献！”

从小，父亲就非常注重我的学习和成长。他总是鼓励我全身心投入学习，让我认识到学习的重要性。他告诉我，只有通过不断学习，才能提高自己的能力和竞争力。他让我专注于学习，让我没有任何后顾之忧。

我大学毕业参加工作后，父亲依然没有让我分心，他总是鼓励我全力投入到工作中。他告诉我，工作是我自己选择的事业，是我实现自己价值的途径。只有通过全力工作，才有机会取得成功，才能为家庭和社会做出更大的贡献。

对于家里从不让我参加劳动，一直大力支持我把所有的经历投入到学习和工作中，我内心是有些愧疚的。农忙时节，看着大人们忙碌的身影，我想为他们分担一些。然而，由于学习和工作的压力，我往往无法真的抽出时间来帮助他们。我感到很愧疚，但也明白这是为了追求自己的梦想和为家庭和社会做出更大的贡献所必须付出的努力。

在这种愧疚和感激的心理中，我更加坚定了自己学习和工作的决心。我要用我的所学所长为家庭和社会做出更大的贡献，以回报家人对我的支持和信任。

由于家庭的大力支持，我没有后顾之忧，干起工作来也特别卖力，得到了领导和同事们的一致好评，取得了一些成绩。

在一次会议上，检察院领导特别点名表扬了我，让我感到非常荣幸和激动。

这位领导首先表扬了我对案件认真负责的态度和敬业精神。他认为我在案件执行过程中表现出了非常高的职业素养，对待工作的态度非常严谨，并且能够积极主动地解决问题。他还特别提到，我在案件的推进过程中，对于细节的把握非常到位，这也是案件能够顺利办结的重要原因之一。

其次，领导表扬了我的沟通和协作能力。他提到我在与团队成员的协作中，能够清晰地表达自己的想法和观点，并且能够听取他人的意见和建议，使得整个团队的沟通非常顺畅。他还特别提到，我在处理案件中出现的问题时，能够迅速找到解决方案，并且能够有效地与相关人员进行沟通和协调，使问题及时得到了解决。

最后，领导还表扬了我的学习能力和自我提升意识。他认为我在工作中表现出了非常强的学习意愿和学习能力，能够迅速掌握新的知识和技能，并且能够将其运用到实际工作中。他还特别提到，我在工作中遇到的挑战和困难，不仅没有让我灰心丧气，反而激发了我的斗志，让我更加努力地工作和提升自己。

这次领导的表扬，如同和煦的阳光洒在心田，让我感到多年的辛勤工作得到了肯定。我明白，这并不仅仅是对我个人的赞扬，更是对我们团队不懈努力的认可。这份荣誉，让我心中的自豪感和欣喜感油然而生，瞬间点燃了我对工作的热情。

这份热情，如同炽热的火焰，在我内心燃烧起来。它激励着我去做得更好，去超越自己，去不断进步。我坚信，只有持续付出，才能换来更多的肯定和赞誉。

每当我投入工作时，我都能感受到那份深沉的满足感。那是一种通过自己的努力，用汗水和才智换来的实实在在的成就。此时此刻，我感受到的不只是领导的赞誉，更是那份自我实现的快乐和满足。

领导的表扬如同一面镜子，让我看清了自己的努力和成长。我看到了那个曾经满怀激情、毫无保留地付出努力的自己，我看到了那个始终坚守职责、追求卓越的自己。这让我更加坚信，只要我们勇敢地面对挑战、持之以恒地努力，就一定能够取得成功。

同时，领导的表扬也激发了我内心深处的热情。我感到自己的斗志更加昂扬了，我渴望在未来的工作中取得更大的成就。我相信，只要我保持这份热情和决心，我将能够在职场上走得更远，实现更大的价值。

我深知法律条文是具有权威性的，只有对法律有深刻的理解，才能准确地适用法律，维护公民的合法权益。因此，我积极参与各种法律培训和研讨会，阅读权威的法律著作和学术文章，以加深自己对法律的理解。

同时，我也注重将理论知识与实践经验相结合。每个案件都是一次实践的机会，通过分析具体的案件情况，我可以更深入地理解法律，也可以更灵活地运用法律。我经常反思自己的工作，从每个案件中汲取教训，总结办案经验，以提高自己的办案能力。

此外，我还关注法律行业的最新动态，及时了解有关法律方面的新政策新知识。这不仅可以帮助我保持对法律行业的敏感度，还可以使我在办理案件时始终处于有利的位置。

在自己的理论水平和实践经验有了一定的基础后，我开始尝试撰写检察专业的论文。

在开始撰写检察专业论文的过程中，我首先面临着主题和研究方向的选择。我决定以我工作中遇到的实际问题为出发点，以案例为研究核心，试图从理论的深度和广度来剖析这些问题。这个决定让我在开始时遭遇了不少困难，因为需要花费大量的时间和精力去搜集、整理和分析实际案例。

然而，随着我对案例的深入理解和分析，我发现理论的威力开始逐渐显现。通过将理论应用到实际问题上，能够更深入地理解这些理论的内涵，并逐渐找到理论和实践的结合点。我开始尝试着将这些发现和思考写成文字，一篇论文的雏形逐渐在我的脑海中浮现。

写作的过程是艰辛的。需要反复推敲每一个句子、每一个段落，以确保我的观点明确、逻辑清晰。我还要面临文献综述的挑战，如何全面、深入地总结前人的研究，找出研究的空白，都需要我深思熟虑。然而，每当我看到自己的思考和发现被文字所呈现，我就感到无比的满足和快乐。

在这个过程中，我也遭遇了许多挫折和失败。但是，我并没有因此而放弃。而是通过每一次的挫折和失败让自己更加明确自己的不足，也更有决心去改进。

经过无数次修改之后，凝结着我汗水和智慧的第一篇专业论文诞生了，我怀着期待的心情将它寄给了多家杂志社。尽管我知道论文的写作和发表是艰辛的过程，但我仍然对这篇论文充满了信心。我认为它是我目前理论水平和实践经验的结晶，是我对检察专业的一份真挚的热爱和追求。

论文寄出之后，我开始了新一轮的等待。

终于，我收到了一封梦寐以求的邮件。我的论文被一家知名的专业杂志录用了！那一刻，我无法用言语来形容我的兴奋和喜悦。我知道，这是对我无数个日日夜夜努力的回报，是对我对检察专业热爱的回馈。

第一篇论文的发表给了我极大的信心和动力。我明白，这只是我学术之路的开始，之后还有很长的路要走。我会继续努力，不断提升自己的理论水平和实践经验，为检察专业的发展做出更多的贡献。

此后，我写作论文的热情彻底被点燃，不断在国家、省市检察系统的核心期刊上发表论文，并获得了诸多奖励。

比如，我撰写的论文《谈谈职务犯罪讯问的五个阶段》，按照讯问前的准备阶段、讯问前期的观察和闲谈阶段、讯问中期的“交锋”阶段、讯问后期的供述阶段和讯问末期的彻底供述阶段五个阶段，对讯问工作进行了系统阐述。该篇论文在《人民检察》2004 年第 1 期刊发后，引起了强烈的反响。

此篇论文因在《人民检察》的重要版面上刊登，也被河南省人民检察院和河南省检察官协会评为河南省检察机关 2004 年度优秀调研成果二等奖，同时获河南省检察机关优秀调研成果评审委员会三等奖。

又比如，我撰写的论文《漫谈国外检察官的量刑建议权》，在对加拿大、美国、德国和日本检察官的量刑建议权进行了分析比较后，对我国检察机关量刑制度改革提出了自己的几点想法：一是检察官在提起诉讼前应合理地使用量刑建议权，二是检察官在法庭审理中应合理地使用量刑建议权，三是检察官可以在起诉书中明确表述量刑建议。该论文在《检察实践》2002 年第 6 期发表后，在学术界引起了较大反响。

此篇论文被河南省人民检察院和河南省检察官协会评为 2002 年度优秀调研成果优秀奖，同时被评为河南省检察机关优秀调研成果奖。

因踏实的工作和优秀的表现，我的检察官工作一直比较顺利。

2002 年 12 月 31 日，我被焦作市人民检察院任命为温县人民检察院主诉检察官；

2003 年 3 月，被焦作市检察院荣记个人三等功；

2003 年 5 月，被任命为温县检察院反贪局副局长；

2004 年 8 月 16 日，被温县人民代表大会常务委员会任命为温县人民检察院检察员。

“恭喜你升职！这是你多年来努力和奋斗的结果，真的是一件非常值得庆祝的事情。”“我们为你取得的成就感到非常骄傲和高兴，你的成功证明了你的能力和价值。”……

随着自己取得的成绩不断增多、职务不断上升，经常能听到亲朋好友的祝福，但在我内心，一直有个声音在呐喊。

一天晚上，我又在梦中看到祖上山药生意曾经的辉煌，梦到老父亲及家人在山药地里辛勤的劳作……一激灵，原来是南柯一梦，但此时睡意全无。坐在窗前，月光如水流淌在屋内，我陷入了久久的沉思。

决然辞职拂衣去　亲友不解皆惊奇

那夜的梦，一直萦绕在我的脑际，久久不能挥去。其实在此之前，纠结、挣扎就一直困扰着我。

我对检察工作的热爱，源自我对法律公正和公平的深深崇敬。在这个社会上，没有什么能比维护公正和公平更重要了，而检察官，就是那个手持正义之剑，守护公正和公平的人。

从学生时代起我就深受检察官这个职业的吸引。我看到了他们如何运用法律知识保护弱者、捍卫公正。他们是我的榜样，他们所表现出的职业素养和道德风范深深地影响了我。我为能成为他们中的一员而感到骄傲，为能和他们一起为这个社会做出贡献而感到自豪。

在参加工作的这些年里，我努力工作，实干、苦干加巧干，再加上有领导和家人的大力支持，我全身心投入，在行业里渐露头角，也取得了一些成绩。

所以，当“辞职”这个念头迸发出来的时候，我自己也着实被吓了一跳。我十分清楚，从事公务员工作和经营企业是两种完全不同的生活方式。

尤其在温县这个小县城，我的工作也是很多人羡慕的对象。公务员的职业本身就具有一定的稳定性，福利待遇好，不会因为经济波动或行业变化而失去工作。尤其是对于追求稳定生活、注重平衡工作与家庭的人来说，这是一份很有吸引力的职业。

我内心也明白，一旦辞职，一切都是不可逆的“单行道”。开弓没有回头箭，无论将来干得好与不好，都没有“后悔药”。

而选择“下海”，虽然有家族打下的坚实基础，但商海波涛汹涌，市场瞬息万变，对自己的应变能力、抗压能力、洞察能力等都是极大的考验，自己能否胜任，能否干得出色，都是个未知数。

是福是祸？是对是错？这一问题困扰着我，工作也常常不在状态，父亲发现我的异常后，找我推心置腹地谈了一次。

面对父亲的疑问，我将自己的困惑和想法和盘托出。父亲对我的想法十分理解，并与我一起分析不同选择的利与弊。

最后他语重心长地说："如何选择是人生大事，做父亲的也只能给你提出参考意见，最终的决定权还是在你的手上。不过不管你如何选择，父亲永远支持你，家庭永远是你的强大后盾。"

有了父亲的理解和支持，我开始着手准备辞职的事情。面对多年提携我的领导和相处多年的同事，我万分不舍。

一位领导特意找到我，问我是不是工作中遇到了什么困难，才萌生退意。我将自己不能忘却家族山药生意，想继续为焦作"四大怀药"推广做些贡献的想法告诉了他。并且我明确表态，自己不会一边上班一边做生意，这与组织的要求不符，也不符合自己的性格。见我去意已决，这位看着我成长起来的老领导语重心长地说："你真是一个干检察工作的好苗子，如果在此行业深耕下去，一定会大有建树。但人各有志，既然你执意要离开，那就预祝你在以后的人生路上一帆风顺。"

当我决心已下，决定辞去他人眼中的"铁饭碗"时，亲朋好友们十分不理解，纷纷来劝我。

他们说，你决定辞去公务员工作，究竟意味着什么，得失利弊需要好好权衡，千万要谨慎衡量，不可一时冲动。公务员工作有着相对稳定的工作环境和较好的薪资福利，这对于很多人来说都是非常有吸引力的。

这些道理我都懂，可我内心的执着梦想谁知道呢？

凡事预则立，不预则废。在亲朋好友和领导同事们或理解或不理解中，我毅然决然地选择了离开。

在这个过程中，我经历了很多内心的挣扎和思考。我自己知道，辞职不是因为对工作不满意或者外界的压力，而是因为我已经预见到了自己的未来，并且不希望它停留在此刻。我渴望拥有更多的自由和时间去追求自己的梦想，去探索自己真正热爱的事情。

在这个过程中，我深深感激家人和朋友的支持和鼓励，也感谢领导和同事们的理解和尊重，他们的理解和支持是我做出这个决定的重要力量源泉。

一个雨天，我收拾好东西，离开工作了多年的温县检察院。

我望着窗外，内心充满了复杂的情感。这个工作岗位，曾经是我梦想的舞台，也是我获得个人成就感的源泉。在这里，我学会了公正和公平，学会了如何为他人辩护，也学会了面对困难和压力时的坚韧不拔。然而，现在，我不得不离开这个我深爱的地方。

雨点打在窗户上，发出轻柔的声音，就像我的心跳一样，低沉而连绵不绝。我回忆起在这里度过的每一个瞬间：紧张的工作、愉快的聚会、同事间的竞争和合作……每一个回忆都像一根细线一样，紧紧地缠绕在我的心上。

我深深地吸了一口气，把那份不舍和怀念深深地埋藏在心底。我知道我不能让它们阻碍我前进的步伐。我不能让自己的过去束缚我，我要勇敢地面对未来。

我相信，阳光总在风雨后。我将努力奔跑，开辟人生新的赛道，打造出另一番精彩。

八方苦寻高人助　坚定立志传非遗

刚从温县检察院辞职时，我陷入了一段时间的迷茫和调整期。毕竟，这个工作曾经是我多年的心血和梦想，而现在我却需要重新开始。

刚开始的几天，我感到有些不适应。每天早上醒来，习惯性地想拿起手机查看工作邮件，却发现自己的邮箱已经空空如也。走在街头，看到那些熟悉的景色和建筑，会突然想起过去和同事们一起走过的时光，心中不禁涌起一种失落感。

在温县检察院工作的经历，让我深知改变不是一件容易的事情，但我必须走出来。我不能再沉溺于过去的回忆中，而是要面对未来。于是，我开始积极寻找新的机会和挑战，试图让自己重新振作起来。

在这个过程中，我意识到调整心态的重要性。我告诉自己，既然选择了远方，就要努力去奔跑。经过短暂的调整之后，我开始全身心投入到创业之中。

当真正开始创业之后，我才真正体会到父亲对我说过的创业的艰辛。虽然我从小看着家里人种山药，看着他们炮制加工山药，但真的很少动手参与其中，家里人总是让我以学业为重。现在真正开始干这一行时，我才真切认识到，所有的一切都要从头学起。

学习！学习！再学习！

我首先从有关铁棍山药的理论知识学起。

《农学丛书》是清代的一部农学专著，其中记录了温县铁棍山药的种植历史，可以追溯到近 3 000 年前的怀川地区。铁棍山药因其在“四大怀药”中位列首位而被广泛赞誉，唐宋时期通过“丝绸之路”进入西亚和西欧，在明代又随着郑和的船队被带到东南亚、中东、南非等地，享有“华药”的美誉，明代万历年间被列为皇室贡品。

《寿世保元》是明代龚廷贤所著的一部医学书籍，其中记载了铁棍山药的药用价值，其被视为药食同源的典范。书中提到，铁棍山药具有补虚、除寒热邪气、补中益气、长肌肉等功效，对于脾胃虚弱、消化不良、虚劳咳嗽等病症有一定的辅助治疗作用。

《雷公炮制药性解》是明代李中梓所著，该书主要对中药的药性进行了解释，同时介绍了炮制方法。其中，对铁棍山药的介绍是：“味皮肉甘酸，核中苦辛，且都有咸味，五味具备，故名。性温无毒，入肺肾二经。滋肾经不足之水，收肺气耗散之金，除烦热，生津止渴，补虚劳，益气强阴。苁蓉为使，恶葳蕤，胜乌头，北产者良。”这本书的出现对当时的中医药学产生了很大的影响，对理解中药药性及掌握中药炮制的方法都有很大的推动作用。

此外，《本草纲目》《景岳全书》《神农本草经》《中药大辞典》等书籍和资料，也常常伴我左右。

这些古籍对铁棍山药的历史、药用价值、种植技术等方面都有所介绍，对我了解铁棍山药的种植历史和药用价值很有参考价值。

此外，我还学习了有关现代铁棍山药种植方面的书籍。比如张宝垒、杨国栋两位老师编写的《铁棍山药优质高效安全生产技术手册》。该手册介绍了铁棍山药的产地环境要求、品种选择与种子处理、栽培技术、病虫害防治、采收与贮藏等方面的知识。

再比如李素芳老师编写的《铁棍山药规范化栽培及利用》学习资料。资料中详细介绍了铁棍山药的植物学特征、生长环境、生长习性、栽培技术、采收与加工等方面的知识。

又比如徐小艳、袁希汉两位老师编写的《山药高效益栽培技术》。该书系统介绍了山药的品种类型、生长环境、生物学特性、露地高效栽培技术、设施高效栽培技术、主要病虫害诊断与防治方法等内容。

通过对这些书籍的学习，让我对铁棍山药有了更深层次的认知。

此外，我还利用现代互联网技术，不断开阔自己的眼界。比如铁棍山药网、中国铁棍山药网、温县铁棍山药网等，都是我经常浏览学习的平台。

纸上得来终觉浅，绝知此事要躬行。

我不断深入田间地头，虚心向铁棍山药的种植户学习。“种植铁棍山药最重要的是选种、整地和照顾。我们要选择健康、优质的种子，松软、肥沃的土地，还要时刻保持土地的湿度，定期施肥、除草，注意防治病虫害。”种植户们看到还有年轻人愿意学习这些传统的技艺，内心掩饰不住喜悦，毫无保留地向我介绍种植经验。经历了日复一日的学习实践，我的皮肤日渐黢黑，与农民打起交道更加顺畅，也更加深刻理解了一根山药从一棵小苗最终长成，需要有无数的汗水浇灌和辛勤的付出，我也更加理解和尊重那些在农田中辛勤劳作的人们。

对我的变化和成长，父亲看在眼里，喜在心里。他最初怕我放不下曾经当公务员的架子，不能低下身子，现在看来是多虑了。他看出来我是真正喜爱，也十分适合做铁棍山药生意的。

我还特别留意农业方面的展览活动，只要条件允许，我都尽可能去参加学习。

在参加这些展会的过程中，我不仅了解到最新的市场趋势、技术和产品，以及各种农业产业的发展动态，学习到最新的种植技术、管理方法和经验，更有幸结识到了很多农业专家、学者和同行，通过与他们交流、分享经验，获得了很多有益的启示和帮助。

王海华就是专家之一。她是农学专业毕业，在山药种植方面倾注了大量的精力和心血，尤其是在铁棍山药的种植和育种方面有着深厚的专业知识和经验。她利用所学的理论知识和专业技术进行新品种、新技术的研究及应用，使每一个品种都能发挥出最大增产潜力，每项技术都能为老百姓带来较好的经济效益。她也多次获得河南省农业科研系统成果奖、河南省农业技术推广奖。

王晓峰教授多年以来一直从事农副产品高值化加工与利用方面的研究工作。他与团队成员联合企业开发出一种全新的铁棍山药脆片加工技术，生产出的铁棍山药脆片既保留了传统铁棍山药的营养成分，又使其口感更加酥脆、风味独特，成为一种具有较高附加值的休闲食品。

陈慧勤教授更厉害，她长期从事药用植物资源开发与利用方面的研究工作。她和团队成员通过对铁棍山药的深入研究，成功开发出一种具有免疫调节、抗肿瘤、抗氧化等多种药理作用的植物多糖新药——铁棍山药多糖片，填补了国内外市场空白。

与这些专家的交流学习，真的是让我收获满满：

在种植技术方面，我对铁棍山药的种植技术和经验有了进一步的了解，例如学习了土壤选择、种薯选择、种植时间、施肥管理、病虫害防治等方面的知识。

在品种鉴别方面，我知道了不同品种的铁棍山药在产量、品质、适应性和市场价值等方面存在的差异，学会了鉴别不同品种的铁棍山药对于种植和销售的意义。

在营养价值和食用方法方面，我更加细致地了解了铁棍山药具有的较高的营养价值，其含有淀粉、糖分、蛋白质、氨基酸、矿物质和维生素等多种营养成分，可以作为食材和药材使用。同时，专家也教会我如何正确地食用铁棍山药以及如何发挥其最大的营养价值。

在市场前景和发展趋势方面，我了解到了当前铁棍山药市场的需求、价格和销售情况，以及未来市场的发展趋势和前景，可以帮助我更好地把握市场机遇和发展方向。

在农业政策和补贴方面，我了解到国家和地方政府的农业政策和补贴措施，可以帮助我更好地规划自己的生产和经营，并获得更多的政策支持和资金补贴。

在生产管理技术方面，从专家那里我学到了更加规范化和专业化的铁棍山药生产管理技术，例如标准化种植、科学施肥、节水灌溉、土壤修复等方面的知识和技术。

在销售和市场开拓方面，我学会了如何开拓市场和拓展销售渠道，例如通过网络销售、与大型超市和餐饮企业合作等方式，以此来提高铁棍山药的市场知名度和竞争力。

通过持续不断地深入学习，我对"四大怀药"尤其是铁棍山药又有了更深层次的认识，也看到其巨大的市场潜力和光明的前景，也对自己即将展开的事业充满了希望，在心里暗暗给自己加油打气："没有等来的幸福，只有干出来的未来，加油吧！年轻人！"

第四章
初出茅庐承祖业　追梦之路太崎岖

牛刀小试探深浅　知难而上多艰辛

有位著名的企业家说，世上没有容易的路，创业的路更是艰辛。在后来的创业过程中，我逐步加深了对这句话的理解。

我辞去公职之后，于 2011 年 7 月真正开始从事“四大怀药”种植和深加工事业。

前期，我都是在学习理论知识和做准备工作，感觉时机成熟之后，开始尝试着自己种植铁棍山药，试着培育出更优良的山药品种。

温县种植铁棍山药的环境得天独厚，种植历史也由来已久，而对于我来说，万事开头难，土壤管理、病虫害防治、灌溉采挖等，都是新的课题。

知难而上，难也不难。在种植铁棍山药的过程中，我付出了巨大的努力和心血。每天起早贪黑地工作，亲自参与种植和加工，搬运肥料、浇水、除草，从不抱怨和退缩。

除了辛苦的劳动，我还面临各种挫折和困难。因为最初没有太多种植和管理铁棍山药的相关经验，我首次种出来的山药质量不高。面对这样的困境，我没有选择放弃，而是积极寻求解决方案，通过学习和实践来积累经验。我查阅了有关铁棍山药种植的书籍和文章，积极参加相关的农业讲座和研讨会，以此来充实自己的农业知识。同时，我也向有经验的农民请教，从他们那里获取宝贵的经验和建议。在他们的指导下，我开始了解铁棍山药的生长习性、种植条件以及管理技巧等方面的知识。

除了通过学习不断充实理论知识，我还积极进行实践。在种植铁棍山药的过程中，我不断观察和记录生长情况，通过对比不同种植方法的优劣，逐渐摸索出适合铁棍山药生长的种植条件和管理方法；同时，懂得了要重视土壤管理和病虫害防治，以提高铁棍山药的质量和产量。

在此过程中，我得到父亲的鼎力支持。他告诉我，种植铁棍山药不仅仅是一项技术活，更是一种对自然和生命的尊重。他教导我要注重与自然的和谐共生，尊重铁棍山药的生长规律，以及如何利用和保护土地资源。这些经验不仅是父亲大半辈子的积累，也是他从老一辈农民那里传承下来的智慧。

父亲还教育我要有耐心和恒心。他说，种植铁棍山药需要时间和精力的投入，只有不懈的努力和坚持，才能获得丰收的回报。他还告诉我不要害怕失败，失败是成功的垫脚石，只有通过失败，我们才能更好地学习和成长。

父亲还教给我一些实际操作技巧。他详细地指导我如何正确地选择和处理铁棍山药的种子，如何进行土壤改良和病虫害防治等。这些宝贵的经验不仅让我少走了很多弯路，还提高了我在种植过程中的效率和产量。

在父亲的鼎力支持下，我不仅学到了许多铁棍山药种植方面的知识和技能，还学会了如何与自然和谐相处，如何以谦逊和坚持的态度面对生活的挑战。这些宝贵的经验将一直伴随着我，引领我走向更广阔的未来。

又是一轮春播、夏管、秋收、冬藏。

我再次流转的铁棍山药田是一片贫瘠的土地，沙质土壤，缺乏足够的养分。但是我知道，铁棍山药需要深厚的土壤和适当的湿度才能茁壮成长。为了改良这片土地，我花费了大量的时间和精力，给土地施肥、浇水，精心护理着每一棵铁棍山药。

收获的日子终于来临啦。在一个深秋阳光明媚的清晨，我站在自己的铁棍山药田里，双手握着铁锹，心中充满了期待。这片土地见证了我过去一年的辛勤付出，现在，终于到了收获的季节。

我种植的铁棍山药品相明显好过其他人的。当我挖出第一棵铁棍山药，看到它那茁壮的身躯和深红的皮肤时，我的眼睛不禁湿润了。这是我长时间以来努力的结果。我小心翼翼地将铁棍山药从土壤中挖出，避免伤害到它。

当我挖出第二棵、第三棵铁棍山药时，喜悦之情溢于言表。这些铁棍山药都是我辛勤努力地改良土地、精心护理的结果。

当晚，我坐在餐桌前，品尝着自己的劳动成果。我吃下一口，满嘴都是浓郁的香味。我从未吃过如此美味的铁棍山药，这让我想起了自己的付出和努力，不禁流下了眼泪。这一刻，我感到了深深的成就感和满足感。我明白，这些铁棍山药将会给我带来经济上的回报，但更重要的是，它们让我感到自己的努力得到了认可，这才是让我最感自豪和骄傲的事。

同时，我也明白，这些收获并不是终点，而是新的起点。种植铁棍山药的过程，让我认识到了农业的复杂性和挑战性。

我开始思考未来的计划。我想扩大种植规模，将我的经验和技巧传授给更多的人；我想建立自己的铁棍山药品牌，以此来提高产品的附加值，让更多的人了解和喜爱这种美味且具有药用价值的农产品；我想建立自己的网站和社交媒体账号，分享铁棍山药的相关信息，并开展网络销售，让更多的人能购买到优质的铁棍山药。

这一刻，我感到自己的生活充满了可能性。我知道，只要我持之以恒，就能实现自己的梦想，为社会做出更多的贡献。我感激我所拥有的一切，感谢父亲的支持，感谢铁棍山药带给我的机会。我将以更加坚定的步伐迈向未来，追求自己的梦想。

那一年，我种植的铁棍山药获得大丰收，有一些还是铁棍山药中的“极品”，其根茎呈圆柱形，最长可达 100 厘米以上，身细而坚，水分少，汁液较浓，味道鲜美，入口“面而甜”，并伴有淡淡的麻味。

但丰收的喜悦并未能掩盖我内心的一丝忧虑。因为我发现，虽然铁棍山药的质量上乘，但是在市场上却卖不出好价钱。这个难题让我彻夜难眠。

随后，我找到多位专家，就这个问题进行请教，他们给出了很有见地的分析。

从市场供需关系分析。如果铁棍山药的供应量大于需求量，那么价格就可能受到压制。这可能是因为市场上的消费者对铁棍山药的需求量不大，或者是因为其他类似产品的竞争使铁棍山药的销量受到影响。

从季节性因素上分析。铁棍山药的收获期通常在秋季，这时市场上会有大量的铁棍山药供应。如果市场需求没有相应增加，价格就可能下跌。此外，一些突发的天气事件，如暴雨、干旱等，也可能对铁棍山药的收成和品质产生影响，进而会影响价格。

从品牌和知名度上分析。如果铁棍山药的品牌知名度不高，那么其价格就可能受到影响。品牌知名度高的产品往往能够获得更高的市场认可度和更高的价格。因此，铁棍山药的种植者和生产者需要通过提高品牌知名度来提升产品的价值。

从销售渠道和销售策略上分析。如果铁棍山药的销售渠道不够畅通，或者销售策略不够得当，那么其价格可能会受到影响。种植者和生产者需要寻找合适的销售渠道和采用合理的销售策略，以实现铁棍山药的销售额和附加值最大化。

从消费者认知度和接受度上分析。尽管铁棍山药具有很高的药用价值和营养价值，但如果消费者对其认知度和接受度不高，那么其价格就可能受到影响。因此，需要通过各种方式提高消费者对铁棍山药的认知度和接受度，促使其市场需求和价格提升。

面对这些分析，我结合自身情况逐条进行了对照，从中寻找铁棍山药售价不高的原因。也由此想到了温县整个铁棍山药种植行业。温县种植铁棍山药约有 3.4 万亩，常年从事山药种植、加工、销售的农户达 3 000 户以上，从业者 2 万余人，如果大家都各自为战，不能掌握市场信息，不能形成一个拳头集中发力，共同对抗风险，这不仅会影响整个行业发展，甚至还会因为种植户散、小、弱等原因，让整个产业逐步衰落下去。

地理标志开新局　古温大地焕生机

事实证明，我的忧虑，也是温县有识之士的忧虑，更引起了县委、县政府的高度重视，如何打造铁棍山药的品牌成了当务之急。

2003年7月7日，在全体温县人的共同努力下，温县铁棍山药被国家质量监督检验检疫总局批准为“地理标志产品”，从而正式成为国家保护的原产地产品。

被认定为国家地理标志产品，不仅可以提升铁棍山药的知名度和品牌价值、增加消费者对铁棍山药的信任度和忠诚度，还可以促进铁棍山药产业的可持续发展，保护温县的传统和文化，增强当地人民的自豪感和自信心。

从土特产到地理标志产品，温县铁棍山药产业的蓬勃发展，完美呈现了改革开放40多年来温县特色农业产业蝶变的最美芳华！

据《温县志》记载，20世纪80年代初，土地承包到户以后，产量低、轮作时间长的温县铁棍山药种植逐渐走向衰落，品种濒临灭绝。从1995年起，温县大力发展怀药种植，河南省品种审定委员会对铁棍山药重新予以审定，使温县铁棍山药产业重新焕发出勃勃生机。

2007年，温县被授予“河南省十大中草药种植基地”称号。2008年6月，“四大怀药”种植与炮制被列入国家级非物质文化遗产名录。

特别是2018年6月5日，中国绿色食品发展中心在北京组织召开2018年全国农产品地理标志登记专家评审会，温县铁棍山药顺利通过评审，获得农业农村部农产品地理标志登记。至此，温县铁棍山药已集齐工商、质检和农业三大“国家级地标”。

这些成绩的取得，都离不开温县县委、县政府的大力支持。

近年来，温县县委、县政府高度重视温县铁棍山药品牌打造，注册“温县铁棍山药”商标，创建国家级“四大怀药”质量安全示范区，入选农业农村部“全国名特优新农产品目录”，获评河南省十大中草药种植基地、国家生态原产地保护产品、驰名商标等，促进了“四大怀药”产业的健康发展。

自2011年起，面对市场需求的增加，温县县委、县政府高度重视铁棍山药的产品质量，积极进行新品种试验，加强田间指导和技术培训，加大监测力度和标准化建设，成立了农产品质量安全监测中心，确保铁棍山药无公害生产。为解决土地置换难题，温县建立土地流转中心11个，不断提高铁棍山药生产的集中化、组织化程度。

为了加强温县铁棍山药的品牌保护工作，2011 年，温县“四大怀药”协会向国家工商总局申请了“温县铁棍山药”原产地证明商标，2012 年 5 月商标注册成功，并对全县符合使用条件的企业、合作社、农户授权使用。该商标的成功注册，有效保护了产品的品质、独特性和地域性，从根本上保护了铁棍山药特色品牌，也让消费者在购买时有了辨别真伪的方法。2012 年，温县聘请专业公司设计了二维码防伪标识、外包装箱样式、Logo 等，制定了《温县铁棍山药证明商标使用管理细则》和《温县铁棍山药包装箱使用管理办法》，对铁棍山药种植情况进行 GPS 定位，实行一箱一标，严格防伪标识和证明商标的管理，极大地增强了铁棍山药的防伪能力。

同时，温县以铁棍山药地理标志产品保护为基础，根据最新的绿色种植标准，结合自身实际制定了温县铁棍山药地方标准，完善温县铁棍山药生产技术规程、特征及品质、肥料使用准则、农药使用准则、质量检测标准、土壤环境条件、质量安全监管制度等地方指导性意见。

随着品牌美誉度的日益提升，温县铁棍山药产业的发展路径也在不断拓宽。温县将铁棍山药作为现代农业的主导产业，推出“统产、统购、统销”产业发展模式，构建铁棍山药“统产、统购、统销”平台，整合全县种、产、销资源，实现全县统一种植、统一收购、统一销售，打造出集种植、加工、销售等于一体的怀药产业发展新格局。

目前，温县依托铁棍山药品牌，吸引了中国供销集团、同仁堂、皖西制药等一批知名企业入驻，保和堂、怀山堂等一批地方品牌发展迅猛。同时，成立了怀药农民专业合作社 676 家、加工销售企业 148 家，其中省、市农业产业化龙头企业 9 家，拥有 2 个省名牌产品、3 个省著名商标，12 个产品通过绿色认证，3 个产品通过有机认证。开发出药品、休闲食品、饮料、保健品等深加工产品 60 多个品种，产品畅销全国各地。温县铁棍山药产业逐步迈上了标准化、规模化、产业化、信息化的发展道路。

对于温县铁棍山药产业日新月异的发展速度，我看在眼里、喜在心间，也为自己当年立志投身这一行的决定感到小小的骄傲，同时也暗暗下定决心，一定要在这条路上闯出一片天地，让铁棍山药走进千家万户，为温县“四大怀药”的发展做出自己的贡献，也为传承家族的怀药梦再续辉煌。

小药田里大梦想　十里八村美名扬

自从下海创业，我就完全醉心于此，走路时想它，吃饭时想它，晚上睡觉梦里也是它。一根铁棍山药，让我魂牵梦萦。

每当看到田野中那些正在茁壮成长的铁棍山药，我就会感到一种无比的喜悦和满足。这一片片铁棍山药，不仅是我的希望，也是我的梦想。

我喜欢在田野中劳作，喜欢观察铁棍山药从种子到幼苗，再到成熟的过程。每个阶段都有不同的惊喜和挑战，而这些都是我为之奋斗的目标。

我努力研究各种农业技术，学习如何更好地种植和管理铁棍山药。我试验各种肥料，研究最适合铁棍山药生长的土壤和气候条件。

虽然这条路充满了挑战和困难，但我感到很幸福。

人们常说，心心念之，必有回响。

我种植山药几年之后，不仅让身边的人刮目相看，也赢得了广大的市场和更多的客户，经济收入也逐年增加，成就感油然而生。

村里的张大爷在山药地里摸爬了一辈子，是一把种山药的好手，现在见我就夸：“娃儿呀，种山药这一块，你现在可是咱们村里的专家了！你种的铁棍山药不仅产量高，品相、味道还那么好，真是让人佩服呀！”每每遇到，我都不好意思接受他的夸奖，身旁的父亲也总是说：“这娃儿才哪儿到哪儿呀，需要学的东西还多着呢！改天呀，让他登门拜访请教您去！”透过父亲的声调，我能感受他对我的肯定和内心满满的骄傲。

张大爷的夸奖让我感到了他的认可和支持，同时也让我更加坚定了自己的信念和决心。我提醒自己要谦虚，要继续努力。我知道，种山药虽然不是什么高科技，但是想要真正种好也并不是一件容易的事情，需要掌握很多细节，比如选种、土壤管理、施肥、病虫害防治等。而我，也只是刚刚开始学习，还有很多需要提高和进步的地方，只有不断学习和努力，才能不断提高自己的种植技术，为村里和更多的人做出更多的贡献。

在与张大爷的交流中，我也深刻地感受到他对农业有深厚的感情。他告诉我，他种了一辈子山药，不仅仅是为了生计，更是为了传承和发展这份事业。他说：“娃儿呀，种山药这一块，你不仅要学会种植技术，还要学会传承咱们的农业文化呀！”他的话深深地触动了我，让我更加认识到了自己的责任和使命。

父亲总是鼓励我要多向张大爷和其他有经验的农民学习，多向书本学习，不断提高自己的知识水平和技能。他说：“娃儿呀，你要记住，学习永远都是无止境的。只有不断学习，才能不断进步，才能更好地为咱们的农业事业做出更大的贡献！人一旦骄傲自满了，也就会止步不前了。”

我种植山药的名声在十里八村传开了，有不少小年轻来向我请教。我知无不言，言无不尽，有时还跑到他们的山药地里现场指导，并鼓励他们不断学习和实践，不断提高种植技术和产量质量。

为什么我会这样做呢？第一，我知道，“一枝独秀不是春，百花齐放春满园”。我希望通过自己的知识和经验，帮助更多的人了解和掌握种植铁棍山药的方法和技巧，共同推动本地区的农业发展，把“四大怀药”的产业做大做强，共同受益。我相信，一个人的成功不是真正的成功，只有通过分享和交流，让更多的人受益，才能真正实现共赢。

第二，我深知农业种植的艰辛和不易，希望能够通过自己提供的帮助，让更多人增加收入，提高生活水平，为农村发展和农民致富做出一分贡献。

第三，我渴望通过与更多人的交流和分享，不断提高自己的种植技术和水平。通过与其他种植户的交流，我也能够从他们的实践中获得更多的经验和启示。同时，我也能够通过与其他农民的合作和交流，了解到更多的市场需求和发展趋势，为自己未来的种植事业提供思路和方向。

第四，我想通过自己的努力和行动，为年轻人树立一个榜样，鼓励他们投身农业事业，为农村的发展注入新的活力和动力，为农村的发展和国家的繁荣做出贡献。

我十分明白，温县的铁棍山药产业是众人拾柴火焰高，只有大家都好了，产业才能更好。为此，我还趁着农闲时节，组织大家搞讲座，把自己摸索出来的经验传授给他们：

一是在开始种植之前，向他们介绍铁棍山药的营养价值、药用价值和生长环境等基本知识，以及铁棍山药的品种和特点，帮助他们了解铁棍山药的种植潜力和市场需求。

二是指导他们如何选择适合铁棍山药生长的土壤，包括判断土地的肥沃程度、排水情况、土层厚度等，以及如何进行土壤的改良和消毒。

三是给他们分享铁棍山药的种植技术，指导年轻人如何进行铁棍山药的种植，包括种子的选择和准备、把握种植的时间和方法、做好水肥的管理和病虫害防治等，结合自己的种植经验，向他们分享一些实用的技巧和注意事项。

四是给他们讲护理和管理的重要性，在铁棍山药的生长期，需要精心护理和管理。告诉年轻人如何及时施肥、浇水、除草、修剪等，以及如何避免病虫害的侵袭，以保证铁棍山药的健康和茁壮成长。

邻村的李小孬，一直对铁棍山药的种植抱有极大的兴趣，希望能够通过种植铁棍山药来实现自己的梦想，可是苦于没有技术，试着种了几次，效果都不是很理想，于是便找到了我。

我被李小孬的热情和决心打动，决定将自己的经验和知识传授给他。

在铁棍山药生长期间，我还经常到李小孬的田里进行指导和交流，帮助他解决各种问题和困难。

暑往秋来，经过一年的辛勤努力，李小孬的铁棍山药终获丰收。他的铁棍山药不仅产量高、品质好，而且口感鲜美、营养丰富，市场销路也十分顺畅。李小孬对自己的事业充满了信心，我也为自己能为他提供指导和帮助而感到高兴。

在收获的季节里，李小孬特意来到我家，向我表示感谢，并和我分享了他种植铁棍山药的心得体会。他带来了一些新鲜的铁棍山药，还有一些自己家里种的水果，让我一定要尝一尝。

看到李小孬的成长和进步，我感到非常欣慰和骄傲。希望他能够继续保持这种干劲和决心，不断提高自己的种植技术和管理水平。

那一段时间，我事业进步，经济收入有保障，可以说生活和工作都十分顺利。

“人是不能小富即安的。”正在我扬扬得意之际，父亲的话如黄钟大吕警醒了我。

是呀！奋进的人怎么能小富即安呢？因为社会在不断进步，人们的需求和追求也在不断提高。如果一个人只满足于当前的小成功，不继续努力提高自己，那么他很可能就会被时代淘汰，失去原有的成功和财富。此外，一个人如果只求小富即安，那么他也可能会失去对生活的热情和追求，变得懒惰和满足现状，不再追求更高的目标。

警醒！警醒！小富即安，大可误国，小可误身呀！

重寻旧梦再出发 成就梦想靠融合

先贤们说，立大志者得中志，立中志者得小志，立小志者不得志。

这句话不断在我脑海中回响，让我深刻反思了自己的态度和目标。我明白了，想要实现更大的成就，必须要有更高的志向和目标。沾沾自喜于眼前的成绩只会让我停滞不前，无法继续前进。

我知道，我的目标不仅仅是在这个小村庄里种植铁棍山药取得一些成绩，我想让更多的人了解和接受这种健康的食物，为更多人的健康做出贡献。我要将这个事业做得更大更强，让更多的人从中受益。

我明白，沾沾自喜只会让我沉醉于现状，无法看到更广阔的世界和更长远的前景。我需要保持清醒的头脑，不断学习和提高自己，才能不断前进。我需要以更大的决心和勇气去追求更高的目标，才能实现自己的梦想。

经过深入的自我反思之后，我认为“四大怀药”产业不仅要在点上突破，更要在线上延伸，打通上下游，连通国内外，最终连线成片，才能成就一番更大的事业。

于是我开始思考如何让大家抱团经营，如何拉长山药的产业链，如何提升山药的附加值。

经过走访和市场调研，我征求了专家和农户的意见，形成了相对成熟的思路。

一是成立农业合作社。农业合作社是一种有效的联户经营方式，可以让农户组织起来，共同投资、共同经营、共享利润。山药种植户可以成立自己的农业合作社，将生产和销售纳入集体管理，提高组织化程度和经营效率。

二是建立家庭农场联盟。家庭农场是一种具有较高生产效率和经济效益的农业经营模式。山药种植户可以建立家庭农场联盟，通过联合经营家庭农场，实现生产要素的共享和规模化经营，提高生产效率和销售收益。

三是与农业产业化龙头企业合作。农业产业化龙头企业是指带动农户进入市场、促进农业产业化经营的大型企业。山药种植户可以与当地的农业产业化龙头企业合作，纳入其产业链条中，共同参与生产和销售，分享收益。

四是开展土地股份合作。土地股份合作是一种将土地使用权和经营权分离的农业经营模式，可以实现土地资源的优化配置和规模化经营。山药种植户可以参与土地股份合作，将土地使用权入股，共同对土地进行经营和管理，享受分红收益。

对于如何拉长铁棍山药的产业链并提高其附加值，我不断创新和拓展思路，也从种植多样化、深加工和开发新产品、品牌建设、文化旅游融合发展、电商销售和跨境电商合作等多个方面入手进行了深入研究。

一是对山药进行多样化种植。除了普通的铁棍山药，还可以引进其他品种的山药进行种植，如水果山药、菜用山药等。这些品种的山药可以作为特色农产品进行销售，以提高铁棍山药的影响力。

二是进行山药深加工和开发新产品。将铁棍山药进行深加工，开发新产品，如山药粉、山药片、山药饮料等。这些产品可以作为健康食品进行销售，使山药具有更高的附加值和市场价值。

三是打造铁棍山药品牌。通过品牌建设和推广，提高铁棍山药的知名度和美誉度，吸引更多的消费者和商家关注和购买。同时，品牌化也可以提高铁棍山药的附加值和市场竞争力。

四是进行文化旅游融合发展。将铁棍山药与当地的文化和旅游产业融合发展，可以开发一些文化旅游项目，如铁棍山药文化展览、铁棍山药美食节等。这些内容可以吸引更多的游客和消费者关注和购买铁棍山药，提高其附加值和市场竞争力。

五是进行电商销售和跨境电商合作。通过与电商平台和跨境电商合作，可以将铁棍山药销售到更广泛的消费者群体中，提高其市场占有率。同时，通过与跨境电商合作也可以引进其他国家和地区的优质山药品种和农业技术，促进铁棍山药产业的升级和发展。

站在一望无际的山药田间，感受着大自然的美丽和宁静，我的内心无比激动和兴奋。我知道，这些调研成果和想法，将会帮助我们更好地发展铁棍山药产业，带动乡村经济的振兴和发展，让更多的人了解和认识铁棍山药的价值和潜力。

我期待着将来的发展成果，也相信自己一定能够实现梦想，为温县的发展、家族的振兴贡献更多的力量。

第三篇

涅槃

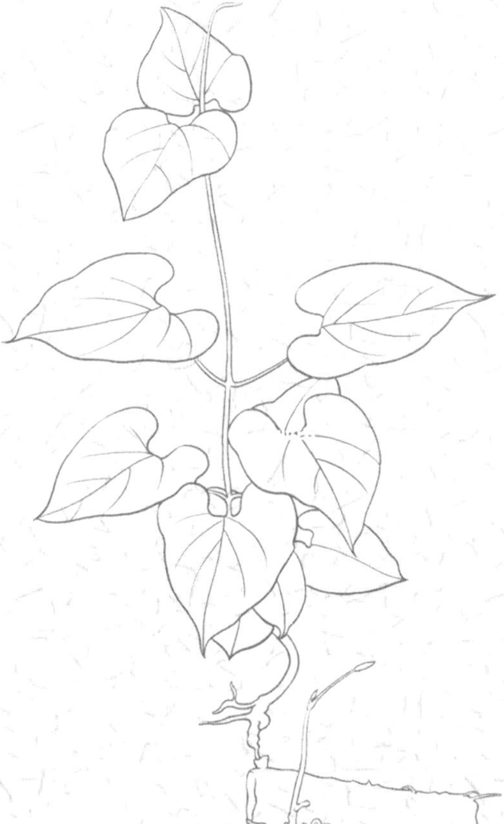

第一章
创源堂上下求索　怀山药商机难觅

上下求索谋创新　传承非遗大智慧

《礼记·大学》里说：苟日新，日日新，又日新。引申到做生意，就是不能故步自封，要勇于创新，寻找新的蓝海。

在一次我上的MBA总裁班上，老师讲到了创新，使我受益匪浅。老师讲，创新是指人们为了提高生活质量、满足市场需求而创造的新产品、新技术、新服务、新思想、新方法等行为。创新是以新思维、新发明和新描述为特征的一种概念化过程，其目的是满足新的需求、解决现有问题、改善现状或开创前所未有的领域。创新可以涉及科学技术、文化艺术、社会制度、商业模式等多个领域，并可以通过不同的形式实现，如产品创新、技术创新、服务创新、知识创新、设计创新等。创新的实现需要具备创新思维、创新能力和创新实践三方面的素质，需要人们不断学习和探索，具备勇于尝试、敢于失败的精神。

创新对国家、社会、产业和企业的发展都具有非常重要的意义。

创新可以推动经济发展，带来新的产品和服务，提高生产效率，降低成本，从而促进经济的发展；可以提升社会福利，能够开发出更多的医疗保健、教育、交通和其他公共服务的技术，从而提高社会福利水平；可以推动产业结构的调整和升级，使经济更加多元化和高效；可以创造新的就业机会，从研发到生产，再到销售和服务，各个环节都需要不同的人才来支撑，从而为就业市场提供更多的机会。

听完这节课后，我自然而然地联想到温县“四大怀药”产业。如果用创新的思维来加持“四大怀药”产业的发展，又会产生怎样的“化学反应”呢？

基于前期的充分调研，我发现当时“四大怀药”产业的短板主要在种植、科技含量、市场竞争力等方面。

首先，“四大怀药”的种植以农户为主体，规模小，种植区域分散，产业集中程度低。由于缺乏统一的管理和规划，农户在种植过程中往往会出现不科学的种植方式，如过度施肥、用药等，这不仅会导致怀药产量下降，还可能对土地和环境造成负面影响。

其次，种植“四大怀药”的科技含量较低。农户往往缺乏科技知识和创新精神，导致怀药的品种不够优良，产量低。同时，由于技术条件限制等因素，怀药在生长期间的管理不到位。

最后，由于科技含量低，“四大怀药”产品附加值低，市场竞争力也较弱。在市场上，消费者往往更倾向于选择那些科技含量高、品质优良、具有品牌影响力的产品。而“四大怀药”在加工企业规模小、资金少、产业集中程度低的情况下，很难满足市场多样化的需求，进而影响到其在市场上的竞争力。

我把自己的想法及困惑与这位老师进行了汇报交流。老师积极帮我出主意想办法。他告诉我，要实现“四大怀药”产业更好地发展，可以从几个方面进行改进和创新，以提高产业的竞争力和附加值。

一是建立统一的种植规范和管理体系。通过政策扶持和引导，鼓励农户采用科学、环保的种植方式来提高怀药的产量和质量。同时，通过建立统一的种植规范和管理体系，确保怀药的品质和安全性，提高消费者的信心和认可度。

二是加强科技创新和研发力度。加大对怀药种植、加工等方面的科技投入，通过科技创新提高怀药的附加值和市场竞争力。例如，开发怀药新品种、研究新的加工工艺等，以提高产品的质量和产量。

三是培育和引进大型加工企业。通过培育和引进大型加工企业，提高产业集中程度和资金实力，进而提高“四大怀药”的市场竞争力和品牌影响力。这些大型企业可以引领行业标准制定和技术创新，从而推动整个产业的升级和发展。

四是加强品牌建设和市场营销。加强品牌建设和市场营销，提高“四大怀药”在消费者中的知名度和美誉度。例如，可以通过开展宣传活动、参加展会等方式，让更多的消费者了解和认识“四大怀药”的价值和优势。

五是拓展新的市场和应用领域。除了传统的医药和保健品市场外，“四大怀药”还可以拓展到其他领域，如化妆品、食品等。通过开发新的市场和应用领域，为“四大怀药”产业带来更多的发展机遇和经济增长点。

同时，老师还告诉我，政府的政策扶持和引导也非常重要，可以帮助产业更好地发展壮大。

听完老师的讲述，我不禁感叹：路漫漫其修远兮，吾将上下而求索。

作为温县的一分子，作为家族的传承人，为了“四大怀药”产业的发展，为了家族怀药生意的兴盛，我不仅要甩开膀子加油干，还需要将创新思维用于产业发展，用于非遗传承，让融合创新的大智慧，为“四大怀药”的传承之路赋能添彩。

追梦之路绽新芳　蒸蒸日上创源堂

2018 年，是我创业过程中一个非常重要的时间节点。这一年的 2 月，我创立了河南创源堂实业有限公司。

河南创源堂实业有限公司，对我来说，不仅是实现个人梦想的平台，更是一份对社会的责任和承诺。这个平台承载着我对商业理解的追求和实践，我将致力于通过这个平台，为社会带来更多的价值。

创业的路途虽然充满了挑战，但我也始终坚信，只有不断地接受挑战，才能不断地成长和进步。2018 年的这次创业，对我来说，不仅仅是一个商业实践，更是一次对自我能力和价值的深度挖掘和提升。

我们公司的座右铭，就是老子所说的“天下大事，必作于细”，这也是我们的工作方法。这句话意味着在做任何重要的事情时，都必须注重细节，因为所有的伟大事业都是从最微小的事情开始的，我们要有耐心和毅力，要在所有的工作中都追求精细和完美。

“天下大事，必作于细”也是我们公司文化的重要组成部分。它时刻提醒我们要保持谦逊和谨慎，要始终注重学习和提高，鼓励员工在工作中精益求精，追求卓越，不断挑战自我。

公司在成立之初，我们就以此座右铭为指导思想明确了公司的定位，就是要做“四大怀药”行业最优秀的公司。我们的目标是通过科学的种植、高效的加工、精细的服务和创新的研发，为消费者提供更高品质的“四大怀药”产品，推动“四大怀药”产业持续发展。

在种植方面，我们建立了科学的种植基地，采用先进的种植技术和管理模式，以提高怀药的产量和品质。我们还与农业科研机构合作，引进和培育优良的怀药品种，推广现代化的种植技术，带动农户科学种植，从而提升整个产业的水平。

在加工方面，我们注重产品的质量和安全，采用先进的加工工艺和设备，严格按照国家食品安全标准进行生产和管理。我们还要注重产品的多元化和差异化，开发出更多具有创新性和高附加值的怀药产品，以满足不同消费者的需求。

在服务方面，我们建立了完善的服务体系，为消费者提供优质的售前、售中和售后服务。我们注重与消费者的沟通和交流，了解他们的需求和反馈，不断改进和优化我们的产品和服务。

在研发方面，我们注重科技创新和研发，不断探索和研发新的怀药产品和加工技术。我们还与国内外科研机构和专家合作，引进和推广先进的怀药研发成果和技术，不断提升我们的研发实力和竞争力。

在我们筹备公司的过程中，遇到了诸多困扰。比如说，如何注册公司？公司规模多大才合适？未来将如何发展……正当我感到困惑和无助时，得到了来自焦作市和温县有关部门的帮助。

有关部门的工作人员主动找到我，不仅为我提供了详尽的注册流程指导，还协助我解决了一些资金和场地的问题。为了支持我的公司，政府部门还为我提供了税收优惠等扶持政策。这些帮助犹如一场春雨，滋润了我的创业之心。

不仅如此，温县的农业部门还派出了专业技术人员，帮助我解决种植和加工方面的技术难题。他们在种植、采摘、加工等环节上为我们提供了科学的建议，甚至在产品的包装和宣传上也给予我们很多指导。我深感政府部门对创业青年的关爱和支持。

回望这段创业历程，我的心中满是感激。我深知，是焦作市和温县有关部门的大力支持，才使得创源堂能够顺利起步并迅速发展。这种支持不仅仅是物质上的帮助，更是精神上的鼓励和引领。我明白，这是一种信任，也是一种期待。而作为企业家的我们，唯有把生意做大做强，多多回报社会，才能不辜负政府的帮助。

有了政府的支持和大家的努力，我们公司很快步入正轨，规模不断扩大，生意逐步好起来，前景越来越光明。在总结经验时，我觉得这些都得益于公司的严格管理。

创源堂作为一家怀山药食品生产加工企业，始终坚持以质量为核心、以客户需求为导向，对产品及产品的每一道工序都有严格要求，不断提升产品品质和服务水平。

一是注重选择优质原材料。县政府科技先行，科学创新了“麦药轮作”五年模式，增加了铁棍山药的产量，但是现在市面上卖的大多数还是普通山药。纯正的垆土地是黑色坚硬而质粗不黏的土壤，土质硬，所以山药长得歪歪扭扭，不好看，但属极品，口感好，营养价值极高。垆土地山药对土地的消耗极大，一块地种一次需要休耕 10 年，产量极低。我们的铁棍山药选取的就是正宗的温县垆土地山药。

二是注重深度加工与研发。为了更好地保留怀山药的营养成分和口感，创源堂引进了先进的加工设备和技术，对怀山药进行深度加工。同时，我们注重产品研发，不断推出符合市场需求的新品。

三是注重产品生产管理。建立了全面的食品安全管理体系，从原料采购到生产加工，再到产品储存和运输，每一个环节都严格把关。通过定期的食品安全培训，不断提高员工对食品安全规范的理解和遵守意识，确保每一道工序都能按照国家法律法规进行。同时，针对实际操作过程中可能出现的问题进行深入探讨和模拟演练，以提高员工的专业素养和应对突发事件的能力。

四是注重质量检测与追溯。为了确保产品质量的可靠性，创源堂建立了完善的质量检测体系。每一种产品都会经过多道工序的检测，确保其质量达标。同时，我们还建立了产品追溯体系，对每一个环节进行记录和监控，确保问题产品能够迅速追溯到源头并得到及时处理。

五是注重客户反馈与持续改进。创源堂非常重视客户的反馈和建议。我们会定期收集和分析客户意见，针对不足之处进行改进和优化。同时，我们还会与合作伙伴共同探讨市场发展趋势和消费者需求，持续推动产品和服务的升级。

大鹏一日同风起，扶摇直上九万里。在生意蒸蒸日上之际，我看到一幅美好的画卷正在眼前铺陈开来。

公司初创铸团队　人才济济同追梦

创源堂的创立，可以说占尽了天时地利人和，但毕竟是一个新生公司，还是有方方面面的事情需要进一步捋顺。

尤其是团队建设，我觉得是首先应该解决好的问题。在请教我 MBA 总裁班的老师时，他用电影《天下无贼》里的一句台词风趣地点拨我："21 世纪什么最贵，是人才！"

他说，无论在哪个时代，人才都是推动社会进步和公司发展的最重要因素。一个优秀的员工或团队成员能够为公司带来更多的价值，促进公司的创新和发展。相反，如果一个公司没有人才，即使它拥有再多的资金和资源，也难以取得成功。公司在初创时期，一定要先抓好人才建设和团队建设，这是企业发展的动力源泉，是企业可持续发展的根本保障。

他系统给我讲解了一个优秀团队对于公司良性健康发展的重要意义。他说，一个好的团队可以产生强大的凝聚力，可以使创源堂的成员团结一心，共同面对创业路上的挑战。团队成员可以互相支持、鼓励，从而形成一种强大的集体力量。

一个优秀的团队成员之间可以互相学习交流、取长补短，每个人都可以发挥自己的优势，弥补其他人的不足，不仅个人可以获得更多的发展空间和机会，也可以不断提升整个团队的实力。这种优势互补可以使创源堂在激烈的市场中更具竞争力。

一个好的团队能够合理分配资源，使每个成员都能够高效地完成自己的任务，从而提高整个团队的工作效率。这样可以确保创源堂在创业初期更加高效地推进各项工作。

一个好的团队还可以增强创源堂成员的信心和士气，让他们对未来充满信心和期待。同时可以激发员工的积极性和创造力，使创源堂在创业路上更加坚定自信，勇往直前。

真是“听君一席话，胜读十年书”！老师的话让我茅塞顿开。其实，在我当检察官办案的过程中，也接触过一些因为团队建设没有做好，导致人心涣散、各自为战，最终关门的案例。

如今，我自己开始经营企业，想起过往经历，真是十分有借鉴意义，心中不由暗下决心，一定要从中吸取经验教训，从“人”抓起，管理好公司。

在随后自我学习的过程中，我也发现很多著名的公司，也都是因优秀的团队建设取得了令人瞩目的成绩。

比如腾讯公司，它是中国最大的互联网综合服务提供商之一，也是中国很受欢迎的社交媒体平台之一。它非常注重团队建设，每个季度都会推出各种形式的活动，例如运动比赛、公益活动等，让员工参与其中并互相交流。此外，腾讯还成立了企业大学，推出了多项培训计划和课程，例如领导力发展计划、技术人才训练营等，为员工的职业发展提供支持。

又比如中国航天科技集团公司，它是中国航天工业的重要支柱之一。该企业非常注重团队建设，通过组织多种形式的活动，例如航天科技论坛、技术创新研讨会等，让员工互相交流和合作。此外，还成立了航天人才培训中心，推出了多项培训计划和课程，例如航天器总体设计、火箭技术等，为员工的职业发展提供支持。

再比如华为技术有限公司，也十分重视团队建设，他们采取的是“狼性文化”和“矩阵式管理”相结合的方式。华为公司的员工需要进行定期的培训和轮岗，以便提高他们的专业能力和团队协作能力。

在重新优化公司组织架构后，我开始着手公司团队的打造。首先确定了公司的发展方向和目标，并向全体成员进行传播，让每个人都明确公司的使命和愿景，这有助于大家在思想上达成共识。

其次建立了一个信息交流平台，鼓励团队成员经常分享自己思想和见解，同时定期举行团队会议，建立良好的沟通机制，以便及时解决各种问题。

同时，我还特别注重团建工作，经常开展一些有意义的活动，比如团队拓展训练、聚餐或者团队旅游等，以此来加强团队成员间的联系和信任，鼓励团队合作，努力营造一个积极向上、乐观向前的氛围，鼓励成员之间相互支持和帮助，共同为公司的发展做出贡献。

公司团队建设如火如荼，员工们之间关系十分融洽，亲如一家人，各项工作也开展有序，业务量更是稳中有升。

走南闯北拓市场　晋江再飘怀药香

创业没有一帆风顺，市场更是瞬息万变，关键看你如何去应对。

记得有一年，因为市场的变化，山药销量下降严重。我组织公司的销售人员开了一个动员分析会，会议一直从下午持续到晚上，很多人对市场表现出悲观情绪，神情沮丧。我知道，这时候信心真是比黄金还珍贵，一旦大家没有了斗志，败局就不好挽回了。“只要精神不滑坡，办法总比困难多。”

听完大家的意见后我说：“风风雨雨我们都过来了，眼前这点小挫折算什么？下周，我决定出去闯一闯，愿意去的举下手！”

在我的带动下，会场的气氛一下扭转了，这群年轻人不服输的劲儿又被激发出来了，争抢着报名。接下来大家就开始具体谋划去哪里，如何做准备工作，到了后该如何开展工作等，都一一进行了敲定。

经过短短的一天准备之后，首批出发人员由我带队，决定先去开发南方的市场。我清晰地记得，当时我们 6 人小分队开了一辆厢式货车，除了坐人的地儿，装的都是山药，满满的一车，足足有 500 多千克。

我们首先来到福建省泉州市。泉州市是一个经济发展水平高、历史和文化底蕴深厚、自然环境优美、民俗风情独特的地级市，也是海上丝绸之路的起点，还是古代海上交通大动脉，不仅仅运输丝绸，而且也运输瓷器、糖、五金等出口货物，以及香料、药材、宝石等进口货物，瓷器为主要出口物品。

根据我们家谱记载，民国时期怀庆府的铁棍山药曾经远销到这里，被当地群众所喜爱。铁棍山药在当地被视为珍贵的药材和食材，常常被用来炖汤、熬粥、做糕点等。其独特的味道和口感不仅深受当地民众的喜爱，更成为当时社会名流争相品尝的佳品。铁棍山药的药用价值也被广泛认可，成为许多中医药方剂中的重要药材。

张家坊的山药曾经在这里风靡一时，作为张家坊怀药的传承人，我为何不能让这里再度飘散怀药之香！

在迅速调研市场后，我们发现铁棍山药虽然曾经在这里风靡一时，可如今消费者对它并不太了解，有的甚至没有听说过。一听是市场的空白点，大家顿时来了精神。销售团队先到各大农贸市场前摆摊设点，向消费者推介怀山药的营养价值和烹饪方法。但是由于缺乏人手和人脉关系，第一天的推广效果并不理想。

晚上的“碰头会”上，大家都介绍了当天的推销情况，并分析了当地的市场和消费者需求。大家一致认为，必须另辟蹊径，调整销售策略才能收到预期效果。

怎么办？依然要以当地的超市和农贸市场为依托，不过不能单打独斗，而是要用合作共赢的方式来打开市场。简单来说，就是寻求当地经销商的帮助，让利于对方。

说干就干，第二天我们就到当地超市和农贸市场，向其相关负责人推介铁棍山药。从铁棍山药的起源、功效、市场前景讲起，让他们对铁棍山药产生了浓厚的兴趣。

“原来只知道铁棍山药好，不知道有这么好！”一位负责人当场决定帮助我们代销，如果效果好，还可以考虑长期合作。

我们 6 人销售小组在该超市的销售现场，干劲十足，热情耐心地向过往的顾客介绍铁棍山药，并且现场展示如何食用，还准备了试吃品，让更多的消费者了解怀山药。一时间柜台前围满了顾客。在品尝了之后，很多顾客抱着试试看的心态买了一些回家尝尝。第二天、第三天，不断有回头客再来购买，我们带来的500多千克山药即将售罄。

看到有这样的销售效果，这位超市的负责人主动找到我，约定要签订长期合作合同。我满口答应，立即联系公司，通过物流，抓紧向这里补充货源。

从这次合作后，我们公司至今还保持着与这家超市的业务往来，成了长期战略合作伙伴。

首战告捷！

6人销售小组一致认为，不能就此止步，要多方出击，不断扩大销售成果。经过研究分析之后，大家决定兵分三路：北上、东闯、西进，去更广阔的市场寻求发展，以此来赢得更多的消费者。

有了第一次到泉州的推广经验，接下来的推介顺利了很多。我带队来到山东省枣庄市开拓市场时，整体推进顺利，但也遇到了一些小小的问题。

什么问题呢？就是当地也种植山药，但他们种植的是我们常说的“菜山药”，不具备药用价值。然而消费者不了解其中的奥妙，往往只是比价格，认为我们的铁棍山药售价太贵，这多少有些影响销售。

咋办？科普呗。我首先从铁棍山药的药性给大家讲起。铁棍山药具有益气养阴、补脾肺肾、固精止带的功效，味甘，性平，归脾经、肺经、肾经，可用于治疗脾虚食少、倦怠乏力、便溏泄泻、肺虚喘咳、肾虚遗精、带下尿频、内热消渴等情况，补阴宜生用，健脾止泻宜炒黄用。它不仅可以在医生的指导下作为药物使用，还可当作食物以炒菜或蒸煮等方式食用，具有较高的营养价值。

然后，我又从形状、口感等方面给大家科普铁棍山药和菜山药的异同。

从形状上看，铁棍山药的粗细在1～1.5厘米，长短无所谓，头圆尾巴尖；菜山药则比较粗壮，粗度能达到4～5厘米，形状不规则。

从表皮上看，铁棍山药表皮有紫斑，毛孔疙瘩、毛须分布稠密；菜山药表皮比较光滑，毛孔疙瘩和毛须零星分布。

从肉质上看，铁棍山药质地非常细腻、紧实，纤维非常细，结实，不容易断；菜山药质地纤维粗糙，水分多，用手捏可以挤出水来，长得较水灵，稍微一碰就会折断。

从重量上看，铁棍山药的单根重量一般不超过200克，太重可能就不是正宗的了；菜山药则大小不一，重量也不尽相同。

从口感上看，铁棍山药水分含量少、糖含量丰富，因此其液汁较浓，入水久煮不散，口感干面香甜，并伴有淡淡的麻味；菜山药口感脆，入水久煮容易化。

这些细致入微的介绍，让围观的群众听得津津有味。“没想到区别这么大，听了之后真是大开眼界。”一位大妈说。另有一位老先生，年轻的时候在温县工作过。他向周边的人说，我介绍得太保守了，如果能坚持吃铁棍山药，好处远不止我说的那些，很多古籍上都有记载，铁棍山药的药用价值都是被古人和名医们证实了的。

一时间人们的购买热情高涨，你10斤，他20斤地买。还有人加我的微信，一是怕和我失联，以后买不到这么地道正宗的铁棍山药了；二是还想继续跟我学习有关铁棍山药的知识，想知道如何食用能发挥最大的药效。

我在山东推介大获成功的同时，向西进发的小组也成功打入西部市场；向北挺进的小组开辟了北方市场，一时间销量猛增。

尤为值得一提的是，当时网络直播带货刚刚兴起，公司里的小年轻们就提出想试一试，通过网络来推销铁棍山药。“当然好了，我全力支持。”得到鼓励后，几个年轻人说干就干，立即开启了直播。

在田间地头，他们迎着朝霞直播，让网友看农民如何耕耘、播种、施肥、浇水，如何用勤劳的双手种植出优质的铁棍山药。“只有用心去呵护每一寸土地，才能收获丰硕的果实。”网友们纷纷留言。

在仓库、车间，他们直播如何精心挑选、清洗、切割、包装每一根铁棍山药，确保每一份产品都符合高品质的要求。直播镜头里，工人们熟练地操作着各种设备，伴随着轰鸣的机器声，精心处理铁棍山药，以满足不同客户的需求。

无论是狂风暴雨，还是烈日炎炎，他们始终坚守在田间地头、工厂车间。他们的直播，没有华丽的舞台，没有明亮的灯光，只有朴实的语言和真实的情感。他们向观众展示着铁棍山药的生长过程、独特功效和多种吃法，让消费者能感受到这些山药是他们用心血和汗水换来的劳动成果。

他们的直播，吸引了越来越多的观众，粉丝由少到多，让更多的人了解到了怀庆府铁棍山药的美味与价值，对推介温县、推销铁棍山药都起到了积极作用。一位在外省的焦作老乡，是直播间的常客。她欣喜地说，能在网上买到便宜又地道的铁棍山药，真是太方便了。

在拓展市场的总结会上，我动情地对大家说，每一次拓展活动虽非一帆风顺，但我们的团队用智慧和毅力克服了一个个困难，我相信努力前行一定能够找到通往成功的道路。每一个困难都是一个机会，每一次挑战都是一次历练。我们把困难看作是成长的催化剂，通过积极应对困难，我们的团队也变得越来越成熟、越来越坚韧。

南方的市场，让我们学会了如何因地制宜地调整销售策略；西部的开拓，让我们明白了不同地域的文化背景和市场特点；北方的拓展，让我们学会了如何在不同的气候条件下保持产品质量的稳定；跨境电商的开展，让我们熟悉了国际贸易规则和市场环境。每一次拓展都是一次积累和提升，每一次挑战都让我们变得更加坚定和自信！

第二章
承祖业厚积薄发　山药粉未来可期

承非遗家族荣耀　新怀商奋力追梦

只有不断与时俱进，才能永远立于不败之地。

当历史的车轮驶入新世纪之后，"四大怀药"产业的发展也步入了新的发展阶段。

"地方特色产业发展潜力巨大。"国家领导人在南阳月季博览园考察当地依托月季等资源优势发展特色产业、带动群众就业等情况时的这句话，同样让在温县种植加工"四大怀药"的我们深感振奋。

"四大怀药"作为焦作市特色产业，品质好、产量大、疗效佳，历史悠久、文化底蕴深厚，在国内外都享有盛名。尤其是温县，近些年立足原产地优势，通过项目扶持、品牌带动、技术服务、质量监管、打造龙头等一系列措施，使"四大怀药"产业逐步走上了种植标准化、生产企业化、营销品牌化、融资市场化的产业道路。

同时，温县在"善于挖掘和利用本地优势资源，加强地方优质品种保护，推进产学研有机结合，统筹做好产业、科技、文化这篇大文章"思想的指导下，十分重视"四大怀药"产业发展，已建成河南最大的"四大怀药"种质资源圃，为新品种的选育提供更大的空间和丰富的基因库，还与国家山药产业科技创新联盟、全国农业技术推广服务中心、河南师范大学、河南省农业科学院等，就怀药品种选育、除草剂试验、肥料试验等建立合作关系，并在2020年培育出怀地黄9号、怀黄菊1号、怀紫菊1号3

个怀药新品种。

如今，温县每年都会举办铁棍山药文化旅游节，通过“文旅+铁棍山药”双品牌路径，厚植怀药产业高质量发展的文化优势，并通过怀药产品展示、怀药摄影展、基地采挖等特色活动吸引大批游客；与国内知名电商企业合作，建设乡村电商服务站点，打通全国线下商超销售渠道，持续拓展怀药销售渠道；建设怀药标准化示范园区，引进建设一批怀药项目，积极谋划推动怀药专业交易市场建设，引导怀药产业向专业化、标准化、规模化发展。

厚积而薄发。

在焦作市委、市政府和温县县委、县政府的积极推动和大力支持下，2006 年，“四大怀药”种植与炮制技艺成功入选第一批国家级非物质文化遗产代表性项目名录。

非物质文化遗产代表性项目名录的发布是保护和传承非物质文化遗产的重要举措，旨在保护和传承具有重要历史、文化和科学价值的文化遗产，将“四大怀药”种植与炮制技艺列入名录，非常有意义。首先，这有助于保护和传承独特的中药材制作技艺，避免其失传和消失；其次，能够提升“四大怀药”种植与炮制技艺的知名度和认可度，不仅有助于宣传和推广这一传统技艺，还能吸引更多人关注和学习这一领域的知识和技能，进一步推动其传承和发展；再次，有助于推动“四大怀药”产业的进一步发展，能够吸引更多的投资和关注，并带动相关产业如中药材种植、制药、保健品开发等的发展，促进整个产业链的升级和完善；最后，还有助于提升地方品牌形象和知名度，吸引更多的游客和投资者关注和投资温县，进一步推动地方经济的发展。

在“四大怀药”种植与炮制技艺成功入选第一批国家级非物质文化遗产代表性项目名录的消息传到温县后，整个县城都沸腾了。

温县的“四大怀药”是当地独特的传统中药材，已有数千年的种植历史和独特的炮制技艺。这次成功入选国家级非物质文化遗产代表性项目名录，是对温县“四大怀药”独特价值和历史地位的充分肯定，也是对中药文化的传承和发扬。

县政府为了让更多的人知悉这个振奋人心的好消息，组织了各种宣传活动，向全县人民介绍“四大怀药”的历史、种植和炮制技艺，让更多的人了解和认识“四大怀药”，了解“四大怀药”炮制技艺的整个过程。

我和我的家族听到这个好消息后，为国家重视“四大怀药”种植与炮制技艺而欢呼叫好，因为我们家族的兴衰一直以来与“四大怀药”的发展息息相关。

我家祖上张配唐自清咸丰五年（公元 1855 年）开始从事怀山药的种植与加工贸易以来，在继承前人的基础上，研究出了张家独特的怀山药种植和炮制手艺。在近 200 年的时间里，这一手艺在我们家族里代代相传，并且每代人还都融入了自己对种植和炮制工艺的感悟和创新，让这一工艺日臻完善，传到我父亲是第七代，到我这一代已是第八代。

尤其是到我父亲和我这两代，在科学技术日新月异的时代背景下，我们种植和炮制“四大怀药”的技艺在保持传统工艺的基础上，又植入了现代科技，通过深加工和独特的加工工艺，使怀药由农产品变身为“工业品”，被更多的人所接受。

在“四大怀药”种植与炮制技艺成功入选第一批国家级非物质文化遗产代表性项目名录之际，温县掀起了争相申报传承人的热潮。大家认为，这是对传统中药材制作的肯定，也是对温县“四大怀药”美誉的认可，更是提升自身技艺、做大这一产业的绝好良机。

一个念头在我脑海中闪现：一定要申报成为这一技艺的传承人。我心里清楚，要成为非物质文化遗产的传承人并不是一件容易的事情。这需要对“四大怀药”的种植和炮制技艺有深入的了解和研究，需要有扎实的技艺功底和专业知识。但是，我并不害怕困难和挑战，相信只要我努力学习和实践，就一定能够胜任这个角色。

我的这一想法也得到了父亲的大力支持，他甘愿当我的指导与“陪练”。父亲经验丰富，技艺精湛。早晨，他会指导我进行各种种植和炮制工作，细心地给我讲解每个步骤的重要性以及如何做好每一个细节；晚上，他会与我分享他的经验，让我对技艺有更深的理解。在他一个多月的强化训练下，我感觉自己的技艺又提升到了一个新的境界。

在父亲陪伴下的这段学习经历，让我感受到传统技艺的魅力和价值，也让我明白了继承和发扬传统文化的责任。我更加坚定了成为这一技艺传承人的决心，立志将这一宝贵的文化遗产继续传承下去，让更多的人了解和认识“四大怀药”，让“四大怀药”为更多的人带来健康和福祉。

同时，我也明白了成为一名传承人并不只是技艺的传承，更是一种精神和文化的传承。我要将“四大怀药”的种植和炮制技艺中蕴含的智慧和精神传递给更多的人，让这一文化遗产在新的时代里焕发出新的活力。

彩虹总在风雨后。在不懈努力下，2020 年 8 月，经过层层审核之后，我被温县非物质文化遗产保护中心命名为“温县非物质文化遗产保护项目‘四大怀药’种植与炮制代表性传承人”。看着这个烫印着自己名字的证书，我心中既激动又感慨。

温县有关部门的工作人员告诉我们，焦作市级别的非物质文化遗产保护项目代表传承人也评选在即，问我有没有意愿和勇气再去申报。答案是肯定而坚定的，必须参加，而且还要全力以赴。

我深深明白，这是一次更高规格、程序更加严谨的考试和审核。在接下来的日子里，我不是泡在图书馆，就是在田间地头或加工车间，有多少个不眠之夜，根本记不清楚了。

功夫不负有心人。在第二年的春天，也就是 2021 年 5 月，焦作市文化广电和旅游局命名我为“焦作市市级非物质文化遗产保护项目（‘四大怀药’种植与炮制）代表性传承人”。这是对我传承技艺的认可，也是对我辛勤付出的肯定。在领取证书的仪式上，当接过领导颁发给我的证书时，我动情地说，作为一名非遗传承人，我将继续深耕“四大怀药”的种植与炮制，将这项非物质文化遗产在传承中创新，在创新中发展。同时要让“四大怀药”的种植与炮制不仅为人们的健康服务，更要成为人民共同富裕的增长点。

我是这么想这么说，也是这么干的。在回到温县之后，我积极履行非遗传承人的职责，主要开展了以下几项工作：

一是推广宣传工作。积极推广和宣传“四大怀药”种植与炮制技艺，通过讲座、演示、参加文化活动等方式，提高“四大怀药”的知名度和影响力，让更多的人了解和认识这一非物质文化遗产的独特价值和重要性。

二是资料整理工作。开始着手整理和收集与“四大怀药”种植与炮制技艺相关的资料，包括文字、图片、视频等。这些资料用于记录和展示该技艺的历史、发展过程、制作方法等内容，能为后人留下宝贵的文化遗产。

三是后继人才培养工作。对“四大怀药”种植与炮制技艺有兴趣的后继人才进行培养，与教育机构合作，设立传承班或专业课程，让更多年轻人有机会接触和学习这一传统技艺，为他们提供学习和实践的机会，确保其能够得到充分的传承和发展。

四是开展研究工作。结合自己的经验和专业知识，开展相关研究工作，深入挖掘“四大怀药”种植与炮制技艺的历史渊源、文化内涵和科学价值。

五是建立展示平台工作。建立了展示“四大怀药”种植与炮制技艺的展示平台，展示该技艺种植和炮制的全过程、相关文物和图片等，让公众更直观地了解和感受“四大怀药”的独特魅力。

在我忙得如火如荼的时候，又一个振奋人心的好消息传来：“四大怀药”种植与炮制技艺被列入国家第一批传统工艺振兴目录。

国家传统工艺振兴目录是《中国传统工艺振兴计划》提出的主要任务之一，旨在选取并重点支持一批具备传承基础和生产规模、有发展前景、有助于带动就业的传统工艺项目，推动形成可推广的经验案例，带动全国范围内传统工艺的发展和振兴。

据我了解，国家第一批传统工艺振兴目录以国家级非物质文化遗产代表性项目名录为基础，重点考虑了面广量大、传承人群较多，有助于发挥示范带动作用，形成国家或地方品牌的传统工艺项目，同时适当向革命老区、民族地区、边疆地区和贫困地区能够带动地方经济发展、扩大就业的项目倾斜。

文化和旅游部、工业和信息化部是该目录的收录组织方和发布主体，首批发布的国家传统工艺振兴目录涉及 14 个门类，分别是纺染织绣、服饰制作、编织扎制、雕刻塑造、家具建筑、金属加工、剪纸刻绘、陶瓷烧造、文房制作、漆器髹饰、印刷装裱、食品制作、中药炮制、器具制作。其中，“四大怀药”种植与炮制被编制在中药炮制门类。

这是一个强烈的信号。我深深感受到，国家一定会以传统工艺振兴目录为抓手，加大对所列项目的扶持力度。同时，各地也一定会以所列项目为重点，着手制定振兴方案，落实振兴措施，推动形成行之有效的经验和模式。这是一个历史机遇，如果能抓住，不仅家族产业再次振兴指日可待，而且能够推动“四大怀药”产业到达一个新的境界。

也就在此时，温县工商业联合会向我抛出了橄榄枝，想把有志于推广发扬“四大怀药”产业的“新怀商”聚拢在一起，形成团队力量。我感到非常兴奋和荣幸，这不仅是一次机会，也是一项责任。

我想，如果能集合一群志同道合的年轻人，共同致力于“四大怀药”的推广和发展，将能形成一股强大的团队力量，可以通过互相学习和交流，共同提升技艺，创新发展。同时，也可以借助温县工商联提供的资源，扩大生产，开拓市场，让更多的人了解和接受“四大怀药”。

但是，我也清楚，这样的团队不是简单的组合，需要有明确的目标和共同的信念，需要对“四大怀药”有深厚的了解和热爱，需要有创新思维和扎实的实践精神。于是，我主动向有关领导表态，决定牵头组织这个团队，发挥我们的优势，以共同目标为导向，为推广发扬“四大怀药”产业而努力。

得到有关领导明确表态和大力支持后，我充满激情和斗志。

一是与团队成员密切沟通，共同商讨推广发扬“四大怀药”产业的具体方案。我们充分利用现代科技手段，如社交媒体、网络平台等，宣传“四大怀药”的文化价值、药用功效及其独特的种植和炮制技艺；还通过直播、短视频等形式，向消费者展示“四大怀药”的种植环境和炮制过程，让消费者更加信任我们的产品。

二是带领团队积极参与各种推广活动。例如，我们组织了一场以“传承四大怀药文化，推动健康产业发展”为主题的论坛，邀请到中药领域的专家学者、企业代表等共同探讨“四大怀药”的未来发展。此外，我们还参加了各种农产品展览会、推介会等，与更多的消费者和商家交流，让更多人认识和了解“四大怀药”。

三是致力于研究市场需求，不断改进和创新产品。通过深入了解消费者的需求和喜好，对“四大怀药”进行精细化加工和包装，开发出更多适合现代人需求的健康产品。同时，我们还注重加强与科研机构的合作，引进先进的中药研发技术和设备，以进一步提高“四大怀药”的药用价值和市场竞争力。

在团队建设方面，我鼓励成员之间互相学习和交流，分享经验和知识。我们还建立了定期培训和考核机制，不断提高团队成员的专业素养和综合能力。同时，我们积极招募更多志同道合的年轻人加入团队，为推广发扬“四大怀药”产业注入新的力量。

一个新的“战场”，如潘多拉魔盒一样，正为我们这些年轻人打开。

识商机扩建厂房　谋未来多方协作

随着推广力度的不断加大，“四大怀药”尤其是铁棍山药被越来越多的人所熟知和接受，铁棍山药已经成了很多人饮食中不可或缺的食物。消费者除了表现出对鲜山药的强烈需求外，同时也对铁棍山药深加工产品日益喜爱，譬如说铁棍山药粉、铁棍山药挂面、铁棍山药休闲食品等，市场供不应求，出现了较大的供应缺口。

“这是一个拉长产业链、提升铁棍山药产品附加值的绝好时机。”我和团队发现这个商机后，立即召开了会议并得出如上结论。大家一致认为，通过延长产业链，可以更好地挖掘铁棍山药的价值，开拓更大的市场，提供更多的就业机会，获取更多的利润，并促进地方经济的发展。

我们制定了具体的实施计划，决定立即筹建新厂房，扩大生产规模。为确保决策正确，大家进行了全面的考虑和分析。

首先，考虑了地理位置。我们希望新厂房位于交通便利、靠近市场和客户的地方，以便更好地拓展市场和满足客户需求。同时也比较注重土地的可用性和产权是否清晰，以确保在建设过程中避免不必要的麻烦。

其次，考虑环境和配套设施。我们希望新厂房能够远离污染源、危险源，同时能够为员工提供舒适的工作环境和必要的配套设施，如水电、通信、交通等。我们也在选址过程中考虑了未来的发展潜力，以便在未来有更多的扩展空间。

最终，我们选址在温县产业集聚区鑫源中路 48 号。当父亲知道我们要扩建厂房时，作为在商海搏击一辈子的过来人，他有一些担忧，提出疑问：厂房建设周期比较长，加上现在市场变化这么快，会不会让投资落空？

针对父亲提出的问题，团队进行了认真研究。我向他解释说，建设周期长、市场变化太快等因素确实是我们面临的挑战，但是，我们经过仔细考虑后，已经制定了一个全面的计划。

针对建设周期长的问题，我们决定采取分段建设的方式，划分出不同的建设阶段，每个阶段都有具体的目标和计划，这样可以更好地控制建设进度，避免出现工期延误的情况。同时，与专业的建筑团队合作，采用高效的施工方法和材料，尽可能缩短建设周期。

针对市场变化太快的问题，我们决定采取灵活的策略。我们将密切关注市场动态和客户需求变化，及时调整产品方向和生产计划。同时，也将十分注重与客户的沟通和反馈，了解他们的需求和意见，以便能够及时改进产品和服务。

我向父亲详细解释了这些措施和计划，并让他知道我们已经考虑了各种可能出现的情况，制定了相应的应对策略。最终，他认可了我们的计划，决定支持我们在新的起点上继续前行。

计划好做，但实施起来难度很大。首先要解决立项问题，这个问题涉及发改委、科工信局、自然资源局等多个部门。为了顺利办理立项手续，我们主动与相关部门沟通，了解每个部门的具体要求、办理手续的流程，以及需要准备的材料，并与各部门保持密切联系，及时反馈进展情况。

为了确保立项申请顺利通过审批，我们认真准备了所有必要的资料，包括项目可行性研究报告、环保措施、用地规划等，并按照各部门的要求，逐一审核、修改和完善，确保报批工作顺利进行。

同时，我们还积极争取相关部门的支持和帮助。与发改委、科工信局、自然资源局等部门建立了良好的合作关系，通过相互支持和协作，共同推进项目的实施。各部门不仅为我们提供了专业的指导和建议，还协助我们完善了立项申请材料，加快了审批进程。

此外，我们还特别注重协调处理各种复杂问题。由于立项过程中涉及的部门较多，且存在一些技术性和政策性问题，我们积极协调各方资源，及时寻求解决方案。在遇到困难时，我们通过召开协调会议、向专家咨询等方式，确保问题得到妥善处理。

最终，在我们的努力和相关部门的支持下，立项手续顺利完成，为厂房建设打下了坚实的基础，也进一步增强了我们推动铁棍山药产业发展的信心和决心。

接下来，我们就开始筹措建设资金和筛选施工单位。

为了筹措资金，我们仔细研究了贷款和融资的条件和流程，认真准备了公司的经营计划、财务状况和其他相关材料，经过与银行等金融机构的多次沟通和协商，成功获得了贷款和融资支持。在这个过程中，我们深刻体会到了筹措资金的压力和艰辛，同时也感受到了银行等金融机构对我们的信任和支持。这为我们后续的建设和运营提供了有力保障。

除了银行贷款和融资，我们还积极寻求政府的资金支持和补贴。我们与政府相关部门进行了多次沟通和协商，认真了解政府对于铁棍山药产业发展的支持政策。通过努力，成功地获得了政府的资金支持和补贴，进一步增强了项目的可行性。

此外，我们还积极寻求其他合作伙伴的投资和赞助，通过多种渠道，与相关企业、科研机构等建立了合作关系。这些合作伙伴不仅为我们提供了资金支持，还为我们的项目提供了更多资源和帮助，有力地推动了项目的进展。

通过这些努力，我们成功筹措到足够的资金，为建设厂房、引进设备、研发新技术等提供了重要保障。

在筹措到足够的资金后，我们开始筛选施工单位。这是整个项目中至关重要的一环，因为施工单位的选取直接影响到项目的质量和进度。为了选择到一家合适的施工单位，我们制定了严格的筛选标准，并通过公开招标的方式，吸引了多家施工单位参与竞标。

我们仔细研究了每家单位的资质、经验、技术实力和信誉等，并与其进行了深入的沟通和交流。经过激烈的竞争和筛选，最终选择了一家具有丰富经验和过硬技术的施工单位，作为我们项目的合作伙伴。

在筛选施工单位的过程中，温县工商联作为一个重要的商会组织，为我们提供了很多有用的信息和资源，也帮助我们积极协调各方面关系，使我们能更好地推进项目的实施。

确定施工单位后，就开始进入项目的规划和设计阶段。我们与设计单位密切合作，将我们对项目的需求和期望融入设计中。我们始终坚持严格的质量管理，建立了完善的质量管理体系，对每一个环节进行严格监控。同时，还特别注重与施工单位的沟通和协调，确保施工质量和进度能够达到要求。

在施工过程中，我们发现一组混凝土结构没有达到预期的强度，立即启动了紧急应对措施。先是对出现问题的混凝土结构进行了详细分析，找出了问题产生的原因；接着与设计单位密切对接，对加固方案进行详细设计，并迅速组织施工队伍对这组混凝土结构进行加固；在实施过程中，对加固工作进行严格监控，确保每一个细节都符合要求；同时，还要求对加固后的混凝土结构进行重新检测，确认其强度已经达到了预期。

经过这次突发事件，我们深刻认识到质量管理工作的重要性。不论何时发现什么样的质量问题，都要通过及时、有效的应对措施解决问题，避免可能出现的风险。这次工程质量小事故，让我们更加坚定了严格质量管理的决心。

在厂房建设期间，一次突如其来的大风天气，给我们的建设带来了意想不到的挑战。

那是一个晴朗的下午，施工队伍正在紧张有序地安装彩钢瓦顶。彩钢瓦顶是厂房的重要组成部分，施工难度较大，技术要求也较高。然而，就在他们完成了一部分安装，正在进行下一阶段施工时，突然间，一阵强烈的风暴毫无征兆地席卷而来。

风暴的来袭，将刚刚建好的彩钢瓦顶掀翻，瓦片在空中飞舞，纷纷扬扬地散落在地上。虽然这场意外没有造成任何人员伤害或安全事故，但对我们来说，无疑是一次警示和提醒。

事发后，我们立即组织了紧急会议。要求加强安全措施，增加了安全预警设备，并提高了对员工的安全培训，确保每位员工都能了解如何在恶劣天气下保证自身和施工安全。加强与施工队伍的沟通和协调，要求他们做好每一阶段的施工质量检查，并且对每一环节都要进行严格的质量把关。同时，还与气象部门建立了联系，以便及时掌握天气变化情况，提前做出预警和应对措施。

经过近一年的紧张施工，新建厂房终于封顶，随即开始了紧锣密鼓的设备采购及安装等工作。在此过程中，我们不仅深入了解了行业的最新技术和产品，也逐步建立了稳定的供应商网络。

在挑选设备的过程中，我们对生产需求、产品质量、设备性能、价格等多个因素进行了全面考虑。为了确保设备的性能和品质，还进行了多次实地考察和样品测试。在这个过程中，我们发现一些设备的性能和质量并不如预期，这提醒我们不能轻率地做出决定，要对所有设备进行更为细致的考察和对比，包括产品材质、工艺、使用寿命等多个方面。

经过反复权衡和讨论，我们最终选择了几家最符合要求的设备供应商。这些供应商不仅提供了高性能、高品质的设备，还给予我们优惠的价格和周到的售后服务，为我们后期的生产顺利进行提供了坚实的保障。

完成设备采购之后，我们开始进行工厂内部的装修和布局。通过合理规划，我们将工厂的每个角落都利用得恰到好处，以使之后的各个生产环节衔接得更加顺畅。

又经过近一年的努力，我们终于迎来了新厂房的开业庆典，庆祝厂房的落成和新设备的启用，还对这一年来辛勤付出的同事们表达了由衷的感谢和敬意。

如今，这个新建的厂房已经成为企业发展的重要支撑，它大大提高了我们的生产能力。我们坚信，在这个新的起点上，我们将继续迈向更加辉煌的未来！

鲜山药稳定市场　代加工难成规模

新厂房建成之后，公司在牢牢抓住新鲜山药市场不放松的同时，确定了瞄准山药深加工、拉长产业链、增加附加值的发展方针。

山药深加工，要以新鲜山药为原材料，而新鲜山药的品质决定着后期深加工产品营养成分的含量，也影响着产品的口感和风味，更影响着后期产品的安全性和价格。

然而，实际情况是，市场上新鲜山药品种不一，乱象较为突出。不同品种的山药在营养成分、口感和用途方面存在较大的差异，这也导致不同品种的山药在市场上的售价不同。同时，市场混乱也深刻影响着山药深加工产品的价格。由于缺乏有效的监管机制，市场上存在一些不法商贩使用劣质山药或者添加化学物质冒充优质山药制成的深加工产品，这种行为不仅会对消费者的健康造成危害，还会扰乱市场秩序，导致优质产品的价格受到影响。

所以，创源堂对新鲜山药原材料品质的把控十分严格，积极与多家铁棍山药种植专业合作社、种植大户合作，采用统一选苗育苗、统一种植标准、统一田间管理等方式，不断提高铁棍山药标准化种植水平，让铁棍山药的品质更加出众。

近年来，温县许多铁棍山药种植专业合作社、种植大户专注于铁棍山药种植技术，拥有丰富的种植经验和深厚的技术积累。他们深知，只有最优质的土壤、水源和种植方法，才能种出最好的铁棍山药。为了保证铁棍山药的品质，创源堂积极与铁棍山药种植专业合作社、种植大户签订合作协议，要求他们采用科学合理的种植方法，以及严格的质量检测体系。

创源堂与铁棍山药种植专业合作社的合作，是一种互补性的合作。创源堂的技术实力和品牌影响力与铁棍山药种植专业合作社的优质产品供应能力相结合，形成了强大的市场竞争力。

在合作中，创源堂提供了全方位的技术支持，包括铁棍山药的种植技术、加工技术、质量检测技术等。创源堂专门邀请专家学者深入田间地头，指导农民如何科学种植，如何提高产量和品质。同时，创源堂还提供了完善的销售网络和市场推广策略，确保铁棍山药的销售渠道畅通无阻。

而铁棍山药种植专业合作社，则提供了最优质的铁棍山药原材料。他们严格控制质量，从土壤的质地、水源的清洁度，到种植的每一个细节，都严格把关。他们的产品会经过多次质量检测，确保每一批次的铁棍山药质量都达到最高标准。

通过这种合作模式，创源堂能够确保其产品的原材料供应稳定，且质量上乘；而铁棍山药种植专业合作社也能借助创源堂的技术实力和市场推广能力，将他们的产品推向更广阔的市场。

除了在产品上达成深度合作，创源堂还与铁棍山药种植专业合作社在文化传承上进行深入交流，共同推广铁棍山药的文化价值，将这种健康食品与传统文化相结合，赋予其更深层次的意义。

随着合作的深入进行，我们相信，未来的铁棍山药产业将更加繁荣昌盛，传统中药文化将焕发出更加耀眼的光彩。同时，我们也期待创源堂和铁棍山药种植专业合作社的合作能够持续发展，共同为推动健康食品产业发展做出更大贡献。

在推进铁棍山药深加工的过程中，创源堂坚持谨慎前行、坚决不盲目扩张的原则，决定先从产品代加工做起。

在考虑开展铁棍山药深加工业务之前，创源堂首先做的就是市场调研，充分了解消费者对铁棍山药的需求及竞争对手的情况，深入分析各方面优劣势，精确制定自己的发展战略。

在了解了市场需求之后，创源堂所做的就是进行生产工艺优化。虽然铁棍山药的营养价值高，但是如果生产工艺不成熟，生产出来的产品不仅口感不好，还可能对健康产生负面影响。为了确保铁棍山药的品质和口感的独特性，创源堂在生产过程中采用了多项先进的科技手段。首先，引进了先进的清洗设备，对铁棍山药进行全方位地清洁处理，确保产品洁净无污染；其次，在加工环节，采用高科技的切割和干燥技术，保留了铁棍山药的营养成分和独特口感；最后，还采用严格的品质检测制度，确保每一批次的铁棍山药深加工产品都符合高品质标准。

食品行业是一个和广大人民群众健康息息相关的行业，任何一个环节的失误，都可能对产品质量和消费者健康产生不利影响。因此，创源堂不断加强品质控制，从原料采购到生产、包装、储存、运输等各个环节，都严格把关，确保产品的质量和安全。同时，创源堂还不断加强对员工的培训和管理，提高员工的安全意识和责任心，保证生产过程中的安全和卫生。

创源堂在做好市场调研和生产工艺研发之后，选择了和一些知名企业合作，为他们代加工铁棍山药产品，并从中积累了更多的技术经验，不断完善自己的生产工艺，提高产品质量和口感。同时也借助这些知名企业的品牌效应，提高自己的知名度。

在做了几年代加工之后，创源堂对市场上的代加工企业进行了调研，发现他们很难做大，分析之后有以下几种原因：

一是生产标准不一。代加工企业虽然已经有了自己的生产标准，但是由于历史和地理等多方面原因，这些标准的制定和执行并不严格，导致标准不一。有些企业为了降低成本，甚至采用劣质原料和添加剂，这些行为严重影响了产品品质和声誉。

二是科研能力不足。代加工企业的技术水平往往不高，缺乏对高科技的掌握和应用，导致产品的科技含量较低，竞争力不强。由于缺乏技术创新和科研能力，代加工企业往往只能从事简单的加工和组装工作，无法将产品升级到具有更高附加值的产品层次。很多代加工企业缺乏自主创新能力，不能自行开发新产品和新技术，只能被动地跟随主厂商的技术步伐，导致代加工企业在产业链中处于从属地位，缺乏独立的市场竞争力。由于科研能力不足，代加工企业往往无法及时引进和掌握新的技术和工艺，产品品质和生产效率难以得到提升。

三是资金投入不足。代加工企业需要大量的资金投入来购买先进的生产设备和建设现代化的生产线。然而，由于这些企业的规模相对较小，资金实力有限，很难投入足够的资金来扩大生产规模。此外，有些企业缺乏对市场前景的信心，也不愿意投入过多的资金来发展自己的业务。

四是市场竞争激烈。虽然“四大怀药”深加工产品市场前景广阔，但是市场竞争也非常激烈。市场上有众多同类型的代加工企业，这些企业为了争夺市场份额，纷纷采取价格战等恶性竞争手段，导致整个行业的利润空间被压缩。此外，一些大型深加工企业也在不断地扩大自己的生产规模，对代加工企业形成了巨大压力。

五是品牌意识淡薄。代加工企业往往缺乏品牌意识，不注重品牌的塑造和维护。这些企业缺乏对市场消费需求的了解，也不注重与消费者的沟通和互动，导致品牌形象模糊、缺乏吸引力。此外，有些企业为了追求短期利益，甚至采用不正当的手段来进行竞争，这也严重影响了品牌的形象和信誉。

六是缺乏政策支持。代加工企业普遍规模较小，缺乏政府的扶持政策，例如税收优惠、贷款支持等，使得这些企业难以获得资金支持、缺乏扩大生产规模的动力。此外，许多地方政府对代加工企业监管力度不大，导致一些不法代加工企业有机可乘。

立志于做大做强的创源堂，在看清代加工这条路并不是一条阳光大道时，决定通过加强技术研发、拓展市场、加强质量管理、优化组织结构和管理体系等措施，持续提升企业的竞争力和可持续发展能力，推动企业的发展和创新升级，寻找属于自己的一片天空。

细分市场求转型　找准定位谋发展

在市场摸爬滚打几年后，我发现，代加工企业由于没有自己的技术支撑，进入门槛相对较低，面临着越来越激烈的市场竞争。做强创源堂，从代加工企业转型成为生产企业十分有必要。

首先能提高自身的自主性和灵活性。代加工企业是在为其他企业提供代加工服务的过程中获得收入和利润。这种模式导致代加工企业缺乏自主性和灵活性，无法根据市场需求和消费者偏好进行调整和变化。转型成为生产企业后可以更好地了解市场需求和消费者需求，提高自主性和灵活性，更好地适应市场变化和消费者需求变化。

其次能增加附加值。代加工企业只能获得较低的加工费用，而无法获得产品增值和盈利的机会。转型成为生产企业后可以通过采购原材料、组织生产、销售产品等方式，实现产品增值和盈利，增加附加值，这样可以提高企业的盈利能力和市场竞争力。

最后能提升品牌形象。作为代加工企业，只能使用其他企业的品牌和商标，难以建立自己的品牌形象和品牌价值。转型成为生产企业可以建立自己的品牌形象和品牌价值，提高市场认知度和消费者认可度，更好地开拓市场和扩大销售。

我做了充分的市场调研并综合考量后，决定将创源堂从代加工企业转型成为生产性企业，这是做大做强的必由之路。

谋定而后动，在确定了转型方向后，我们开始寻找转型的路径。对于代加工企业想转型成为生产企业，方法有以下几种：

一是加强技术研发。代加工企业转型成为生产企业需要加强技术研发能力，提高自主创新能力和技术水平，可以通过引进先进技术和设备、招聘专业人才和成立技术研发团队等方式来实现。这样就可以拥有自主知识产权和核心技术，能够提高产品的质量和竞争力，从而在市场上获得更大的市场份额和更多的利润。

二是努力拓展市场。代加工企业转型成为生产企业需要拓展市场，扩大销售渠道和提高市场占有率。可以通过参加展会、开展电子商务、建立销售网络等方式来实现。同时，要注重市场调研和消费者需求分析，不断改进产品质量和服务，提高消费者满意度和忠诚度。

三是加强质量管理。代加工企业在生产过程中一般只负责生产环节的质量控制，而转型成为生产企业则需要加强全面的质量管理，建立完善的质量管理体系和质量控制流程，提高产品质量的稳定性和可靠性。同时，要注重产品研发、原材料采购、生产、销售等各个环节的质量控制和管理，确保产品质量和服务水平符合市场需求和消费者需求。

四是要优化组织结构和管理体系。代加工企业转型成为生产企业需要进行组织结构和管理体系的优化，建立更加高效、灵活的生产和管理体系，优化生产流程和供应链管理，提高生产效率和管理水平。同时，要注重人力资源管理和企业文化建设，提高员工的素质和工作积极性，推动企业可持续发展。

方向明确、路径清晰后，创源堂全面发力，坚定地走向转型之路。

要想转型，必须有自己的拳头产品。经过分析，创源堂选择了“四大怀药”深加工这条路。因为与新鲜“四大怀药”相比，“四大怀药”深加工产品具有诸多优势。

一是有更高的附加值。深加工产品利用了高科技手段，增加了产品的附加值。例如，通过提取和纯化技术，可以从怀药中提取出高浓度的有效成分，并将其制成片剂、胶囊、口服液等深加工产品。这些产品往往具有更高的价值和市场竞争力。

二是具有更广的应用范围。它们不仅可以用于医疗保健，还可以用于食品、化妆品等领域。例如，怀药保健品可以被添加到保健食品和饮料中，而怀药美容品则可被用作护肤品和化妆品，具有更大的市场潜力。

三是更易储存和运输。深加工产品通常是固体或液体形式，相较于传统药材，它们更易于储存和运输。药材在储存和运输过程中需要特别的条件和保护措施，以防止其变质或损坏。而深加工产品可以在常温下储存，并且具有较长的保质期。这使得它们更易于存储和运输，降低了物流成本，并提高了销售的便利性。

四是在品质方面具有更高的纯净度。深加工产品通常要经过提取和纯化过程，可以去除药材中的杂质和其他有害物质，从而提高产品的纯净度。这种高纯净度可以增加产品的有效性和安全性，提高产品的品质和市场竞争力。

五是有更高的标准化程度。深加工产品通常采用标准化生产流程和质量控制体系，可以减少产品质量波动和不稳定性，确保产品的质量和稳定性，从而提高产品的品质和市场信誉。

如今，随着现代人生活品质的提升和节奏的加快，“四大怀药”深加工产品在大城市更受青睐。

首先，人们对于健康、美颜和营养的需求越来越高，这为“四大怀药”深加工产品提供了广阔的市场空间。在当今快节奏的生活中，人们越来越重视身心健康。而“四大怀药”深加工产品，如功能饮料、保健食品和方便食品等，既能满足消费者的健康需求，又具有美容效果，因此受到消费者的喜爱。

其次，“四大怀药”深加工产品更能满足消费者的个性化需求。现代人越来越注重个性化定制和多元化选择。深加工产品可以通过不同的配方和工艺，为消费者提供个性化的产品。例如，针对高血压患者，可以使用怀菊制作降压茶；针对肥胖人群，可以使用怀山药和牛膝研制减肥食品。这种个性化的定制方式，让消费者在享受美食的同时，也能满足自身的健康需求。

最后，“四大怀药”文化的影响也是深加工产品在大城市更受青睐的原因之一。温县有着悠久的怀药种植历史和深厚的文化底蕴，被誉为“怀药之乡”。消费者往往更喜欢本地特色产品，认为这些产品更具有效性和安全性。因此，“四大怀药”深加工产品不仅受到当地消费者的喜爱，也逐渐在国内外市场崭露头角。

正因如此，创源堂下定决心，从基础工作做起，走“四大怀药”深加工产品研发生产之路。我们坚信，只有坚持“传承与创新相结合、诚信与共赢共进”的理念，才能实现传统产业的升级和发展，为“四大怀药”产业链的完善和发展注入新的动力，也为弘扬中华优秀传统文化、推动非物质文化遗产传承保护贡献力量。

第三章
上下求索访专家　科研助力定信心

田间地头再学艺　精准科研谋提升

温县“四大怀药”种植技术有着悠久的历史和深厚的文化底蕴，是中华传统农业文化的重要组成部分。走进田间地头学习“四大怀药”种植技术，可以更深入地了解“四大怀药”的生长习性，掌握种植技术，提高种植技能，积累实践经验，提高“四大怀药”的产量和质量。

我从小生活在前东南王村，一直对传统的“四大怀药”种植技术充满兴趣，也深知“四大怀药”是具有很高药用价值的植物，而且其种植技术也是一门独特的技艺。

从小到大，一有时间我就会跑到田间地头，听有经验的种植户们讲“四大怀药”的种植经验。每每走进田间，我就会感受到浓浓的田园气息。农村的生活节奏和城市完全不同，一切都宁静而从容。

参加工作后，我也会利用业余时间随父亲在田间劳动，休息时与父亲探讨“四大怀药”的种植与炮制要点和注意事项，并先后购买了《本草纲目》《景岳全书》《神农本草经》《农学丛书》《中药大辞典》等书籍和资料，徜徉其中，流连忘返。

有一次，我走在田间的小路上，看到一位农户正在对种植的“四大怀药”进行日常管理。我走上前去与他交谈，农户也热情地为我解答了种种疑惑。那位农户告诉我，“四大怀药”的种植确实需要有一定的技术和经验，而不是只靠一腔热情就能成功。他鼓励我虚心学习，了解实际操作中的经验和技巧。

我还从农户们那里得知，“四大怀药”的种植需要肥沃的土壤、充足的水分和适宜的气候条件。我走进图书馆，查阅了大量关于“四大怀药”种植的书籍，认真地阅读着每一本书，记录下每一个相关细节。

“四大怀药”生长期较长，对土壤的要求较高，需要疏松、排水良好的土地，还需要充足的阳光，而在种植过程中则需要注意防治病虫害、合理施肥、科学浇水、耐心照料等。这些知识更让我对“四大怀药”种植充满了期待，也更加坚定了我的决心。

还有一次，我专程拜访了一位当地小有名气的“四大怀药”种植大户。这位农户种植了多年“四大怀药”，积累了丰富的经验。他带着我一起在田地里劳作，一边干活一边耐心地传授种植技巧，他告诉我，土地的疏松和肥沃是山药生长的基础，要经常松土施肥；而对于病虫害的防治，要注意定期喷洒农药，但也要注意不要过量。我一边虚心请教，一边记笔记，深深地感受到了“四大怀药”种植大户的真诚和友善。

在理论结合实践的过程中，我不断向种植经验丰富的农户请教种植技巧，农户们也非常愿意分享他们在整地、施肥、消毒，选种、催芽、播种等方面积累的种植经验。

随后，我在自家的一块地里开始了“四大怀药”的种植试验，开始认真学习每个步骤。首先进行土壤的测量和调整，确保土壤的肥力和水分适合怀药的生长。然后，进行了整地、施肥、消毒等步骤，为“四大怀药”的种植做好准备。

在种植过程中，我认真按照农户们的指导进行操作，先根据种子的特性选择合适的播种方式，然后在适宜的时间进行播种，亲手翻耕土地，细心呵护培育，我对试验田里的“四大怀药”都如同对待自己的孩子，倾注了满腔的热情和耐心。随着时间的推移，怀药逐渐长成了成株。

我在农户们的指导下学习了如何进行田间管理和收获，学会了如何进行合理的施肥和浇水、如何进行有效的除草和病虫害防治。当然，我也遇到了各种各样的问题和挑战。有时候，天气突变，不得不采取紧急保护措施；有时候，病虫害来袭，焦头烂额地寻找解决办法。但是，通过不断摸索、尝试和调整，我最终克服了一个个困难，并使自己的种植水平得到稳步提高。

之后，我走访了更多的“四大怀药”种植大户，每一次都能收获新的知识和技能。不仅学会了如何判断土壤的酸碱度，还学会了如何利用天气预报进行灌溉调度，如何调配有机肥料来满足山药的养分需求等。我从农户们的经验中汲取养分，不断地调整和完善自己的种植方案。

通过不断实践，我明白了“四大怀药”的种植需要综合考虑气候、土壤、水分等多种因素，同时也需要细致的田间管理和精心的收获加工。只有通过实践和不断探索，才能不断提高怀药的品质和产量。

“四大怀药”种植技术来自实践。我通过走进田间地头，与专家交流，向农户学习，掌握了“四大怀药”的种植技巧和实践经验。然而，农业永远都在不断变化，科技也在不断进步，只有学习更多先进的农业技术，将更多的创新应用到自己的“四大怀药”种植中，才能助力“四大怀药”产业持续发展壮大，焕发新的生机。

为此，我开始关注现代农业技术，继续不断探索，尝试将现代科技引入“四大怀药”种植，提高产量和质量。我还学习了如何使用智能灌溉系统，利用气象预报来调整灌溉时间；学习了无人机喷洒农药，精准地防治病虫害，将先进的科技应用到山药种植中。我知道，只有与时俱进，才能在农业这个广阔的天地中保持竞争力。

特别是在传承前辈对“四大怀药”的种植与炮制基础上，我坚持科学管理，实施“六选一放心”的种植模式，即选地、选种、选肥、选药、选时、选级，确保消费者吃到放心安全地道的温县铁棍山药。

日复一日，年复一年。我始终坚持着深入田间地头的探索之旅，用自己的智慧和勇气，为“四大怀药”种植技术创新和产业蓬勃发展努力前行。

师从专家拓新境　非遗文化悟传承

“四大怀药”是焦作特有的“怀药”资源，具有悠久的历史和深厚的文化底蕴，素以质地优良、药效纯正和加工精细著称于世。特别是温县铁棍山药，因其道地性和药食同源的独特功效，被历代中医名家所推崇，素有“怀参”“神仙之食”等美誉。

“四大怀药”种植与炮制作为非物质文化遗产项目，需要得到更好的保护和传承。

拜师学艺是非物质文化遗产传承保护的重要方式之一，通过“四大怀药”制作技艺的传承，可以保留和传承中华传统文化，也可以学习到正宗的“四大怀药”制作技艺，提升自己的技能水平。同时，通过“四大怀药”制作技艺的传承和弘扬，可以增强人们对中华传统文化的认识和了解，进一步增强文化自信，具有重要的文化和社会意义。

在“四大怀药”种植与炮制领域，焦作九如怀药非遗研修院院长、焦作市怀药学会会长职素青无疑是领军人物。九如怀药非遗研修院是一家研究怀药种质资源保护与利用的专业机构，通过收集、采集、繁殖，有效保存怀药基因。研修院怀菊培养基地 20 多亩土地上培育着 6 个品种，有大白、小白、怀菊、怀菊 2 号、怀小菊和怀小黄。一直以来，保护品种、保护种子资源是基地最重要的工作。

在一个有关“四大怀药”种植与炮制的座谈会上，职素青老师的一段关于“四大怀药”种植与炮制技艺的讲解，让我对她产生了崇高的敬意。

作为焦作市市级非物质文化遗产项目“四大怀药”种植与炮制代表性传承人、河南创源堂实业有限公司负责人，我更渴望成为这一领域的省级、国家级传承人，将这份宝贵的文化遗产发扬光大。为此，我决定拜师职素青，刻苦钻研，传承怀药技艺，弘扬民族文化。

一个冬日的上午，我带着精心准备的拜师帖专程来到焦作九如怀药非遗研修院职素青老师的办公室。职老师与我亲切交流，认真倾听我的来意。

我恭恭敬敬地向职老师表达了自己的愿望，希望能够成为她的徒弟，学习“四大怀药”种植与炮制的传统技艺，将这门非物质文化遗产技艺传承下去。职老师听罢，默默地看着我坚定的眼神，欣然答应将我收入门下。

“既然你如此执着，我就收你为徒。但我有一个条件，你必须付出比别人更多的努力，这样才能够真正领悟‘四大怀药’种植与炮制这项非物质文化遗产的技艺精髓。”拜师那天，职老师的谆谆教诲，始终萦绕在我的耳边。

此后，我只要一有时间，就会到焦作九如怀药非遗研修院拜访职素青老师，向她汇报我的学习成果，请她帮忙解答我学习中遇到的困惑。职老师不仅悉心向我传授“四大怀药”种植与炮制技艺，而且经常专门抽时间指导我从基础工作做起，比如，挖掘山药、清洗山药、磨制山药粉等。这些工作看似简单，其中却蕴含着深刻的技巧和心思。

我一遍遍地重复着这些工作，虽然有时会感到疲惫，但我却从不气馁。我把每一次发现的不足之处，都看作是前进的动力，不断地尝试，不断地总结经验。职老师将我作为一名有潜力的非物质文化遗产项目“四大怀药”种植与炮制代表性传承人努力培养着。

在学习过程中，我深知“四大怀药”的药效与炮制方法有着直接的关系。为了掌握“四大怀药”的炮制技艺，我跟随职老师从最基础的技能学起。从挑选原料到炮制前的准备，从炮制的步骤到炮制完成后的保存，每一个细节都不放过。在学习过程中，我不怕脏、不怕累，一遍遍地练习，直到掌握为止。

学习“四大怀药”的种植与炮制技艺的过程并不是一帆风顺的，我遇到了许多困难和挑战，有时是种植技术上的难题，有时是炮制过程中的困惑。但是，我都没有放弃，而是通过自己的努力和职老师的指导，最终克服了各种困难。

随着时间的推移，我逐渐开始接触更为复杂的工作，比如“四大怀药”的深加工技艺。职老师也开始慢慢传授给我更多“四大怀药”种植与炮制的精髓，将多年来的经验毫无保留地传授给我。我不仅认真学习“四大怀药”种植与炮制技艺，还深受职老师对非物质文化遗产传承的执着信念的影响和熏陶。

经过一段时间的学习和实践，我逐渐掌握了“四大怀药”的种植与炮制技艺。在职老师的鼓励下，我开始独立种植和炮制“四大怀药”，不仅提高了自己的技艺，也对这门技艺有了更深的理解和热爱。

如今，我已经熟练掌握了许多“四大怀药”种植与炮制技艺，这为我未来的发展之路奠定了坚实的基础。我要将这门非物质文化遗产技艺发扬光大，让更多的人了解“四大怀药”的美味和价值。

在掌握了“四大怀药”的种植与炮制技艺后，我也开始致力于这项非物质文化遗产技艺的传承。创源堂也专门开设了技艺传承班，将我在职素青老师指导下的学习经验和心得传授给更多的技术人员，也让“四大怀药”的种植与炮制技艺得以延续。

经过多年努力，我在“四大怀药”的种植与炮制技艺上取得了一定成绩。我的技艺得到了业内专家的认可，也在实践中得到了广泛应用，为“四大怀药”的传承与发扬做出了应有的贡献。

面对未来，我也有自己的规划和展望，希望能在保护“四大怀药”传统种植与炮制技艺的同时，将其推广到更多的地方，为更多的人带来健康。同时，也希望能培养更多的“四大怀药”种植与炮制技术人员，将这项非物质文化遗产技艺传承给更多人，也让更多人了解到非物质文化遗产传承和保护的魅力。

联通高校觅合作　专家助力有突破

在当今科学技术飞速发展的时代，科技创新对于企业的发展壮大具有举足轻重的影响，如果没有独特的怀药深加工技艺，很难在激烈的市场竞争中站稳脚跟。因此，创源堂始终重视与高校建立合作关系，利用现代科技探索新技术。

然而，铁棍山药产业的发展也面临一些问题。首先，铁棍山药的产量有限，难以满足市场需求。其次，铁棍山药的采收期短，保存期短，加工技术不够成熟，限制了其产业的发展。此外，铁棍山药产业的市场竞争激烈，消费者对产品的品质和口感要求也越来越高，这给铁棍山药产业的可持续发展带来了挑战。

创源堂作为一家专注于“四大怀药”研发和生产的企业，始终关注市场趋势和消费者需求。面对铁棍山药采收和保存环节存在的技术瓶颈，为了提高铁棍山药的产量和质量，降低生产成本，创源堂决定寻求与高校的科研合作。

2017 年以来，我多次到各大高校拜访农产品深加工领域的专家学者，深切感受到了学术界的严谨和认真。

我向专家们详细介绍了公司背景和自己的想法，虽然并没有立即达成合作，但是我却从高校专家学者的身上了解到很多关于科研合作和产品开发的经验。

虽然有些高校专家学者对我的想法很感兴趣，但有些专家认为我们的想法不够成熟，有些则表示他们已经有了其他研究项目，并不能很快与创源堂达成合作。我们并没有放弃，一次次地反思自己的想法和计划，不断进行调整和改进。

就在我感到无望的时候，一所知名高校农产品深加工领域的专家向创源堂抛来了橄榄枝，表示愿意与我们合作，共同探索研发铁棍山药产品。在和专家的交流中，我受到他们激情和创意的感染，双方共同讨论了未来的研究方向和计划。

在研发合作过程中，高校提供了先进的科研设备和技术支持，为铁棍山药的研发提供了强有力的保障。创源堂也提供了丰富的市场信息和资源，为高校的研究提供了重要的帮助。

但是，研发团队遇到了很多技术难题。例如，如何提取铁棍山药的有效成分以保证产品的品质；铁棍山药的采收和加工技术不够成熟，导致产品质量不稳定；铁棍山药的营养成分和药理作用机制不够清楚，难以进行科学的营养和药理配比；如何提高产品的口感和味道，增加产品的吸引力；等等。面对这些问题，团队坚持不懈，攻坚克难，不断尝试和改进，努力攻克遇到的技术难题。

在铁棍山药采收和加工技术研究方面，高校派遣农业专业技术人员，与创源堂的研发团队一起，研究更加科学、高效的铁棍山药采收和加工技术，以提高产品的质量和稳定性。

在铁棍山药营养成分和药理作用机制研究方面，高校组织营养学、药理学方面的专家，对铁棍山药的营养成分和药理作用机制进行深入研究，为铁棍山药产品的研发提供科学依据。

在铁棍山药口感和味道研究方面，高校组织食品科学方面的专家，对铁棍山药的口感和味道进行研究，探索更加美味、健康的铁棍山药产品。

在铁棍山药保鲜技术和贮藏技术研究方面，高校组织生命科学、农业工程等领域的专家，对铁棍山药的保鲜技术和贮藏技术进行深入研究，提高产品的货架期和市场需求。

科研合作初期并不顺利，团队面临诸多技术挑战。铁棍山药粉的加工工艺需要在保留营养成分的基础上对微生物污染进行防控，这对于工艺的优化提出了极高的要求。同时，市场上已经存在一些山药粉产品，要想在这个竞争激烈的领域脱颖而出，需要在口感、营养价值等方面有所突破。

经过数月的不懈努力，团队利用生物工程技术，成功地开发出一种新型山药粉加工工艺，不仅保留了山药的营养成分，还能够有效地控制微生物的繁殖。此外，团队还通过调整原料的比例和加工工艺，改善了山药粉的口感，使之更加细腻顺滑。

创源堂和高校的科研合作，使公司开发出了更加高效、安全的铁棍山药采收和保存技术，从而提高了铁棍山药的产量和质量，降低了生产成本，提高了产品的市场竞争力；同时也促进了产学研合作，推动了高校的科技成果转化，提高了高校师生的实践能力和创新能力，对双方的发展都具有积极推动作用。

在进一步的合作中，创源堂研发团队不仅在铁棍山药产品的研发方面取得了更多成果，与其他高校和企业建立了更多的合作关系，还接触到了前沿的科研成果和技术，提高了自身的研发能力和技术水平；不仅为消费者提供了更加健康和美味的食品选择，也树立了创源堂良好的品牌形象，赢得了良好的商业信誉。

未来，创源堂还将继续和高校深化科研合作，推动铁棍山药产业的科技创新和产业升级。双方将共同致力于提高产品的质量，并研发新的产品，满足市场需求，为消费者提供更加优质、健康的食物。同时，双方还将加强知识产权保护和成果转化，推动科技成果的推广和应用，为“四大怀药”产业发展做出更大的贡献。

开创研发实验室　科技提升竞争力

经过多年努力，创源堂也逐渐发展壮大，并在业内取得了一定成就。

但是，想要在竞争激烈的市场中保持领先地位，就必须不断地进行技术创新和研发。

“四大怀药”产品是创源堂推出的一种传统食品，因其营养丰富、口感独特而受到消费者的喜爱。然而，随着消费者对食品品质和口感的要求不断提高，创源堂决定建立“四大怀药”产品研发实验室，以提高产品质量和口感，增加产品竞争力。

“四大怀药”产品在市场上竞争激烈，建立研发实验室，可以进行深入的研究和探索，发掘“四大怀药”的潜在价值和应用领域，提高产品质量和品牌效应。同时，“四大怀药”产品研发实验室还可以对“四大怀药”的种植、采挖、加工等环节进行全面监控，确保产品质量的稳定性和可靠性，增强消费者对产品的信任。

一是加强产品创新。建立研发实验室，可以进行新品种的研发和实验，探索“四大怀药”新的应用领域和用途；还可以对传统工艺进行研究和改进，探索新的加工技术和方法，提高产品的独特性和市场竞争力。

二是提高企业核心竞争力。建立研发实验室，可以发掘“四大怀药”的潜在药效和应用领域，增强企业的技术优势和创新能力；还可以为企业提供技术支持和人才培养，提高企业的技术水平，增强人才优势，增强企业的市场竞争力。

三是增加客户信任度。建立研发实验室，可以增加客户对“四大怀药”产品的信任。实验室可以提供产品测试和验证服务，确保产品的安全性和有效性；还可以为客户提供技术支持和解决方案，帮助客户解决产品使用中的问题，提高客户的满意度和忠诚度。这对于企业的发展和“四大怀药”产业水平的提升都具有重要意义。

对于“四大怀药”产品研发实验室的建立，创源堂的想法是建立一个能够集研究、开发、试验、检测、分析等功能于一体的实验室，以实现铁棍山药产品的不断创新和升级。

“四大怀药”产品研发实验室的建立并不容易。首先，创源堂需要筹集足够的资金来购买实验设备和吸纳优秀的科研人员。其次，需要找到一个合适的场地来建立实验室，并为实验室招聘优秀的科研人员。

初期的筹建道路并不平坦，资金紧张、技术具有挑战性、市场具有不确定性，困难重重。然而，创源堂始终保持坚定的信念，相信只要坚持不懈，终将迎来成功的曙光。

在实验室选址方面，创源堂选择了具有现代化设施和良好科研环境的产业园区。在设备购置方面，购置了包括高效液相色谱仪、气相色谱仪、质谱仪等在内的先进仪器设备，以确保实验的准确性和可靠性。在人员招聘方面，从知名高校和科研机构招聘了一批具有专业技术和丰富经验的科研人员，组成了实力雄厚的研发团队。在实验设计方面，研发团队首先对“四大怀药”的营养成分和药理作用进行了深入研究和分析，确定了实验室的研究方向和实验方案；同时还积极探索“四大怀药”的新品种、新种植技术等，以提高产量和品质。在实验室建造方面，创源堂聘请了专业的设计公司，根据实验室的功能需求和实验流程进行了详细规划和设计；采用了高质量的材料和设备，确保实验室的安全性和稳定性；对设备进行了逐一调试和校准，确保实验结果的准确性和可靠性。

实验室建成后，负责验收的专家们对实验室的工程质量和施工进度给予了高度评价。他们认为，这个实验室不仅设施完善，而且设计合理，符合现代科技研发的要求。

随着实验室的建成，创源堂“四大怀药”产品研发团队开始投入到“四大怀药”的产品研发中，利用先进的科技设备和技术手段，不断探索和研究“四大怀药”的化学成分和药理作用，希望能够开发出更加适合消费者需求的新产品。

创源堂拥有一支充满激情和创新精神的产品研发团队，大家有着共同的梦想，就是要将传统的“四大怀药”进行现代化创新，让更多人受益。新产品的研发是一个漫长而充满挑战的过程。他们需要从“四大怀药”中提取出具有显著药效的活性成分，然后进行必要的化学修饰和结构改造，以提高其生物利用度和稳定性；还需要进行大量的实验和数据分析，以确定最佳配方和制备工艺。研发团队采用了多种实验方法和技术，包括化学分析、生物学技术、植物学技术等，实验室的成员们夜以继日地工作着。大家不断调整山药的处理方法，优化提取工艺，寻找最佳加工方式。经过无数次失败和尝试，他们终于取得了一些突破，生产出了初步的“四大怀药”产品。

在这个过程中，团队成员也出现了很多分歧，遇到了很多挑战。有些人认为应该采取更加大胆的方法，有些人则认为应该坚持传统中药的理论和经验。团队成员们始终保持着冷静和理性，相互信任、相互支持，不断尝试新的方法，不断总结经验，不断优化方案。

“四大怀药”产品研发实验室的建立，是创源堂发展的重要里程碑，通过研发不仅提高了铁棍山药产品的质量和口感，增加了产品竞争力，还提高了公司的研发能力和技术水平，增强了公司的核心竞争力，为创源堂的不断发展提供了有力保障。此外，实验室的建立还促进了创源堂与其他科研机构和企业的合作和交流，为公司长远发展提供了更广阔的空间。

创源堂每一步的付出和努力都是值得的。在未来的发展中，创源堂“四大怀药”产品研发实验室将继续深入研究铁棍山药的营养成分和药理作用，探索铁棍山药的新品种、新种植技术等，以提高其产量和品质，推动“四大怀药”产业高质量发展。

第四章
技术难题终突破　创源实现新跨越

拌粉机获得专利　新科研赢得商机

随着人们对食品加工工艺和卫生要求的不断提高，食品加工企业需要不断更新技术和设备，以满足市场需求。为此，创源堂也在积极研发各类新型“四大怀药”产品加工设备，努力提高生产效率、保证食品质量和卫生、降低能耗、降低人工成本，为企业的生产和发展提供有力保障，也为“四大怀药”产业的发展注入新的动力和活力。

2018 年 11 月 29 日，创源堂申请研制的“圆筒型拌粉机”申报了国家发明专利。

圆筒型拌粉机涉及粉体冲剂生产装置技术领域。粉体冲剂在生产过程中为保证各批量口味不变，要求粉体冲剂内各组分含量一致，且均匀分散，特别是需要进行膨化加工。物料在进入膨化机前，不仅要求粉体各组均匀分散，而且水分也要均匀。

因此，要先经过拌粉环节处理，而完成这一生产环节的装置就是拌粉机。

目前，国内常用的圆筒型拌粉机，主体由圆筒形搅拌桶和位于筒中心底部的搅拌刀组成。搅拌筒的筒身和筒底呈直角连接，搅拌刀由上刀和下刀组成，套装在位于筒中心的搅拌轴上。上刀和下刀呈十字形，上下刀形状一样，仅安装位置不同。上下刀均由轴套和刀片组成，轴套与刀片焊接，刀片在与轴片焊接时，前刀刃向旋转方向向下倾斜 30°左右，其目的是在将筒内粉体向上翻起的同时，给一个旋转力矩，使得粉体在上下搅拌刀搅拌力及离心力作用下沿筒身内壁旋转，筒底料向上翻起，初步实现了搅拌效果。

但这种拌粉机搅拌效率低，搅拌均匀度差，在搅拌过程中粉体易结团。原因主要有三方面，筒身和筒底为直角连接，粉体在进入此死角区域后很难再进行强制性的大循环；直线平板型搅拌刀搅拌力和离心力弱，粉体在筒内很难形成强力涡旋流动；一旦形成结团，在搅拌过程中只能大团变成小团，无法消失（这是拌粉生产大忌，因为团内成分和团外松散的粉体成分不一致，也是不均匀的，且含水量一定偏高）。

针对传统拌粉机存在的上述弊端，创源堂研制了新型圆筒型拌粉机。该机包括拌粉筒、搅拌机构、破碎机构、喷雾机构、折流板和观察窗口。

拌粉筒包括筒底、筒身和筒盖。筒底和筒身连接处为 R150～R200 毫米圆弧过渡，以使粉体在搅拌刀的作用下，更容易沿筒身内壁向上翻，避免产生搅拌死角。圆弧过渡段没有放料口。

搅拌机构设置于筒底，包括搅拌刀和搅拌电机，搅拌刀设于拌粉筒内，搅拌电机设于筒底下部。搅拌刀包括轴套，轴套上周向均布三个叶片，叶片底部轮廓与拌粉筒筒底、筒底与筒身连接处相吻合，叶片底部与筒底间隙小于 1 毫米，避免比重大的粉体留于筒底不参与搅拌循环；搅拌电机的输出轴与轴套固定连接。

破碎机构设置于筒身侧壁，位于搅拌机构上部，包括位于筒身内侧的刀片组、刀轴和位于筒身外侧的破碎电机，刀轴一端侧壁上套装固定有多层刀片组，另一端与破碎电机输出轴固定连接。刀片组包括多个沿刀轴周向均布的刀片；每个刀片组内的刀片均向刀片旋转方向倾斜且刀片刀刃为弧形。破碎机构的作用是在入水前能将粉碎过的粉料中掺杂的细长粒料进一步破碎，增强破壁功能；在入水后的搅拌过程中，能将大团细化成小团直至结团全部碎化成松散粉料。

喷雾机构设置于筒盖上并且可调节喷雾范围，包括喷雾装置和供水装置。喷雾装置包括固定套、中空滑杆和喷雾头，固定套固定于筒盖上，滑杆通过固定套深入筒身内，滑杆与固定套之间通过密封阻尼活动连接，喷雾头固定于滑杆位于筒身内的端头处。供水装置包括储水罐，通过支架固定，储水罐上设有液位计、压力表、安全阀、带阀门的出水管、进气口、带阀门的注水口；中空滑杆上端口设有供水弯头，出水管通过软管与供水弯头连接。在实际使用过程中，按每桶粉料所需水分进行计量，通过注水口加入储水罐中，关闭注水阀门，开启进气阀，压缩空气对水进行增压；压力稳定后，开启出水阀门，水经供水软管通过供水弯头进入喷雾头。水在喷雾头扩散作用下雾化，喷至拌粉筒内，一边搅拌，一边喷水，避免形成大的结团（个别粉料吸水过多易结团且含水量大）。喷雾头固定在滑杆上，滑杆内孔是供水路，同时滑杆可沿固定套上下滑动，调整喷雾头距粉料上方的距离，使水尽可能喷至所有粉料，又不至于喷至筒身内壁（水喷至筒身内壁后易沾粉）。另外，喷雾头扩散口根据筒内直径及粉料在筒内位置进行过再加工，保证雾水覆盖全粉面。

折流板为沿搅拌刀旋转方向厚度逐渐变大的弧形块。折流板的弧形直径与搅拌刀产生的搅拌圆直径一致，既可以对粉料的流向进行导向，又不对粉料形成阻力。折流板位于筒身内壁且与破碎机构等高，折流板在搅拌机构旋转方向上位于破碎机构前部。

观察窗口为筒盖上外凸的圆形法兰，法兰上端面上覆盖一块圆形有机玻璃，有机玻璃上设置一个环形盖和摇柄，环形盖通过螺钉与法兰配合将有机玻璃压紧；有机玻璃中心设有圆形通孔，有机玻璃下端面上设有一个毛毡条；摇柄为“7”字形，摇柄一边通过有机玻璃中心的通孔与毛毡条固定连接且改边与通孔通过密封圈连接。实际应用时，手摇摇柄，摇柄带动毛毡条转动，毛毡条可将玻璃下面附着的粉料擦干净，借助外加灯光，可观察到拌粉筒内粉体搅拌情况。

排气装置是在筒盖上设有排气口，排气口上蒙覆有透气不透粉料的面料，主要用于在气压喷雾的时候给拌粉筒内带入空气，该结构用于避免拌粉筒内压力过大。

搅拌电机采用变频调速电机，可以在保证粉料不过于扬起的情况下尽可能提高转速，有助于提高搅拌效率，使各组粉体分散更均匀。破碎电机采用变频调速电机，可以根据不同原料的情况，调整转速，增强破壁功能和破碎功能，能有效满足多品种生产需求。

因此，新型圆筒型拌粉机在“四大怀药”特别是铁棍山药产品生产中的重要意义，主要体现在它能够提高生产效率，实现工业化生产的需求。这种设备可以快速、均匀地搅拌各种粉体，操作简单，可以大幅度提高生产效率，减少人工成本。此外，新型圆筒型拌粉机还能够保证生产过程中的卫生，减少原料的浪费，同时能够满足不同工艺流程的需求。

新型圆筒型拌粉机还被广泛应用于面粉、淀粉、豆粉、奶粉、蛋白粉等原料的搅拌混合。通过新型圆筒型拌粉机的搅拌，各种原料能够充分混合均匀，达到预定的混合效果，提高食品的质量和口感。

新产品研发成功　多元化迅速“吸粉”

现代人生活节奏快，饮食不规律，常常导致体内湿气过重，引发一系列健康问题。红豆富含蛋白质、矿物质和多种维生素，具有显著的抗氧化效果，有助于延缓衰老。薏米含有丰富的膳食纤维，能够促进肠胃蠕动，帮助消化。铁棍山药更是一种药食两用食材，具有调节内分泌、降低血糖、增强免疫力等多种功效。红豆、薏米与铁棍山药粉配比使用，具有祛湿、利水、健脾等功效，能有效排除体内湿气，改善人体内环境，达到预防疾病的效果。

2018 年 12 月 28 日，创源堂成功研发出红豆薏米怀山药营养粉，并成功申报红豆薏米怀山药营养粉及其制作工艺技术专利，将传统美食与现代食品科技相结合，既满足了现代人对健康饮食的需求，又传承和弘扬了中华美食文化，推动非物质文化遗产项目“四大怀药”种植与炮制技艺在未来的健康饮食市场中发挥更大的作用。

针对现有的祛湿山药粉祛湿效果不理想、口感口味不佳的缺点，创源堂积极探索研发全新的红豆薏米怀山药营养粉及其制作工艺，既增强了整体疗效，又避免了某些食材的副作用，保健祛湿效果兼具，加工工艺精良，从而获得了极高的营养成分的保存率、吸收率和口感口味俱佳的效果。

在这一研究成果的基础上，创源堂还在原有配方中加入了红枣、铁棍山药、燕麦、藕粉。铁棍山药、红枣具有补温作用，温中健脾养血，对整体的除湿有升华作用。燕麦所含的不饱和脂肪酸、脂肪酸、可溶性纤维和皂苷素等，可以调脂减肥、降低血糖、增强体力、预防心脑血管病，因含有维生素 E，还具有美容功效。铁棍山药味道细腻爽滑，入口即化，药食兼用，补而不腻，为滋补保健之佳品，具有健脾益胃、降低胆固醇、减肥、美容、养颜之功效。藕粉的少量加入，可防止营养粉在冲饮时分层、沉淀，另外，藕粉本身还具有生津清热、养胃滋阴、健脾益胃、养血止血之功效，入口香滑，易于消化。

创源堂的红豆薏米怀山药营养粉的制作工艺包括以下步骤：

步骤一：精选鲜怀山药，去毛，洗净去皮，切片，将鲜山药片放在笼中蒸，水烧开后再蒸 10 分钟出笼。将出笼的山药片放在烘箱中进行烘干，第一阶段是在 40℃下烘干 3 小时，且将烘箱顶部排湿阀门完全打开；第二阶段是在 85℃下烘干 2 小时，排湿阀门开 1/3，将山药片的水分控制在 3%～5%。将烘干后的山药片放凉，在粉碎机中进行粉碎，采用 100 目[①]孔径筛网过滤，连续过滤两遍，得到粒径均匀、色泽纯白、口味自然酥甜、口感细腻的精制山药粉。

步骤二：将步骤一所得的山药皮在 40℃温水中浸泡 2 小时，用 150 目（106 微米）孔径筛网过滤，滤除残渣，制得富含黏液蛋白的水溶液。

步骤三：取薏米重量 1/10 的麦麸，将锅烘热后，将麦麸撒入，轻微冒烟时倒入精选的薏米，炒制 20 分钟，至微黄色，用筛网滤除麦麸。薏米经麦麸炒制，可祛寒、去除异味。

步骤四：将精选的赤小豆与步骤三所得薏米重量的 2/3 采用粉碎机进行粉碎，先用 60 目（250 微米）孔径筛网过滤一遍，再用 100 目筛网过滤一遍，制得混合粉。

步骤五：将步骤二所得富含黏液蛋白的水溶液按照步骤四混合粉重量的 10%与混合粉混合。混合步骤包括三个阶段。先将混合粉倒入专用搅拌机中，加入量超过搅拌刀高度 10 厘米。①第一阶段搅拌刀转速设定为 1 000 转/分，搅拌时间设定为 120 秒，搅拌过程中，将步骤二所得富含黏液蛋白的水溶液按比例倒入储水罐中，打开进气球阀，将罐中水压调到

① 目为非法定计量单位，100 目孔径为 150 微米。

2.2～2.5 千帕。②第一阶段完成后进入第二阶段，将搅拌刀转速提升至 1 300 转/分，搅拌时间设定为 180 秒，然后打开储水罐出水阀门，水溶液在压缩空气作用下喷雾拌入混合粉中。③开启破粉切刀，转速设定为 2 500 转/分，将混合粉吸水所得的结团进行细化，制得成分均匀、含水均匀、疏松无法结团的混合粉。最后，将山药皮中的黏液蛋白雾化入红豆薏米粉中，使黏液蛋白、皂角素等营养成分重新回收利用。

步骤六：将步骤五所得混合粉通过输送机送入膨化机供料仓中。在步骤五进行过程中，双螺杆膨化机进行加温，一区设定 50℃，二区设定 80℃，三区设定 145℃，各区温度达标恒温 10 分钟后，开启螺杆设定 350 转/分，开启投料按钮，加水引流，调整螺杆转速和三区温度，观察膨化情况，将膨化率（挤出物的平均横截面积与喷嘴横截面面积之比）控制在 4～4.5，制得膨松和多孔状粒子。

步骤七：将步骤六所得膨化粒子经风冷式输送机送入粉碎机中，先用 60 目筛网过滤一遍，再用 150 目筛网过滤一遍，制得红豆薏米粉。

步骤八：将烘干的燕麦、去核红枣和步骤三所得薏米重量的 1/3 进行粉碎，在粉碎机中，依次用 60 目、120 目（120 微米）、150 目筛网先后过滤一遍；然后加水拌粉，在专用拌粉机中，搅拌转速为 900 转/分条件下搅拌 100 秒，搅拌转速为 1 400 转/分条件下搅拌 200 秒，且在搅拌过程中喷雾化水，水分控制在 12%，得到燕麦红枣薏米粉。

步骤九：将步骤八所得燕麦红枣薏米粉在双螺杆膨化机中进行膨化，膨化温度为一区 30℃、二区 110℃、三区 142℃，螺杆转速为 300 转/分，膨化率控制在 5.5～5.8，得到膨化粒子。

步骤十：将步骤九所得膨化粒子在粉碎机中进行粉碎，用 120 目筛网过滤一遍，再将粉碎物进行 280 目（52 微米）孔径筛网超微过滤，制得燕麦红枣薏米微粉。

步骤十一：将步骤一、步骤七、步骤十所得物和藕粉在三维混合机中进行混合、包装，就完成了红豆薏米怀山药营养粉的制作。

与以往技术相比，创源堂的红豆薏米怀山药营养粉具有以下优点：

第一，在产品生产过程中，将通常被遗弃的山药皮在温水中浸泡，形成富含黏液蛋白、皂角素等对身体有益物质的水溶液，将该水溶液喷入粉剂中进行搅拌，使山药皮中的营养成分被重新利用。

第二，在原料拌粉过程中采用喷雾入水，避免粉状食材因吸水而结团，即使有少量结团存在，也会在装于筒壁上的破粉切刀作用下进行破碎，高转速涡旋式搅拌刀的使用，确保了各种粉剂的均匀分散，得到的拌粉蓬松无结团、分散均匀、水分均匀，为下一步的均匀膨化奠定了基础。

第三，在生产过程中，根据不同食材成分的差异性和物性的不同，对食材进行分组膨化，定制独特的膨化工艺，使各种营养成分保持了较高的保存率和消化吸收率；针对燕麦、红枣皮口感偏硬的特性，采用膨化后经280目筛网超微过滤方式，既改善了口感，又有助于消化吸收。

第四，为取得铁棍山药的原汁原味，采用蒸熟法对山药进行处理，另外为避免冲饮时凝结成团，采用100目筛网偏粗过滤，因铁棍山药本身有口感滑爽、入口即化的特点，不会影响口感。

第五，在生产过程中，为使100目山药粉、150目红豆薏米粉和280目燕麦红枣薏米微粉均匀分散，放弃常用的“V”形混合机，改用三维高速高效混合机，使各粉体分散更均匀。配方中加入藕粉，可将上述三种粒径不一的粉剂黏合起来，防止冲饮时分层沉淀，同时避免了增稠剂的使用。

第六，创源堂的红豆薏米怀山药营养粉将健脾、益胃、补心、祛湿、降血糖、预防动脉硬化和心脑血管病、增强人体免疫力、美容养颜、延年益寿等多种功能综合在了一起。

新装备再获专利　抢先机重在创新

食品行业是永远的热点行业，随着社会的发展和消费者需求的不断升级，传统食品加工技术已无法满足市场需求，新型加工技术和设施设备不断涌现。这些技术不仅可以提升食品加工的效率，提高食品的品质和安全性，也将会为食品工业带来更多的创新和进步。

2018年11月29日，创源堂申请的一项齿盘式粉碎机筛网框专利技术，于2019年9月13日被国家专利局授权。

齿盘式粉碎机筛网为保证粉碎后粉体细度，多采用100～120目筛网，因筛网很薄，很容易胀破，因此筛网是齿盘式粉碎机一种损耗量较大的耗材，且一旦不锈钢网胀破后进入粉料中，必须再经振动筛将金属筛除，方能使用。目前，国内使用的筛网框由上下两个不锈钢圆环形法兰组成，上下圆环所对应的面上开有三倍网厚度的筛网槽，筛网嵌入槽中，接头重叠，再通过上下法兰之间的螺栓紧固。这种筛网框的缺点在于接头处易被粉胀开，接头变形，少量粗粉会漏网进入已粉碎的粉料中，造成粗细不均匀，经一定时间后会将网磨破。

创源堂研发的齿盘式粉碎机筛网框，包括对称设置的环形上法兰和下法兰，上法兰和下法兰相对面上分别设有周向的环形筛网槽，上法兰和下法兰之间通过螺栓紧固连接；上法兰的环形筛网槽在筛网连接重叠部区域沿轴向向两侧对称设有护网槽，下法兰与上法兰对称设有护网槽；上法兰和下法兰的护网槽之间设有内外护网，内外护网之间用于夹持筛网的连接重叠部；内外护网的目数与筛网的目数相同；内外护网上分别成对设有与筛网上定位孔相一致的护网定位孔，内外护网之间对应位置的护网定位孔之间设有定位销，该结构可以使重叠的筛网和内外护网的孔对正，避免错位，对加工中的粉料起筛选作用，不阻料。

环形筛网槽为“V”形或外大内小的梯形，有利于螺栓在紧固上法兰和下法兰的时候，对筛网槽内的筛网进行压紧且装网方便，不易串动。护网槽为“V”形或外大内小的梯形，有利于螺栓在紧固上法兰和下法兰的时候，将内外护网紧紧压在筛网上，不易变形，且能增加该处的耐磨性。同时，该齿盘式粉碎机筛网框结构合理，对筛网接头重叠处进行有效保护，避免了因接头重叠处被料胀开，有效延长了筛网的使用寿命，降低了生产成本。

多年来，创源堂以卓越的科研能力和前瞻性的创新精神，不断在传统中药行业前进的道路上进行探索，不仅在“四大怀药”的研发上取得了突破性成果，更为行业带来了一系列的新型装置技术，推动了“四大怀药”产业发展的技术革新。

铁棍山药是众多山药品种之一，是怀山药中的精品。铁棍山药上有像铁锈一样的痕迹，因故而得名。铁棍山药营养良好，药用价值高。而在铁棍山药的副产品加工中，就包含有铁棍山药粉皮，它是利用铁棍山药的粉末制作成的薄片食物的统称。

现有的铁棍山药粉皮在干燥后会形成板状粉皮，而粉皮在进行最后分割成型前，会进行堆积，粉皮表面会出现浮灰或者杂质，影响后期的销售，目前处理方式以人工冲洗为主，难以实现一体化操作，效率低，且在清洗后，也难以按照成型要求进行粉皮的宽度调整，灵活性差。

为此，创源堂又积极探索研发了铁棍山药粉皮清洗装置。该装置包括外壳、内架和成型仓。外壳的内腔预留有顶仓、冲洗仓、干燥仓和加工仓，顶仓的内腔侧壁通过螺栓固定连接内架，成型仓的内腔底部通过螺丝固定连接加工仓。内架的顶部开设有三个圆孔，三个圆孔的顶部插接有弯管、干燥风机和液压泵。弯管的输出端通过法兰连接着与冲洗仓连通的喷头；干燥风机的输出端通过螺丝固定连接风机架，冲洗仓的侧壁通过螺丝固定连接驱动器，驱动器的输出端通过联轴器连接驱动架，干燥仓的内腔底部通过螺栓固定连接内部套接滚辊的传输带；液压泵的输出端套接液压杆，液压杆的底部通过螺丝固定连接组合架，组合架的底部通过螺丝固定连接液压板。顶仓、冲洗仓、干燥仓和加工仓的前侧壁通过螺丝固定连接盖板。弯管的输入端通过法兰连接入液管。成型仓的侧壁一体成型连接与传输带高度持平的传递斜板，成型仓的侧壁螺纹连接组合柱，组合柱的侧壁与外壳的内侧壁插接。成型仓的内腔底部镶嵌有成型板，成型板的顶部一体成型预留有凹槽，底部粘接有橡胶板。

与现有技术相比，该种铁棍山药粉皮清洗装置，通过配件的组合运用，在外壳的内部设置多个仓室，并在内架上安装配合仓室分别使用的喷头、携带干燥风机的风机架和携带液压板的液压泵，实现了铁棍山药粉皮从清洗、干燥传输到成型的一体化操作，提升了工作效率，且可按照成型要求进行成型板的灵活调整，增加了处理的灵活性。

创源堂始终坚持在“四大怀药”加工装置技术领域探索前行，不断投入研发力量，改进“四大怀药”的加工装置技术，提高加工效率和产品质量，以实现怀药加工的自动化和智能化；积极推动科研成果的转化，将实验室的技术创新转化为实际的生产力，提升“四大怀药”的加工水平和产品附加值，为消费者提供更高品质的产品；在装置技术的研发和转化过程中，充分考虑环保和可持续发展的需要，致力于开发节能、环保的加工装置，减少生产过程中的环境污染，实现经济效益和生态效益的双赢；加强人才培养，吸引和培养一流的科技人才，提升在“四大怀药”加工装置技术领域的核心竞争力，并积极与高校、研究机构等开展合作，共同培养相关领域的人才。同时，积极拓展国内外市场，通过技术创新和产品升级，提高“四大怀药”的市场竞争力和品牌影响力，持续推动“四大怀药”产业的蓬勃发展。

总的来说，创源堂在“四大怀药”加工装置技术领域的发展规划是以技术创新为驱动，以产品质量为核心，以环保和可持续发展为指导，不断提高“四大怀药”的加工水平和产品附加值，为消费者提供更高品质的怀药产品，推动“四大怀药”产业的健康发展。

为传承加大培训　靠人才抢占未来

培养技术人员是传承智慧的重要途径，也是保护中华优秀传统文化的责任与使命。

如今，“四大怀药”越来越受到现代化食品深加工领域的重视，成为传统美食市场的重要成分。

培养“四大怀药”产品研发技术人员，是对非物质文化遗产项目“四大怀药”种植与炮制技艺的继承和发展。“四大怀药”的独特性在于其独特的炮制工艺，以及由此产生的独特的食用价值。“四大怀药”作为中华优秀传统文化的瑰宝，其制作工艺更是独特且复杂。创源堂通过培养专业的产品研发技术人员，能够更好地继承和发扬这一传统非物质文化遗产技艺，使“四大怀药”的食用价值得以完美发挥，为人类的健康贡献力量。

培养“四大怀药”产品研发技术人员，是推动“四大怀药”现代化和国际化的必要条件。在现代化的浪潮下，“四大怀药”行业也需要与时俱进。通过对产品研发技术人员的培养，创源堂能够不断提升产品的科技含量，推动“四大怀药”的现代化进程。同时，这些技术人员也可以将“四大怀药”的理念和产品带向国际，扩大其在国际市场的影响力。

培养“四大怀药”产品研发技术人员，也是提高企业核心竞争力的重要手段。在激烈的市场竞争中，企业的核心竞争力决定了其在市场中的地位。创源堂通过培养专业的产品研发技术人员，能够不断推出符合市场需求的新产品，从而提高企业的核心竞争力。同时，这些技术人员也是企业进行技术转化和知识产权保护的重要力量。

培养“四大怀药”产品研发技术人员，也是对社会的贡献。人才是社会发展的重要驱动力，对企业而言，更是如此。创源堂通过培养专业的产品研发技术人员，不仅能够提升企业自身的发展，能够对人才成长和社会进步做出贡献，还能够让更多的人了解和认识到“四大怀药”的独特价值和魅力，从而推动“四大怀药”文化和产业的传承发展。

在培养技术人员的过程中，创源堂广泛邀请行业专家举办培训班，不急于传授具体的技艺，而是引导技术人员深入了解“四大怀药”的性质、药理以及炮制的原理。通过讲述“四大怀药”的历史，让技术人员感受到“四大怀药”种植与炮制技艺这项非物质文化遗产技艺的价值和重要性，并详细了解每个步骤背后的化学原理和生理机制，使他们对整个炮制过程有更为深入的理解。通过理论学习，技术人员们逐渐明白了每个步骤的关键之处，以及如何根据“四大怀药”的不同品质和用途进行调整。

在培养技术人员的过程中，创源堂还经常组织技术人员去田间地头动手采挖“四大怀药”，从最基础的环节开始，感受“四大怀药”的成长过程，更好地理解如何炮制出更加有价值的“四大怀药”产品。

理论只是培养技术人员的基础，实践才是真正磨炼人才的工具。创源堂专门邀请行业专家在“四大怀药”炮制现场进行指导，培养技术人员对每个步骤都要有精确的时间掌握、火候把握以及细致的观察。在实践中，技术人员深刻体会到理论与实际操作之间的联系，也逐渐培养起自己的娴熟技能。创源堂鼓励技术人员积极思考，尝试创新。只有真正理解了技艺的本质，才能在实践中发现问题，并提出创新的解决方案。创源堂不仅鼓励技术人员独立思考，还经常组织团队技术人员开展讨论，促使每名技术人员都能从集体的智慧中获益。

我常常告诉创源堂的技术人员，技术是一把利剑，能够创造无限的可能。只要你用心去学、用心去做，就一定能够在这片土地上留下属于自己的足迹。在这个日新月异的时代，技术的发展永无止境，技能和知识也需要在不断的探索和学习中进步。不要满足于已有的成就，因为真正的成就在于不断地挑战自我、超越极限。不要害怕失败，因为每一次失败都是通向成功的阶梯，是成长的宝贵经验。要勇敢地尝试新的方法，勇敢地面对未知的挑战，这样技术和知识才能与时俱进，才能更好地服务于“四大怀药”产业的发展。

创源堂还积极组织技术人员与其他“四大怀药”企业、研发机构开展技术交流活动，与其他行业专家、技术人员交流分享经验，共同探讨技术难题。这种合作不仅开阔了技术人员的视野，也促进了技术的创新与进步。

经过长时间的学习和实践，团队的技术人员逐渐成长为技术娴熟的“四大怀药”炮制专家。他们不仅掌握了传统技艺，还在此基础上进行了一系列创新实验，推动着“四大怀药”炮制技术的发展。

多年来，创源堂经过不懈努力，倾力培养了一批技术精湛、充满活力的“四大怀药”产品研发技术人员，打造了一支致力于非物质文化遗产项目“四大怀药”种植与炮制技艺传承和发展的技术队伍。然而，这只是传承的开始，更多的挑战和机遇还在等待着他们。

总的来说，创源堂大力培养“四大怀药”产品研发技术人员，不仅是对传统“四大怀药”种植与炮制技艺的继承和发展，也为推动“四大怀药”的现代化和国际化创造了必要条件。创源堂将持续努力在这一领域取得更多的成果，为“四大怀药”产业的发展贡献更多的力量。

目前，创源堂已常态化开展“四大怀药”种植与炮制技术指导，举办大型“四大怀药”种植与炮制技术培训班 4 期，培养技术人员 100 余名。在未来的发展中，创源堂将带领这支技术团队继续开拓创新，不断拓展“四大怀药”种植与炮制技术的应用领域，使之更好地融入现代生活，为后代留下更多宝贵财富。

第五章
科研转化遇梗阻 “扔掉”山药六十吨

山药粉溶解遇难 新技术消弭痼疾

温县“四大怀药”具有极高的食用和药用价值。我国最早的药物学经典《神农本草经》中，把“覃怀地”（怀川）所产的山药（薯蓣）、地黄、牛膝、菊花都列为上品。之后历代医药名家在由表入里、去粗存精中进一步发现了“四大怀药”的优秀原始本性。

特别是铁棍山药含有多种营养成分，如蛋白质、碳水化合物、脂肪、矿物质、维生素等，其中，蛋白质和碳水化合物是其主要供能物质。山药中的矿物质种类繁多，如钾、磷、钙、镁等，这些矿物质对于维持人体正常的生理功能具有重要作用。此外，山药还含有丰富的膳食纤维，有助于改善肠道健康。但是，铁棍山药粉在冲食过程中常常会出现不易溶解的现象，不仅影响了产品的口感，也为产品研发带来许多困扰。

铁棍山药粉难溶解的原因有哪些呢？

一是铁棍山药中含有大量淀粉和黏液质，这些成分在冲食过程中不易被溶解。淀粉的溶解度受温度和 pH 影响。在冲食过程中，淀粉往往只能部分溶解，且易形成沉淀物。黏液质是一类具有黏性的蛋白质，也具有不易溶于水的特性。

二是铁棍山药属于植物根部，其细胞结构具有较厚的细胞壁和坚硬的质网，这些结构限制了细胞内物质的释放。在冲食过程中，由于细胞结构和质网的限制，铁棍山药中的营养成分难以充分释放到开水中。

三是铁棍山药中含有多种具有生物活性的化合物，如薯蓣皂苷元、多巴胺等。这些化合物具有较高的极性和较大的分子量，因此不易溶于水。在冲食过程中，这些生物活性成分的溶解度受到较大影响，导致其在开水中的浓度较低。

铁棍山药粉难溶解，会影响人体对其营养成分的吸收。比如，如果铁棍山药粉中的淀粉没有被充分溶解，人体的消化系统就难以有效地分解和吸收这些淀粉中的能量，冲泡出来的饮品可能会存在颗粒感，影响口感和质量。同时，还可能会导致冲泡出来的饮品中含有沉淀物，需要过滤或撇去沉淀物才能饮用，不仅增加了饮用时的麻烦，也造成了食材的浪费。

创源堂总是对技术难题充满兴趣，也有信心有能力破解这一难题。为此，公司多次召开技术攻关研讨会，组织研发团队技术人员展开激烈的头脑风暴。

在创源堂的产品研发实验室里，产品研发团队的技术人员各抒己见，提出了许多不同的解决方案，从改变生产工艺到添加新的成分，每一个人都在为破解技术难题而积极想办法。

“我们可以尝试将铁棍山药粉颗粒变得更细小，这样更易于溶解。”研发团队中的一位技术人员提议道。

“或者我们可以寻找一种天然的添加剂，帮助铁棍山药粉更好地在水中分散开来。”另一位技术人员补充道。

认真地听取每位技术人员的意见后，我们将大家的各种想法结合起来，总结出了许多切实可行的解决方法。

为了验证技术人员的想法，创源堂产品研发团队开始了一系列实验。选取了不同的铁棍山药粉样品，尝试着改变粉末的颗粒大小、尝试加入不同的成分。实验进行了数周，有时候添加剂会改变铁棍山药粉的味道，有时候颗粒大小的改变并没有使山药粉冲剂产生明显的改善效果。但产品研发团队并没有放弃，大家坚信答案就在不远处。

为此，在加工铁棍山药粉之前，研发团队对铁棍山药进行了预处理，如切块、粉碎、研磨等，这样有助于打破其细胞结构、释放营养成分。对于含有大量淀粉的铁棍山药，则采用浸泡、搅拌等方法促进淀粉的溶解；同时，还将铁棍山药粉研磨得更细，以增加其表面积，有利于提高其在水中的分散性和溶解速度。

研发团队还发现了一个有趣的现象。在铁棍山药粉加工过程中，适当添加具有辅助溶解作用的成分，如酸性物质（柠檬酸、苹果酸等）、酶制剂（淀粉酶、蛋白酶等）等，可以促进铁棍山药粉中淀粉和蛋白质的分解，改善铁棍山药粉的溶解度。酸性物质可以降低 pH，酶制剂可以分解淀粉和黏液质，都可以一定程度上提高山药粉的溶解度。

经过多次实验和调整，创源堂产品研发团队终于通过传统工艺和现代科学技术的结合，自主研发出了铁棍山药细胞破壁技术，彻底攻克了山药粉不易溶解和易沉淀的难题。

在铁棍山药细胞破壁技术的研发过程中，技术人员发现，通过破壁技术可以将铁棍山药细胞壁打破，将铁棍山药中的淀粉颗粒、蛋白质、脂肪等营养成分充分释放出来。与未经过破壁处理的铁棍山药相比，经过破壁技术处理的铁棍山药营养成分的吸收率会得到大幅度提高。

创源堂自主研发铁棍山药细胞破壁技术不仅对提高铁棍山药的营养价值、改善其口感有重要意义，还能够拓展其在食品工业和其他领域的应用范围。例如，可以将铁棍山药细胞破壁技术应用到饼干、饮料、糖果等食品生产中，生产出富含铁棍山药营养成分的保健食品。此外，铁棍山药细胞破壁技术还可以应用到医疗和保健品领域中，生产出针对特定人群的医用食品和保健品。

铁棍山药细胞破壁技术对于推动整个铁棍山药产业的发展也具有积极意义。作为一种健康食品，铁棍山药在市场上的需求量越来越大，而通过自主研发细胞破壁技术，可以进一步提高铁棍山药产品的附加值和市场竞争力。同时，此技术创新和研发，还可以带动整个食品加工行业的发展，推动相关产业链的完善和升级。

产品口味太单一　药食同源再创新

山药粉是由铁棍山药经过磨碎、干燥等工艺制成的深加工产品，具有浓郁的口感和独特的保健作用。然而，由于山药的味道和口感较为单一，所以山药粉的口味也相对较为简单。与多样化的饮食文化相比，这种口味单一的产品可能难以满足消费者的多样化需求，无形中限制了消费群体，增加了营销难度，影响了品牌形象等。

那么，如何改善山药粉口味单一的缺陷呢？

首先，山药是制作山药粉的主要原料，不同品种、产地和品质的山药都会对最终产品的口味产生影响。在生产过程中，有些企业为了降低成本，可能会选择劣质山药作为原料。这些山药口感较差，含有的营养成分也较少，导致生产出的山药粉口感单调，难以满足消费者的需求。因此，优化原料选择是改善山药粉口味的首要步骤。

其次，在山药粉的加工过程中，不同的工艺技术会对产品的口感、营养和香气产生影响。一些企业可能使用了落后的加工工艺，导致生产出的山药粉口感粗糙，香气不足。而一些厂家可能会采用现代工艺技术，如低温烘焙、精细研磨等，可以改善山药粉的口感和营养价值。因此，改进加工工艺对于提高山药粉的品质、增加其口感具有重要意义。

最后，在人们的认知中，山药是一种营养丰富的食品，含有多种营养成分，如蛋白质、淀粉、矿物质、维生素等。然而，不同品种的山药所含营养成分的种类和含量也存在差异。在生产过程中，如果不能合理利用这些营养成分，可能会导致生产出的山药粉营养价值单一，口感乏味。因此，生产者应充分了解不同品种山药的营养成分，通过科学配比和合理利用，以提高山药粉的营养价值，增加其口感多样性。

市场前景对企业未来发展有着至关重要的作用。创源堂研发生产的铁棍山药粉产品如何突出重围，也成为创源堂每一位产品研发技术人员关注的焦点。在产品研发过程中，创源堂产品研发技术团队尝试了各种不同的食材搭配，调整出不同的配方，但每一次的尝试都无法达到预期的效果。就在大家快要失去信心的时候，一个偶然的机会让大家找到了突破口，研发团队终于总结出了一套特有的铁棍山药粉调味方法。这种调味方法有着浓厚的地方特色，可以为铁棍山药粉带来独特的风味。这一发现让大家敏锐地意识到，或许可以通过这种调味方法，为铁棍山药粉产品注入新的口味，迎来新的突破。

于是，研发团队开始了新一轮研发试验。技术人员通过这种调味方法对铁棍山药粉进行了多次调味试验，不断地调整比例和制作工艺。经过无数次的尝试和失败，他们终于将铁棍山药粉调整到了最佳口感。同时，克服了添加调味品与铁棍山药粉之间的化学反应问题，确保新口味能够稳定地融入铁棍山药粉中，并且不会影响产品的质量和食品安全。

为了改善铁棍山药粉口味单一的问题，创源堂产品研发技术团队进行了多个方面的尝试。

一是优化原料选择。选择品质优良、口感好的铁棍山药作为原料，确保生产出的铁棍山药粉具备高品质的口感和营养价值。同时，考虑制作工艺对铁棍山药粉口感和营养成分方面的影响，以丰富产品的口味和营养价值。

二是改进加工工艺。引入先进的加工技术和设备，如低温烘焙、精细研磨等，以增加铁棍山药粉的口感细腻度和香气。同时，关注加工过程中对营养成分的保留。

三是创新产品研发。在保持传统口感的基础上，开发出不同风味的铁棍山药粉，如甜度适中、香气浓郁的铁棍山药粉，或添加其他食材以丰富产品的口感和营养价值。

四是加强市场调研。了解消费者的口味需求和偏好，根据市场需求调整产品配方和口味，以满足不同消费者的需求。

创源堂产品研发技术团队深知，要解决山药粉口味单一的问题，需要生产者从以上四方面进行改进和创新。同时，也希望消费者在购买和食用过程中关注产品的品质和口感，为企业提供有益的反馈和建议。只有这样，创源堂才能生产出更加符合消费者需求、口感多样、营养丰富的铁棍山药粉产品。

创源堂产品研发技术团队的努力和执着，不仅解决了铁棍山药粉口味单一的难题，还展现出了技术人员不懈追求和创新的精神。创源堂的故事也在“四大怀药”产业领域被广为流传，并成为励志典范。随着铁棍山药粉口味问题的解决，创源堂迎来了新的发展机遇，产品的口碑逐渐传播开来，订单量也逐渐增加，成为“四大怀药”产品研发生产知名企业。

然而，创源堂产品研发技术团队并没有因此而满足，力求保持领先地位，坚持不断创新。他们将研发更多口味的铁棍山药粉产品，不断推陈出新，让消费者始终保持新鲜感，并将创源堂研发生产的铁棍山药粉带到更多的地方，推动“四大怀药”产业焕发出新的勃勃生机和活力。

为传承无惧失败 为科研不惜成本

在现代社会，科技和创新不断推动着各行各业的发展。特别是在“四大怀药”产业高速发展的背景下，创新更加成为企业生存和发展的关键。然而，创新并不都是一帆风顺的，需要大量的投入和努力，往往伴随着高昂的研发费用，这成为许多企业面临的挑战之一。

创源堂作为“四大怀药”产品研发的领军企业，一直以来都致力于创新和研发，以满足消费者不断变化的需求。公司将目光聚焦在铁棍山药粉产品的研发上，希望通过研发更具有市场竞争力的铁棍山药产品，为消费者带来更多健康和美味的选择，也将中华优秀传统文化发扬光大。

近年来，创源堂产品研发团队集中精力研发铁棍山药粉及其相关产品，投入了大量的时间和资源进行试验、分析和验证，通过科技手段提高铁棍山药粉的产量和品质，取得了一系列重要突破，包括新的种植技术、提取方法和加工工艺等。但是，在各方面研发取得显著进展的同时，与之相伴的是原材料的大量消耗和激增的研发费用。

铁棍山药作为创源堂铁棍山药粉的主要原材料，在反复试验和验证的研发过程中，需要大量供应。由于试验失败、数据不足等原因，很多铁棍山药被消耗在无法投入市场的研究中，从而造成了巨大的资源消耗。多年来，创源堂在铁棍山药粉新产品研发过程中，已经累计消耗铁棍山药 60 余吨，仅原材料的费用就超过 100 万元。

随着铁棍山药产品研发的深入，研发成本也急剧增加。首先，人力成本是研发过程中不可忽视的一部分。创源堂技术研发团队需要聘请多名专业人员，包括农业专家、生物化学家、数据分析师等，以确保研发工作的顺利进行。其次，设备和实验器材的购置、维护也是不小的开支。高端的科研设备和先进的实验仪器能够加速研发进程，但同时也需要巨额投资。此外，大量试验所产生的数据需要进行分析和处理，可能需要购买昂贵的软件和计算资源。

原材料消耗和研发成本激增等问题，不仅影响了产品研发的可持续性，也在一定程度上影响了整个团队的工作积极性和动力。原材料的大量消耗既导致资源浪费，也可能对环境造成一定程度的影响。研发费用的激增可能使项目陷入财务困境，甚至影响到其他研究项目的开展。

尽管面临诸多挑战，创源堂产品研发团队也没有放弃，依然在不断探索解决方案。在原材料消耗问题上，团队探索研究更有效的试验方法，以减少无效的试验次数，从而减少资源浪费。在研发费用激增问题上，创源堂团队也在积极寻找科研合作伙伴，争取更多资金支持，以缓解研发成本激增带来的压力。

创源堂产品研发团队始终乐观面对，虽然在不断尝试过程中消耗了大量的铁棍山药，但是这也并非一种浪费，而是创新的必然过程。在技术创新中，失败和消耗均不可避免，每一次尝试都是不断解决问题的过程。通过这些“失败”，公司产品研发团队更加深入地了解了铁棍山药的特性，也更加熟练地掌握了铁棍山药粉研发生产的技术要点。

创源堂的产品研发之路，进一步展示了创新和科研背后的艰辛和挑战。原材料消耗和研发费用激增虽然是常见的问题，但凭借产品研发团队的努力和创新，通过合理的预算管理、寻找合作伙伴、优化资源配置等方式，得到了有效控制，保持了产品研发团队的创新动力，最终实现了铁棍山药粉产品研发成功。创源堂深刻地认识到，创新与研发成本激增之间的平衡在企业发展中非常重要，对未来发展起到了积极的推动作用。

付出终有回报！多年来，创源堂虽然投入了大量的研发成本，但是最终换来了铁棍山药粉研发的成功，也为铁棍山药的深加工和利用提供了新思路。传统的山药多被切片晒干或制成山药粥，这些方式在山药保存和利用过程中均存在一定的局限性。如今，创源堂研发的铁棍山药粉不仅便于保存，还可以广泛应用于食品、保健品、药物等领域。例如，可以将铁棍山药粉用于面食的制作，增加面食的营养价值；可以制作铁棍山药粉饼干、铁棍山药粉蛋糕等产品，拓展铁棍山药的消费形式。同时，铁棍山药粉还可以作为一种新型的食品添加剂，用于调节食品的口感、营养成分等。在保健品领域，铁棍山药粉因其含有丰富的膳食纤维和生物活性物质，也具备广阔的市场前景。

创源堂技术研发团队在研发铁棍山药粉的过程中，虽然消耗了大量的铁棍山药，但也正是这种消耗，推动了“四大怀药”研发技术的创新探索。在“四大怀药”产业领域，深度加工不仅能够提高产品附加值，还能够减少资源的浪费。这就需要研究人员不断地挑战自己，进行技术创新，为“四大怀药”产业领域的可持续发展添砖加瓦。

功夫不负有心人　创源创出新天地

成功的背后往往是无数个日夜的辛勤付出，是无数次坚持不懈的努力。正是因为创源堂产品研发团队所有技术人员攻坚克难、一往无前的精神，创源堂成功研发出了深受消费者喜爱的铁棍山药粉新产品，不仅创造了新的“四大怀药”市场机遇，也为非物质文化遗产的传承和发扬光大点亮了前进的道路。

创源堂铁棍山药粉产品的最终研制成功，是“四大怀药”产业发展过程中的一件大事，也是对创源堂和产品研发团队技术人员的最好回报。在大家的不懈努力下，铁棍山药粉不仅研制成功，也为“四大怀药”产业的发展带来重要的贡献。

铁棍山药粉的研制成功，有助于提高“四大怀药”产业的附加值。作为一种新型健康食品，创源堂铁棍山药粉具有较高的营养价值和药用价值，其研发成功也为铁棍山药产业的发展注入了新的动力。与原产地直接出售铁棍山药相比，铁棍山药粉具有更高的附加值，其销售价格也大大超过原产地直接出售的铁棍山药，从而带来了更大的经济效益。

铁棍山药粉的研制成功，有助于开拓新的消费市场。由于铁棍山药粉具有特殊的营养和药用价值，其消费群体也更加广泛。除了原有的铁棍山药消费者外，铁棍山药粉还开拓出新的消费市场，吸引更多的消费者前来购买。同时，它还可以作为一种赠送的礼品。

铁棍山药粉的研制成功，还有助于推动相关产业的发展。作为一种新型健康食品，铁棍山药粉不仅需要原材料的供应，还需要生产设备的投入、生产工艺的研发、产品质量的检测等一系列相关产业的支持。因此，铁棍山药粉的研制成功，不仅为铁棍山药产业带来了新的发展机遇，也为相关产业的发展提供了更广阔的空间。

铁棍山药粉的研制成功，也为其他农产品的发展提供了重要的借鉴。作为一种健康食品，铁棍山药粉的研制成功不仅体现了铁棍山药产业的创新能力和技术水平，也为其他农产品的发展提供了重要的借鉴和参考。相信在不久的将来，会有越来越多的农产品被开发成健康食品，为人类健康事业做出更大的贡献。

在推动“四大怀药”产业和企业高质量发展的同时，创源堂成功研发的铁棍山药粉产品，在保护传统非物质文化遗产方面也发挥了重要作用。

非物质文化遗产作为一种独特的文化表达形式，承载着民族的历史、价值观和生活方式。然而，在现代社会的快速发展下，许多非遗项目正面临消失甚至失传的危险。创源堂意识到了这一问题，将发展定位瞄准“四大怀药”深加工产品研发和生产，通过不断创新探索，将“四大怀药”的传统制作工艺和文化内涵传承下去。这种创新不仅是对中华优秀传统文化的尊重，更是对非物质文化遗产的保护和传承。

创源堂立足于传承非物质文化遗产，同样也希望将铁棍山药粉产品推向市场，开辟出一条社会效益与经济效益双丰收的发展之路。企业发展道路始终充满着挑战和机遇，创源堂选择以传统为基础、以创新为动力，勇敢地踏上了这条道路。

创源堂在研发新产品的过程中，持之以恒地学习新知识、掌握市场新趋势，以解决问题和应对竞争。公司在创业之路上不仅充满了勇气和决心，更充满了智慧和耐心。而正是在这个过程中，公司不断地成长和进步，不仅推动了铁棍山药粉产业的发展，也为“四大怀药”产业蓬勃发展增添了更多的精彩。

创源堂成功研发铁棍山药粉新产品，不仅是在传承非物质文化遗产和企业高质量发展之间找到了平衡，更是将文化创新与商业价值的提升融合在了一起，在保护传统工艺的基础上，通过创新探索，提高了产品的竞争力，拓展了更大的市场，为传统非物质文化遗产传承注入了新的活力。

这种文化创新与商业价值提升的共生，不仅使铁棍山药粉走出了传统，也为传统农产品赋予了更多的可能性。创源堂的成功不是偶然的，它充分说明了传承非物质文化遗产和企业高质量发展之间并不矛盾，而是可以相互促进、相得益彰。

创源堂铁棍山药新产品研发成功，只是企业高质量发展之路的第一步，将产品推向市场同样需要克服重重困难。公司努力通过多种途径，积极推广铁棍山药粉新产品，同时，利用社交媒体进行宣传，与健康领域的专家合作，举办健康讲座和推广活动，逐渐提高了产品的知名度，赢得了市场认可，销量稳步增长。

在市场竞争中，创源堂不断总结经验、调整策略，主动倾听消费者的反馈，不断优化产品，提升用户体验。

成功之路虽非一帆风顺，但只要肯付出一定会有回报。创源堂通过不懈的努力和坚持获得了成功，用实际行动诠释了“功夫不负有心人”的哲理，也为更多非物质文化传承人带来了勇气和动力，激励着无数人追求梦想、不断前行。

未来，对于创源堂而言，要想在激烈的市场竞争中立于不败之地，必须坚持创新驱动的发展战略，持续注重科技研发，不断提升技术实力，掌握核心科技，通过自主创新和引进吸收相结合的方式，不断推动“四大怀药”新产品的研发和升级，保持其在市场中的领先地位；同时，还要通过继续加强与科研机构和高校的合作，加强技术交流，共同推动“四大怀药”产业的快速发展。

第六章
新产品奠定未来
从“招熟”走向“神明”

新灵感源自太极　双非遗同台联袂

在激烈的市场竞争中，一款新产品的命名至关重要。一个好的名字不仅可以帮助产品在市场上脱颖而出，还可以为品牌带来长远的价值，因此，创源堂铁棍山药粉新产品的命名，也成为非常重要的一项工作。

在为铁棍山药粉新产品命名时，公司首先考虑的是新产品本身的特点。铁棍山药是一种营养丰富的食材，具有健脾养胃、润肺止咳等功效。因此，新产品的命名应能够凸显铁棍山药的特点，以便在众多产品中被迅速识别。

除了新产品本身的特点，命名还要考虑市场需求。当前，人们越来越注重健康饮食，对天然、无添加的食材需求增加。因此，新产品的命名应能够引起消费者的兴趣，满足市场需求。

在为铁棍山药粉新产品命名时，还要考虑其品牌定位。品牌定位是品牌在消费者心中形成的印象和认知，一个好的名字应该能够反映品牌的定位和核心价值。

在新产品命名过程中很需求创意和创新。一个好的名字应该具有创意，能够吸引消费者的注意力，还要能够表达产品的独特之处。在铁棍山药粉新产品命名时，可以考虑使用比喻、拟人、谐音等手法，使名字更具吸引力。同时，一个好的名字应该简单易记，能够轻松传达产品特点和品牌定位。过于复杂或难以记忆的名字可能会让消费者对产品失去兴趣。

因此，创源堂在铁棍山药粉新产品命名过程中，始终围绕产品优势、地域特点、市场需求、品牌定位、创意创新和易于记忆等多个方面，想方设法为新产品命名汇聚智慧和创意。

非物质文化遗产是中华民族优秀传统文化的重要组成部分，其中“四大怀药”的种植与炮制技艺和太极拳文化是两个独特而又密切相关的领域。在种植方面，“四大怀药”追求的是与自然和谐相处的理念，这正是太极拳文化所强调的。在炮制过程中，“四大怀药”强调保留药材的活性成分，以充分发挥其药效，这同样体现了太极拳文化的平衡和和谐原则。

将创源堂铁棍山药粉新产品命名为“招熟”，其灵感正是源自博大精深的太极拳文化。其产品与世界非遗的同台联袂，也增强了产品本身的文化厚度。

温县古时因境内有温泉而得名，是中国闻名的“武术之乡”和生态休闲游的理想之地。温县境内文化旅游资源十分丰富，不但拥有国家重点文物保护单位慈胜寺以及温城遗址、司马故里、子夏故居等众多人文景观，其下辖的陈家沟村，还是太极拳的发源地。

因村中有一条南北走向的深沟，故更名为“陈家沟”。古村南临黄河，北依太行，与伏羲画卦台、河洛汇流处隔河相望。

据记载，17 世纪中叶，陈家沟陈氏第九世陈王廷依据祖传拳术，吸取民间优秀武术精华，结合导引吐纳、中医经络等学说，创编了一套既能用于实战又能强身健体的新型内功拳种，名为“太极拳”。当时，由于盗匪常袭击掠夺村庄，精通太极拳的陈氏族人攻入贼窟，将盗匪打败，从此来学拳的人日益增多，太极拳也得以广泛传播。

数百年来，陈家沟大师云集、英才辈出，而在陈氏太极拳基础上发展出的 80 多套拳术、器械套路和 20 多种推手方法，如今已传遍世界 150 多个国家和地区，习练人数达到 4 亿人，陈家沟也成为享誉世界的“太极圣地”，每年都有大批太极拳爱好者前来拜师学艺、参观旅游。

走进陈家沟，随处可见太极拳文化的印迹，这里的每一寸土地都蕴含着浓郁的传统文化气息。对太极拳习练者来说，来到陈家沟首先要拜谒的地方就是太极拳祖祠，这里既是陈氏族人寻根问祖、祭拜先祖的家族宗祠，也是太极拳习练者祭拜历代太极宗师之地。

太极拳祖祠是一座占地200余亩的三进院落，拳谱堂、祖师堂、扬德殿、耀武殿等建筑沿中轴线依次而建。矗立于拳谱堂前的太极拳创始人陈王廷铜像，拈须而立，神情肃穆，目光温和坚毅。在铜像身后有两块石碑，分别刻着“武”“德”二字。“拳以德立，德为艺先”，是太极拳最基础的武术理念。

穿过第三进院的朱红木门，迎面是一条长长的甬道，甬道上建有三座拳阶石坊，分别刻着“招熟”“懂劲”和“神明”，寓意练习太极拳的三个阶段：招熟气顺，可谓入门；劲收自如，可堪行家；神明自得，功法大成。值得一提的是，陈家沟拳师收徒是一项极为重要的仪式，一般都要在祖祠里进行。

东西长130米、南北宽110米的太极祖林，苍松翠柏，庄严肃穆，一年四季香火缭绕。这里有陈氏祖先陈卜墓和太极拳创办人陈王廷及陈长兴、陈有本、陈发科等历代大师的陵墓和碑记，数百年来一直是国内外太极拳爱好者寻根问祖、祭祀拜谒的重要场所。

太极拳是中国武术中最具代表性的拳种之一，强调内外兼修、天人合一，具有深厚的文化内涵。在太极拳的练习过程中，需要通过意念控制呼吸，使气息在体内循环，从而调节身体状态，达到养生保健的目的。而铁棍山药作为中药材，具有补脾健胃、益气补肾等功效，同样强调“天人合一”的理念。太极拳文化和铁棍山药相结合，能够产生强大的协同效应，为消费者带来全新的健康体验。

在太极拳文化的影响下，创源堂找到了铁棍山药粉新产品的命名思路。

一是品牌定位。以太极拳文化为依托，将创源堂铁棍山药粉打造成具有养生保健功能的新型健康食品。在宣传中突出其传统文化内涵和铁棍山药的药用价值，提升消费者对产品的信任感和购买欲望。

二是产品包装设计。在包装设计上，创源堂采用简洁大气的风格，以“铁棍山药粉”“招熟”等字样为主要元素，突出产品的传统文化内涵。同时，配合温馨的色调和简洁明了的文字说明，使消费者能够一目了然地了解产品特点。

创源堂还积极邀请太极拳传承人为铁棍山药粉新产品代言，通过多种途径介绍太极拳文化，以及铁棍山药的药用价值、食用方法等知识，并与具有影响力的健康、养生类机构或平台进行广泛的品牌推广合作，持续扩大创源堂铁棍山药粉新产品的品牌影响力。

创源堂广受认可　山药粉进入万家

在繁忙的现代生活中，健康食品成为人们关注的焦点。创源堂研发的铁棍山药粉新产品，因其在品质、口感与营养价值上的卓越表现，也受到业内专家、消费者和市场的广泛认可。

创源堂铁棍山药粉新产品的优势在哪里？可以总结为精选优质原材料、传统工艺与现代科技相结合、口感与营养并重、携带与使用方便快捷、注重环保理念等多个方面，使“四大怀药”深加工产品的特性和价值得到了充分体现。

一是精选优质原材料。据《温县志》及清代《农学丛书》记载，温县铁棍山药已有近 3 000 年的种植、加工历史。温县铁棍山药直径 1.5～3 厘米，毛须略稀，毛眼突出，表皮不太光滑，呈浅褐色，有不规则红色“锈斑”，粉性足，肉质细腻，截面呈白色或略显牙黄色，水分少，密度大，久煮不散；含大量氨基酸，味道鲜美，口感干、绵、甜、香，被誉为“神仙之食”。创源堂铁棍山药粉坚持选用最优质的铁棍山药作为原材料，产品品质得到充分保障。在严格筛选的种植环境中，每一根铁棍山药都经过精心的培育，确保了原材料的营养价值和铁棍山药粉产品的品质基础。

二是传统工艺与现代科技相结合。创源堂铁棍山药粉不仅采用了传统的炮制技艺，保留了铁棍山药的原有营养价值，而且广泛运用现代科技对铁棍山药进行精细化处理，使其更易为人体吸收，充分发挥其营养作用。特别是创源堂产品研发团队自主研发了铁棍山药细胞破壁技术，能够将铁棍山药细胞壁打破，使细胞内的营养物质被释放出来，从而提高了人体对铁棍山药营养的吸收率。

三是口感与营养并重。创源堂产品研发团队技术人员通过对铁棍山药粉进行多次调味实验，不断调整比例和制作工艺。经过无数次尝试，他们终于将铁棍山药粉调整到了最佳口感，并解决了添加调味品与铁棍山药粉之间的化学反应问题，确保新口味能够稳定地融入铁棍山药粉中，并且不会影响产品的质量和安全。其口感醇厚、细腻，能让人在享受美味的同时，也能摄取到铁棍山药的营养，消费者普遍认为其口感极佳。

四是携带与使用方便快捷。创源堂研发的铁棍山药粉新产品采用独立包装，是一种方便携带和冲泡的食品，可以作为旅行、上班、出差、运动期间的便携食品。铁棍山药粉是预先制备好的，使用时只需要按照说明，加入热水冲泡、搅拌均匀即可，不需要复杂的操作，就能迅速获得营养丰富的饮品。同时，创源堂铁棍山药粉新产品粉质细腻，易溶于水，不易结块，有助于增强人体免疫力，改善肠胃功能，调节内分泌等，非常适合忙碌的现代人。

五是注重环保理念。创源堂产品研发团队高度重视环保理念，提倡绿色生产。从铁棍山药种植到生产，每个环节都力求减少对环境的影响，让人们在享受美食的同时，也能为保护地球做出贡献。创源堂铁棍山药粉还严格遵循无添加、无防腐的原则，确保产品的健康、安全。

创源堂铁棍山药粉的营养价值得到了专家们的一致认可。专家们指出，铁棍山药富含多种营养成分，如淀粉、蛋白质、脂肪、碳水化合物、氨基酸、矿物质等，对人体具有很好的滋补作用。而创源堂铁棍山药粉在保留了铁棍山药原有营养成分的基础上，采用独特的加工工艺，使其营养成分更易被人体吸收，从而达到更好的滋补效果。

创源堂铁棍山药粉自上市以来，凭借其优秀的品质和口感，赢得了众多消费者的喜爱和认可。许多消费者纷纷表示，他们选择创源堂铁棍山药粉是因为对其高品质和健康特性深感信任。许多消费者在社交媒体上分享了他们的使用体验，反复提到创源堂铁棍山药粉细腻口感、方便携带以及适合各种人群的特点。消费者一致认为，创源堂铁棍山药粉是他们追求健康生活的理想选择。

创源堂铁棍山药粉在各大电商平台都有销售，而且销量一直稳步上升。无论是在超市还是线上购物平台，创源堂铁棍山药粉都受到了消费者的欢迎。其优秀的品质和口感使它在竞争激烈的市场中脱颖而出，赢得了广大消费者的信任和喜爱。

与此同时，创源堂铁棍山药粉新产品的发展前景也更加广阔。从宏观方面来看，随着国民健康意识的不断提高和国家对健康产业政策支持力度的不断加大，铁棍山药粉的市场需求将进一步增长。从微观方面来看，一方面，企业可以通过技术创新和生产工艺的改进降低生产成本，提高产品质量和生产效率，进而提高市场竞争力；另一方面，企业可以加大营销宣传力度，提高消费者对铁棍山药粉的营养成分和功效的认知度，并针对不同消费群体推出不同规格和口感的产品，以满足消费者的个性化需求，力求在未来市场竞争中占据优势、抢得先机，实现企业高质量发展。

创源堂不仅关注产品的质量和性能，还致力于实现可持续发展，承担社会责任。公司积极寻找可持续的供应链，尽可能使用环保的包装材料，并努力提高产品的可回收性。此外，创源堂还积极参与公益活动，回馈社会，以实现社会价值的最大化。

未来，创源堂将继续为消费者提供更多优质、健康的产品，为人们的健康生活贡献力量。

创源堂登陆央视　山药粉叫响全国

随着中国经济的快速发展，国内消费水平及消费观念也在不断升级。在当前激烈的市场竞争中，企业要想在众多品牌中脱颖而出，推广新产品变得尤为关键。

一个新的产品品牌想要迅速提高知名度，并非易事，有的品牌在创立初期面临着品牌知名度低的困境，也有的品牌在市场推广方面起步较晚。要想在竞争激烈的市场中立足，必须采取一系列创新的营销策略来吸引消费者。对于新的产品品牌来说，品牌推广过程中需要大量资金无疑是一个巨大的压力，只有精准定位，才能出奇制胜。

在众多品牌推广平台中，中央电视台作为国内最具影响力的电视媒体，备受国内各大知名企业青睐。创源堂作为“四大怀药”产品研发生产企业，一直在努力实现创源堂品牌登陆央视。

铁棍山药粉新产品投入市场后，创源堂通过参加行业展会、业内交流等途径，结识了许多媒体人士和业内专家，积极通过各种途径寻求与央视对接，为产品推广打下了坚实的基础。

央视作为中国最重要的媒体之一，对于品牌的选择和传播有着非常严格的标准和要求。经过多次不懈努力后，创源堂终于获得了一次向央视推荐优秀产品的机会。

创源堂将精心准备的铁棍山药粉新产品样品送到了央视，并附上了新产品所有的专利证明、生产许可证等证书，详细介绍了铁棍山药粉新产品的独特之处、市场需求以及发展定位。公司还特地邀请了行业知名营养专家为铁棍山药粉新产品进行专业的评价和推荐。这些举措，不仅展示了创源堂对铁棍山药粉新产品的自信，也表达了对央视平台的尊重和向往。

经过一番紧张的等待，终于传来了喜讯。2019 年 8 月，创源堂品牌成功登陆央视，铁棍山药粉新产品通过央视荧屏展示给了广大消费者。对于创源堂而言，这是一个巨大的成功，更是多年持续努力的成果。

创源堂品牌登陆央视具有重要的意义和影响。通过这一具有国际影响力的平台，创源堂展现了自身的品牌实力、产品质量，以及国际影响力不断提升和市场推广不断加强等多方面优势，也为“四大怀药”的发展注入了新的动力。创源堂将继续秉持传承中华优秀传统文化的理念，结合现代科技进行更多新产品的研发和生产，致力于为消费者提供更好的“四大怀药”深加工产品，进一步扩大品牌影响力，提升市场竞争力，成为非物质文化遗产和“四大怀药”领域的开拓者。

销售量与日俱增　新口感备受好评

近年来，创源堂品牌旗下的铁棍山药粉订单持续增长，销售量不断攀升，成为市场上备受欢迎的健康食品。究竟是什么原因让创源堂铁棍山药粉如此受消费者欢迎，又是什么因素促使产品订单持续增长呢？答案不言而喻，产品质量与品质保障、品牌影响力的提升、多元化的销售渠道、市场推广与广告效应，以及健康食品市场需求等因素都至关重要。

创源堂铁棍山药粉采用独特的工艺和原材料，保留了铁棍山药的所有营养成分，同时去除了山药皮的土腥味。这种独特的制作工艺，使得铁棍山药粉具有细腻的口感和淡淡的甜味，更易于人体吸收和消化。此外，创源堂铁棍山药粉的包装设计也颇具特色，方便携带且易于保存，满足了消费者对快节奏生活的需求。

随着消费者健康意识的加强，人们对食品的需求也从单纯的口感向营养和健康转变。铁棍山药具有很高的营养价值，如含有丰富的蛋白质、维生素、矿物质等，恰好满足了消费者对于健康食品的需求，成为市场上的明星产品。

创源堂一直致力于打造高品质的健康食品，并以消费者为中心，不断推出符合市场需求的产品。这种坚持和执着，使得创源堂在消费者心中积累了良好的口碑，进一步促进了铁棍山药粉的订单增长。

特别是2018年以来，创源堂分别受到中国国际贸易促进委员会河南省委员会、焦作市“四大怀药”协会、温县人民政府等机构和单位邀请，多次参加中国绿色农产品博览会、温县“四大怀药”文化论坛、温县“四大怀药”特色商品展销会、温县铁棍山药文化旅游周等活动，并作为焦作市唯一代表参加北京地方特产农产品展览会，受到省、市、县商务部门领导的高度认可和消费者的一致称赞。

在中国绿色农产品博览会上，来自全国各地的农业企业展示了各自的优质产品和最新技术。其中，创源堂研发生产的铁棍山药粉新产品在展览中脱颖而出，赢得了业内专家和广大消费者的一致认可。专家们一致认为，铁棍山药粉保持了铁棍山药的营养成分，同时还方便携带和食用，是一种非常具有创新性的健康食品。

展会期间，创源堂的铁棍山药粉新产品也接受了严格的绿色农产品质量检验。检验结果显示，铁棍山药粉中的各项指标均符合绿色农产品的标准，进一步证明了创源堂对产品质量和消费者健康的承诺。

创源堂铁棍山药粉在展览会上的成功展示，为其赢得了大量的订单。订单量的持续增长，为企业步入高质量发展新阶段增添了助力。

在北京地方特产农产品展览会上，创源堂铁棍山药粉以其独特的制作工艺、优质的原材料和精细的加工过程，赢得了参会者的一致好评。业内专家对其口感、营养价值和药用价值给予了高度评价，表示这是一款具有广阔市场前景的新型健康食品。

创源堂铁棍山药粉坚持选用新鲜的温县铁棍山药作为原材料，经过严格挑选、清洗、切片、干燥、研磨、调味等步骤，运用现代科技进行精细加工，不仅保留了铁棍山药中的营养成分和药用价值，更赋予了铁棍山药全新的口感体验，更加受到消费者的青睐。

消费者在品尝后也纷纷表示，创源堂铁棍山药粉的口感细腻、营养丰富，非常适合现代人的快节奏生活。同时，消费者还对产品的包装设计表示赞赏，认为其精美大方，既体现了对传统文化的尊重，也有助于提升产品的附加值。

在温县举办的“四大怀药”文化论坛、“四大怀药”特色商品展销会、铁棍山药文化旅游周等展销活动中，创源堂铁棍山药粉犹如一颗璀璨的明星，以独特的制作工艺、优质的原材料以及精细的加工过程，在活动中赢得了广大专家和消费者的一致好评。

通过一系列展销推广活动，创源堂铁棍山药粉的订单持续增长，主要得益于其优质的产品质量、品牌影响力的提升、多元化的销售渠道、有效的市场推广等多方面因素。这些优势使得创源堂在健康食品市场中脱颖而出，并持续引领市场潮流。

创源堂铁棍山药粉的成功并非偶然，是非物质文化遗产传承与“四大怀药”产业创新融合的完美产物。创源堂也有望借助铁棍山药粉独特的口感、丰富的营养价值和深厚的文化底蕴等优势，进一步拓展国内外市场，并致力于研发更多以“四大怀药”为主体的新产品，始终保持强劲的产销增长势头，为更多的消费者带来文化与健康的双重享受。

同时，创源堂也将始终秉承传统工艺与现代科技相结合的理念，借助先进的科技手段，进一步提升产品的生产工艺和品质控制能力，并积极与更多业内专家、科研机构合作，共同研究“四大怀药”的药用价值和健康功效，以满足不断变化的市场需求，为消费者带来更多优质的“四大怀药”深加工产品。

第四篇

责任

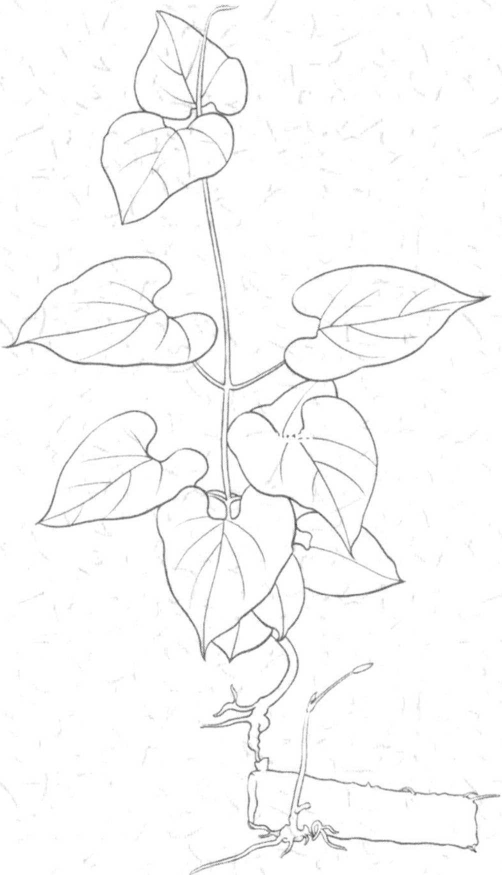

第一章
步履铿锵怀大爱　一心一意为非遗

战疫情毫不退缩　创源堂勇者无惧

2020年春节前夕，新冠疫情暴发，迅速蔓延至全国，人们的生活和工作都受到了极大的影响，身体健康也面临巨大的挑战。为了减少感染风险，人们不得不居家隔离，学校、商场等公共场所全部关闭。

新冠疫情同样对“四大怀药”种植、新产品研发和生产等带来了巨大压力和阻碍。

“四大怀药”种植需要大量的物资投入，如种苗、肥料等。因受新冠疫情影响，大部分地区的物流受阻，导致药农无法及时获取生产物资，影响了“四大怀药”的种植和生长。此外，新冠疫情期间，部分农资产品价格出现不同程度的上涨，增加了药农的生产成本。

“四大怀药”种植需要大量的人力资源。但因受新冠疫情影响，很多地区实施了管控措施，许多药农要么留在家中无法外出，要么无法去外地务工，导致劳动力短缺，进而影响了“四大怀药”的种植和收获。

因受新冠疫情影响，大部分地区的餐饮、旅游等服务业受到了较大冲击，进而导致市场需求下降，使得“四大怀药”及其深加工产品销售受到了较大影响。特别是销往全国的创源堂铁棍山药粉，由于新冠疫情引发的贸易壁垒和物流问题，导致销售受阻，市场销量下降。

同时，药农需要增加防疫措施和物资投入，如佩戴口罩、加强场所消毒等，这些额外的成本也增加了药农的生产成本；且疫情防控期间部分地区的物流费用上涨，也导致“四大怀药”以及深加工产品运输成本的增加。

为了保障“四大怀药”种植的顺利进行，创源堂积极与农业农村、交通运输等有关部门对接，加强物资调配和物流保障。加强农资产品的生产和供应，以确保满足“四大怀药”种植需求；加强对物流企业的支持，优化运输线路和降低运费，缓解“四大怀药”及其深加工产品运输难问题；加强“四大怀药”及其深加工产品的市场监测和预警，及时掌握市场动态，指导药农合理安排生产和销售。

为了缓解“四大怀药”种植劳动力短缺的问题，创源堂积极与农业农村、人力资源等有关部门对接，加强劳动力支持。加强农民工返乡就业服务，帮助更多无法外出打工的群众加入“四大怀药”种植专业合作社；加强高素质农民的培育和扶持，引导年轻人从事“四大怀药”种植；鼓励和支持“四大怀药”种植专业合作社产业化经营，通过土地流转和种植托管等方式，提高“四大怀药”种植效率。

为了稳定“四大怀药”及其深加工产品市场需求，创源堂积极与商务、市场监管等有关部门对接，加强政策引导和支持。加强“四大怀药”及其深加工产品产销对接，推动“四大怀药”及其深加工产品销售；加强创源堂品牌建设和质量安全监管，提高“四大怀药”及其深加工产品市场竞争力；积极开拓更多销售渠道，增加“四大怀药”及其深加工产品销量。

为了降低“四大怀药”种植成本，创源堂积极与农业农村、金融机构等有关部门沟通对接，加强政策扶持和指导。加强土地流转和托管工作的推进，提高土地利用效率；加强金融支持和服务保障，降低农业贷款利率和门槛；加强对“四大怀药”种植的科技支持，推广节水灌溉、精准施肥等高效节能技术；鼓励药农开展多种经营和增收致富行动，提高农民收入水平。

创源堂全面加强财务管理，优化资金结构，降低财务风险，并通过购买保险等方式增强抵御风险的能力，以应对可能出现的突发事件。

创源堂积极与政府部门、金融机构等对接联系，通过各类优惠政策支持减轻企业负担，努力渡过难关。同时，通过争取贷款担保等金融支持措施，解决企业资金问题。

创源堂加大技术研发和创新投入，提高生产效率和产品质量，结合互联网、大数据、人工智能等技术手段，推动企业数字化转型，优化生产管理流程，降低运营成本。

创源堂高度重视人才培养和引进工作，通过与高校、科研机构合作，共同培养专业技术人才，提高公司人员的业务素质和管理能力，以满足“四大怀药”新产品研发的需求。

新冠疫情期间，消费者对各类深加工农产品的健康、营养、卫生等方面的要求更加严格。为此，创源堂持续关注消费者需求变化，优化产品结构，加强产品质量控制，提高产品的安全性和健康性。

同时，在传统市场受阻的情况下，创源堂积极拓展新兴市场，如电商平台、社交媒体、社区团购等，扩大产品销售范围；同时，关注全国各地的市场需求，积极开拓销售途径，提高“四大怀药”及其深加工产品的销量，努力维持企业健康稳定发展。

新冠疫情在为“四大怀药”研发生产企业带来严重影响的同时，也为企业高质量发展提供了转型升级的机遇。面对挑战和机遇，创源堂始终勇挑重任、积极应对，采取一系列有效措施降低疫情影响，进一步提高企业的市场竞争力和抗风险能力。

放眼世界定方略　非遗传承有活力

非物质文化遗产是一个国家和民族历史文化成就的重要标志，是优秀传统文化的重要组成部分。根据联合国教科文组织的《保护非物质文化遗产公约》定义，非物质文化遗产是指被各社区群体，有时被个人视为其文化遗产组成部分的各种社会实践、观念表达、表现形式、知识、技能及相关的工具、实物、手工艺品和文化场所。这种非物质文化遗产世代相传，在各社区和群体适应周围环境以及与自然和历史的互动中，被不断地再创造，为这些社区和群众提供持续的认同感，从而增强对文化多样性和人类创造力的尊重。

中国是一个拥有5 000年文明史的古国，也是一个多民族、多文化的国家。在漫长的历史长河中，各民族共同创造了丰富多彩的文化遗产。这些文化遗产不仅代表着中华民族的智慧结晶，也承载着中华民族的文化基因，是全人类共同的宝贵财富。通过传承与保护非物质文化遗产，可以更好地弘扬中华优秀传统文化，增强民族文化自信和认同感。因此，传承与保护非物质文化遗产，不仅是尊重和保护各民族、各地区的文化传统，更是维护中华民族的文化多样性和独特性。

新冠疫情期间，许多非物质文化遗产传承人的生存状况堪忧，传统技艺、民俗活动、手工艺品等领域都受到较大影响，许多传承人失去了经济来源，一些传承人年事已高，面临着后继无人的困境。同时，许多非物质文化遗产项目的生存空间受到了限制。例如，一些传统技艺由于受到原材料、工具和设备的限制而无法进行生产；一些民俗活动由于受到聚集性限制而无法举行；一些民间文学由于受到传播途径的限制而难以传承。创源堂同样面临着非物质文化遗产项目“四大怀药”种植与炮制技艺传承保护的严峻挑战。

随着经济社会的快速发展，越来越多的年轻人投入到现代社会的发展中，许多年事已高的传承人由于身体原因无法全力投入到技艺的传承工作中，掌握“四大怀药”种植与炮制技艺的传承人队伍出现了青黄不接的现象。而且，由于“四大怀药”的种植与炮制技艺需要长期的学习和实践才能掌握，而现代年轻人对这一传统技艺的兴趣不高，也导致传承人匮乏。

非物质文化遗产传承和保护工作已经得到了国家和社会的重视，但在疫情防控期间，非物质文化遗产传承和保护意识的普及仍然不足。这导致“四大怀药”的种植与炮制技艺传承和保护的宣传力度降低，使得传承和保护工作遇到更多困难。

尽管现代科技为农业带来了诸多进步，但在“四大怀药”种植与炮制技艺的传承和保护中，传统技艺与现代科技的融合仍面临困难。一方面，许多药农难以接受新技术，坚持传统种植方法；另一方面，现代科技在标准化、规模化生产方面具有优势，但往往难以保证传统技艺的精髓。如何在保持传统特色的同时，运用现代科技提高药材品质和生产效率，是当前面临的一个重要挑战。

“四大怀药”的种植对气候、土壤等自然条件有很高的要求。然而，随着全球气候变化和土地利用方式的改变，适宜种植“四大怀药”的土地面积有限，也使得“四大怀药”产量受到一定程度的影响。此外，由于“四大怀药”种植与炮制技艺见效慢、回报周期长，导致项目缺乏足够的政策支持和资金投入，难以进行必要的研发和推广。

面对这些共性问题，创源堂坚定信心、多措并举，积极投入“四大怀药”种植与炮制技艺的传承和保护工作，持续为非物质文化遗产传承和保护注入新活力、贡献新力量。

一是实施数字化保护。利用数字技术对非物质文化遗产进行记录和保护是一种有效的方法。创源堂通过数字化技术，收集了大量的文字、图片、视频等资料，建立了数据库和数字化平台，将“四大怀药”种植和炮制技艺转化为可长期保存和共享的数字资源。同时，通过数字化技术对非物质文化遗产项目“四大怀药”种植和炮制技艺进行更好的分析和研究，从而为其传承和保护提供更多可能性。

二是创新传承方式。创源堂通过网络直播、虚拟现实等技术来传播和展示“四大怀药”种植和炮制技艺；鼓励年轻人参与“四大怀药”种植和炮制技艺的保护和传承工作，如组织线上非物质文化遗产课程、研学等活动。

三是加强技术合作。创源堂与农业农村、农民专业合作社等部门和机构对接，建立紧密的合作关系，选育优良品种和优化种植技术，积极推广标准化种植技术，完善严格的种植标准和质量检测体系，使“四大怀药”的种植更加科学化、规范化和标准化，并提供技术指导和资金支持，鼓励合作社、种植户大力种植“四大怀药”。

四是培养传承人。创源堂重视传承人的培养工作，加大与高校、科研机构等的合作力度，开办专题培训班和讲座课程，使更多年轻人了解和学习“四大怀药”种植和炮制技艺。同时，开展非物质文化遗产进校园活动，提高学生对传统技艺的认识和兴趣；将非物质文化遗产项目引入高校课堂，通过课程设置、实习实训等方式，促进“四大怀药”种植和炮制技艺的传播和传承。

五是创新炮制技艺。为适应现代市场需求和科技进步，创源堂在传统种植和炮制技艺的基础上，不断进行研究和创新，积极与农产品深加工、“四大怀药”研发生产企业合作，持续引入现代科技手段和设备，对传统炮制工艺进行改进和完善，提高“四大怀药”的品质和生产效率，持续研发新型的健康食品，丰富“四大怀药”的应用领域。

六是拓宽市场渠道。为了拓宽“四大怀药”的销售渠道，创源堂除了传统的食品市场外，还积极开拓电子商务平台和线上销售渠道。通过与电商平台合作，推出定制化的“四大怀药”产品，持续满足不同消费者的需求，提高品牌知名度。

七是加强交流合作。随着全球化的加速推进，非物质文化遗产的国际交流合作日益频繁。创源堂将积极参与国际非物质文化遗产交流活动，加强与国外非物质文化遗产传承和保护领域的机构、专家的合作，共同推动“四大怀药”种植与炮制技艺走向世界。

抗疫情多措并举　抗病毒怀药助力

新冠疫情发生以后，全国各地企业不仅考虑自身的生存和发展，还积极响应政府号召，采取各种措施，履行社会责任，在疫情防控中发挥了重要作用。

创源堂集“四大怀药”种植、研发、生产、销售以及非物质文化遗产传承和保护于一身。自成立以来，始终秉持传承和保护非物质文化遗产的发展目标，坚持诚信经营、精益求精，以实际行动践行对社会的责任承诺。面对严峻的疫情防控形势，创源堂更是积极响应各级党委、政府号召，勇担抗击疫情的社会责任，进一步提升了企业品牌形象。

新冠疫情发生后，在各级党委、政府的坚强领导下，创源堂迅速行动，成立了疫情防控指挥部，紧急调动内外资源，协调各方力量，全力以赴抗击疫情。

创源堂始终把员工视为企业最宝贵的财富，制定了详细的疫情防控方案，建立完善的疫情监测和预警机制，切实保障企业员工的生命安全和身体健康。

加强消毒和防护。在生产车间、办公区域、员工宿舍等处全面加强消毒和防护措施，确保员工在工作和生活中免受病毒侵害。

鼓励员工居家办公。鼓励员工在家办公，通过线上会议、远程办公等方式，保障公司正常运转，尽最大努力减少员工交叉感染的风险。

为员工提供防疫物资。为全体员工发放口罩、消毒液等防疫物资，确保员工在疫情防控期间有足够的防护用品。

加强员工健康监测。对全体员工进行健康状况监测，建立健康档案，确保员工在疫情防控期间身体健康，并要求有突发情况时及时报备。

提供心理援助。开通了心理援助热线，为员工提供心理支持和帮助，持续缓解员工的心理压力，不断提升员工的幸福感、归属感和安全感。

创源堂在关爱员工的同时，还积极参与社会公益事业，通过捐款捐物等多种形式，为坚决打赢疫情防控阻击战贡献力量。新冠疫情防控工作之初，公司第一时间向温县红十字会捐赠了价值 2 万元的防疫物资，并向街道办事处捐赠了价值 1 万元的防疫物资。2021 年 8 月，创源堂向温县总工会捐赠金秋助学金 2 000 元，为新乡市抗汛救灾工作捐赠各类物资价值 31 万元。2022 年，创源堂再次向温县红十字会捐赠 37 万余元的防疫物资，持续为温县疫情防控工作奉献爱心、贡献力量。

不仅如此，创源堂还积极鼓励员工参与到新冠疫情防控志愿服务活动中，以增强员工的社会责任感和担当意识。每到新冠疫情防控工作的紧要关头，公司都会第一时间向全体员工发出倡议，呼吁大家积极参与疫情防控志愿工作，鼓励员工参与街道、村疫情防控各项工作，协助工作人员落实疫情排查、测量体温等防控措施，并主动为参与志愿服务的员工提供必要的防护用品和消毒用品，保障员工和群众的生命安全和身体健康。公司还对在志愿服务工作中表现优异的员工给予表彰和奖励，激励更多员工主动参与到各类志愿服务活动中。同时，整合企业车辆、员工私家车等优势资源，义务接送医护人员、运送医疗物资和生活用品等，为当地群众提供卫生健康咨询服务，持续树立社会新风尚，努力提升企业新形象。

随着国内疫情防控形势逐渐好转，创源堂在确保员工生命安全和身体健康的前提下，全面推动企业复工复产，积极与政府有关部门、科研机构、相关企业等紧密合作，充分发挥“四大怀药”特别是铁棍山药营养成分丰富、药用价值高等特点，共同推动“四大怀药”在新冠疫情防控中的应用。同时，不断加大对线上销售渠道的投入力度，拓展线上业务范围，为更多消费者提供优质“四大怀药”产品，持续为疫情防控工作贡献力量。

在新冠疫情蔓延的背景下，人们更加关注如何增强自身对病毒的抵抗能力。尽管铁棍山药并非可以直接治疗新冠的药物，但它可能在提高免疫力、增强身体抵抗能力方面发挥一定的积极作用。

铁棍山药含有多种营养成分，如蛋白质、脂肪和糖类，还含有黏液质、山药皂苷、植酸、胆碱、糖蛋白、乙酰胆碱、维生素 C、甘露聚糖、大豆卵磷脂、16 种氨基酸，以及铁、铜、锌、锰、钙等多种营养元素。

其中，大豆卵磷脂有利于提升人的记忆功能；糖蛋白能防止人体脂肪堆积，维持毛细血管延展性，避免主动脉粥样硬化；胆碱能软化血管，改善血液循环系统；皂苷能避免心肌梗死和轻度脂肪肝的发生；维生素 C 具有很强的抗氧化功效，能帮助消除体内的自由基，减少其对细胞的损伤，起到延缓衰老的作用。

一些研究表明，铁棍山药可能对人体免疫系统产生积极影响。铁棍山药多糖可增强机体免疫力，对特异性免疫和非特异性免疫的功能均有增强作用。动物试验表明，铁棍山药多糖可增强免疫细胞功能，使吞噬细胞更有利于吞噬和杀死坏死细胞，同时还可增加产生抗体的数量。铁棍山药多糖对实验动物免疫器官的结构改善也有显著作用，如可以降低肝指数、脾脏指数及血清活性。此外，铁棍山药磷脂也有与多糖同样的作用。

新冠病毒主要通过飞沫传播和接触传播途径传播，因此强化呼吸道和消化道黏膜的免疫防线尤为重要。肠道黏膜是人体最大的免疫器官之一，充满了免疫细胞，能够识别和应对病原体。铁棍山药中的膳食纤维能够促进肠道蠕动，保持肠道的健康，对增强身体的防护能力具有积极作用。

此外，铁棍山药还具有抗病毒、抗菌、抗炎等作用，其含有的多酚类化合物和甾醇等成分具有抗病毒作用，可以抑制病毒的复制和扩散；同时，铁棍山药中的黄酮类化合物和多糖等成分具有抗菌作用，可以抑制细菌的生长和繁殖；此外，铁棍山药中的多种活性成分还具有抗炎作用，可以缓解炎症反应，减轻身体的疼痛和不适感。

正是由于铁棍山药具有如上特点，也为了早日取得防控疫情的全面胜利，创源堂从管理层到每一位员工，都认真做好全方位的防护措施，精心选取最优质的铁棍山药，经过严格的清洗和挑选后，送入生产车间，并严格遵守生产流程，一丝不苟地操作每一个环节。在经过精细的研磨、过滤和烘焙后，一根根铁棍山药变成了一袋袋精细的铁棍山药粉，它们蕴含着创源堂对品质的坚持和对消费者的真诚。同时，公司还积极与运输公司紧密合作，对运输环节进行严格把关，确保每一份铁棍山药粉都能准时、安全地送达消费者手中，让消费者放心食用。

新冠疫情期间，创源堂积极通过关爱员工、捐款捐物、志愿服务、复工复产等方式和途径，以实际行动支持新冠疫情防控工作。彰显了企业高度的社会责任感和担当精神，不仅赢得了社会各界的广泛赞誉和高度评价，而且对企业更好地认识和践行社会责任产生了深远的影响。

在未来的工作中，创源堂将始终秉持诚信、创新、务实的发展理念，充分发挥自身的优势和力量，致力于研发和生产更多优质的“四大怀药”深加工产品，积极主动参与更多社会公益事业、承担更多的社会责任，为经济社会高质量发展贡献新的更大力量。

第二章
工匠精神有传承　创源“闯”入百姓心

创源堂工匠精神　车间里精益求精

非物质文化遗产是人类文化的重要组成部分，代表着人类智慧和文明的结晶，同时也是国家和民族历史和文化传承的重要载体。然而，随着社会的快速发展和现代化的进程，许多非物质文化遗产项目面临着失传的威胁。为了保护和传承这些珍贵的非物质文化遗产，需要大力弘扬工匠精神，以及对历史、对文化尊重和敬畏的态度，投身非物质文化遗产的保护与传承工作中。

要有坚定的文化自信。只有对中华优秀传统文化有深刻的理解和认同，才能够从内心深处去尊重和珍视这些非物质文化遗产。在非物质文化遗产的传承和保护过程中，要有耐心和毅力，有对文化的敬畏之心和对技艺的热爱之情。

要有严谨的工作态度。非物质文化遗产的传承和保护需要具备专业知识和技能，需要有严谨的工作态度。要认真学习非物质文化遗产的相关知识，掌握其独特的技艺，了解其背后的历史文化背景，并在实践中不断积累经验，提高技艺水平，不断推动非物质文化遗产的保护和传承工作的创新和发展。

要有强烈的责任感。非物质文化遗产是全人类的共同财富，每个人都有责任和义务去保护和传承这些珍贵的非物质文化遗产。要积极参与到非物质文化遗产的保护和传承工作中来，以实际行动来推动非物质文化遗产的传承和发展；要关注非物质文化遗产的生存环境，关注非物质文化遗产的传承和发展状况，积极为非物质文化遗产的保护和传承工作出谋划策，持续贡献新的更大力量。

在非物质文化遗产的传承和保护中践行工匠精神，是每一位传承人和企业的责任与使命，只有坚定文化自信、保持严谨的工作态度、强化责任感、提高自身素质和能力、学习和掌握新技艺，注重培养创新意识和实践能力，才能更快地适应时代变化和非物质文化遗产传承保护新需求，更好地保护和传承这些珍贵的非物质文化遗产，推动其传承和保护工作创新发展。

工匠精神是一种专注于精细工艺、追求完美、注重细节和质量的态度和价值观，强调对工作的热情和投入，以及对技术和技能的不懈追求，将工作视为一种艺术和创造力的表达方式，而不仅仅是一种职业或任务。工匠精神的核心特征包括专业知识和技能的不断提升，对工作的责任心和自我驱动力，对质量和细节的高度关注，以及对持续改进和创新的追求。工匠精神更加注重传承和发扬传统工艺，并在其基础上进行创新和改进，以满足现代社会的需求和挑战。同时，工匠精神不仅仅适用于传统的手工艺行业，也适用于各个领域和职业，可以激发人们的创造力和创新能力，促使他们在工作中不断提升自己，以实现个人和组织的成功。

创源堂始终坚持非物质文化遗产传承和保护工作，保持对工作精益求精、追求完美的态度，大力践行工匠精神，并将其融入每一个生产环节和企业运营中，特别是在"四大怀药"产品研发和生产过程中对细节的关注、对品质的执着追求，使得公司在"四大怀药"种植与炮制领域取得了更大成就。

一是严格把控质量关。创源堂坚持传统工艺和现代科技相结合，在研发和生产过程中非常注重产品质量，在传承和发扬传统工艺中融入现代科技手段，从原材料采购到生产加工、产品检验等各个环节都有严格的质量标准和操作规范，并对每一个环节都进行严格把控。在原材料采购方面，公司坚持选用道地、无公害的"四大怀药"，并对原材料进行严格筛选和处理。在生产加工方面，公司注重生产工艺的优化和设备的更新，采用自动化、数字化生产线，提高生产效率和产品质量。在产品检验方面，公司建立了完善的质量监控体系，对“四大怀药”产品进行全方位、多指标的检测和分析，确保产品质量符合国家标准和消费者需求。

二是培养工匠精神和职业素养。创源堂注重培养员工的工匠精神和职业素养，对新员工进行全面培训，涉及企业文化、产品知识、生产工艺、质量管理等方面，让员工深刻理解工匠精神的意义和价值，并通过评选“年度最佳工匠”、组织技能比赛等活动，大力表彰在工作岗位上默默坚守、精益求精的员工，激励更多员工积极发扬工匠精神。同时，组织开展各种职业素养培训和拓展训练，提高员工的团队协作能力、沟通能力和创新思维，使员工更加明确各自的职业使命和责任，努力培养出一支具有工匠精神和职业素养的科技研发团队。

三是注重技艺传承与创新。创源堂非常重视技术研发和人才培养，坚信只有不断的技术创新和人才培养才能使企业保持竞争力。为此，公司成立了专门的技术研发团队，大力培养技术人员，不断探索新的生产工艺，以提高生产效率和产品质量。同时，公司还注重与高校、研究机构合作，共同培养专业技术人才，为企业高质量发展注入新的活力。

四是提倡敬业精神。敬业精神是工匠精神的重要组成部分。创源堂要求员工对待工作要认真负责、全力以赴，鼓励员工在生产过程中发现问题并及时提出解决方案，将这种敬业精神贯穿于企业生产运营全过程。

五是建立良好的企业文化。创源堂注重企业文化的建设，努力营造一个积极向上、团结协作的工作氛围，鼓励员工以严谨的态度对待工作，同时也注重员工的成长和发展。这种良好的企业文化吸引了大量优秀人才加入公司，公司也为其提供了广阔的发展空间。

六是提供优质售后服务。创源堂注重提供优质的售后服务，让消费者感受到贴心和专业的服务。在产品销售方面，公司为消费者提供详细的咨询服务，根据消费者需求推荐合适的产品和解决方案。在产品使用方面，公司为消费者提供详细的产品使用方法和注意事项说明。同时，对消费者提出的问题和需求会认真对待、积极解决，及时响应和处理，不断提升消费者满意度。

七是强化企业社会责任意识。创源堂积极履行企业社会责任，通过多种形式回报社会。公司关注环保和可持续发展，注重节能减排、资源回收利用等环保措施的落实；积极参与公益事业，支持教育事业、扶贫济困等社会公益活动；积极参与国家重大灾害救援行动，为灾区人民提供力所能及的帮助和支持，不断提升品牌形象和社会影响力。

在日益激烈的市场竞争中，创源堂持续秉承工匠精神的核心价值，努力提高产品质量和技术水平，加快创新发展，不仅为企业带来了显著的竞争优势和经济效益，同时也对非物质文化遗产传承保护起到了积极推动作用。

工匠精神使创源堂在激烈的市场竞争中脱颖而出。公司严格把控质量关，赢得了良好的口碑，使消费者对“四大怀药”产品充满信心；注重技术创新使公司始终站在行业的前沿，保持了持续的竞争优势；敬业精神激发了员工的积极性和创造力，为企业的创新与发展提供了源源不断的动力；良好的企业文化使公司凝聚成一个团结协作的团队，为企业的长远发展奠定了基础。

工匠精神不仅对企业的成功和社会的进步具有重要意义，对个人的成长也有着深远影响。在践行工匠精神的过程中，创源堂员工养成了敬业、专注和持续改进的工作态度，这些优秀品质对员工的个人成长非常有益。通过专注于工作并不断寻求改进方法，员工不仅提高了自己的职业技能，还培养了独立思考和创新的能力。这些能力使他们在工作中更容易发现并解决问题，从而为企业创造更多的价值。

正因为创源堂始终践行工匠精神，把产品质量放在第一位，将传统工艺与现代科技相结合，研发出了诸多深受消费者喜爱的“四大怀药”产品，并强化企业社会责任感，以优质的产品质量回报社会，才让更多人了解到了“四大怀药”的魅力，传承和发扬了中华优秀传统文化，推动企业成为同行业的领跑者。

在未来的发展中，创源堂将充分发挥在非物质文化遗产的传承和保护中践行工匠精神所积累的宝贵经验，通过大力培养敬业、专注和创新精神，持续创造竞争优势和经济价值，发挥工匠精神在企业中的重要地位和价值，为“四大怀药”种植与炮制技艺的传承和保护奠定坚实的基础。

矢志不渝传非遗 “四大怀药”有新生

我国拥有悠久的历史和丰富的文化遗产，其中包括许多被列入联合国教科文组织非物质文化遗产名录的项目。这些非物质文化遗产项目代表着中华民族的智慧和创造力，是中华优秀传统文化的瑰宝。在不断变迁的时代中如何使其持续发扬光大，成为全社会共同关注的焦点。

非物质文化遗产作为中华优秀传统文化的一部分，不仅包含了若干手艺或技术，更是某种先进价值观、生活方式和审美观的完美体现。这些非物质文化遗产项目蕴含着丰富的历史内涵和文化精神，是人们与祖先沟通的桥梁，也是培养民族认同感的重要途径。

一是可保持文化多样性。非物质文化遗产是不同文化和族群在长期历史演变过程中形成的特色文化，是世界文化多样性的重要体现。在全球化背景下，各种文化交流与融合，但也面临同质化的风险。加大对非物质文化遗产的传承和保护力度，有助于保持世界文化的多样性，维护文化的独立性和活力。

二是可促进社会和谐与可持续发展。非物质文化遗产作为传统文化的重要组成部分，具有促进社会和谐、推动可持续发展的重要作用。非物质文化遗产的传承和保护不仅有利于增强社会凝聚力，还可以提高人们的文化素养和生活品质。通过非物质文化遗产的传承和保护，还可以更好地弘扬中华优秀传统文化，为推动社会和谐与可持续发展做出贡献。

三是可增强民族认同感和自豪感。非物质文化遗产是民族文化认同的重要标志，加大对非物质文化遗产的传承和保护力度有助于增强民族认同感和自豪感。通过对非物质文化遗产的传承和保护，可以使更多人了解和认识本民族的文化根源，激发人们对本民族的热爱和自豪感，进而促进国家和民族的团结与和谐。

传承和保护非物质文化遗产并非一帆风顺。在现代社会，商业化和工业化的浪潮席卷而来，人们更加追求便捷和速度。面对市场上琳琅满目的食品，传统的“四大怀药”及其深加工产品显得有些“守旧”。但是，创源堂在非物质文化遗产传承和保护的道路上始终没有放弃，采取了创新传承方式、创新发展路径、与现代社会融合等一系列切实有效的举措，不仅持续提升了公司的品牌价值和市场竞争力，而且推动了“四大怀药”种植与炮制技艺的传承和发展。

一是创新传承方式。文化传承需要以责任感和使命感来支撑，这也正是创源堂一直以来的信念。传承和保护非物质文化遗产不能仅仅停留在传统的口口相传，公司积极探索适应现代社会的传承方式，利用现代技术手段，比如互联网、社交媒体等，将非物质文化遗产的知识和技艺传播得更远更广，吸引更多年轻人参与。同时，积极参与各种非物质文化遗产传承和保护项目，向更多的人传递“四大怀药”种植与炮制技艺的精髓，努力使得这一项非物质文化遗产技艺得以焕发新的生机，得以在现代社会中继续传承下去。

二是创新发展路径。传承非物质文化遗产并不意味着只能保持原样，而是要在尊重传统的基础上进行创新发展。这包括将非物质文化遗产项目与现代生活需求相结合，开发出新的产品或应用，使其更好地适应当代社会的需求。“四大怀药”作为一种食用价值和药用价值极高的食材，在中国的饮食文化中占据着重要地位。而“四大怀药”的种植与炮制，更是一门需要精湛技艺的传统技艺。炮制过程不仅关乎口感，更关涉药用价值，因此炮制工艺显得尤为重要。创源堂不仅深入研究了传统工艺，还在此基础上进行了持续创新和改进，尝试不同的炮制方法，不断调整炮制的温度、时间、材料比例等参数，不仅提升了“四大怀药”产品的口感和药用价值，也为传统技艺注入了新的生机和活力。

三是与现代社会融合。非物质文化遗产传承和保护不能与现代社会脱节，应当注重将非物质文化遗产项目融入现代文化生活中，这既是对过去的尊重，也是对未来的承诺。创源堂通过举办非遗展览、演出、培训班等方式，让更多人了解、参与和体验非物质文化遗产，增强传承和保护的活力。创源堂在传统与现代之间找到了一种和谐的平衡，既不放弃传统技艺，又不在传统的功劳簿上睡大觉，而是不断地将传统技艺与现代科技相结合，使得“四大怀药”种植与炮制技艺持续焕发出更加璀璨的光芒。

非物质文化遗产是人类文明的瑰宝，是民族优秀传统文化的重要组成部分。加大对非物质文化遗产传承和保护力度对于保持文化多样性、促进社会和谐与可持续发展具有重要意义。为此，创源堂也积极努力，呼吁全社会共同行动起来，从完善法律法规、加强传承人培养、推广普及与展示交流、促进创新发展以及加强科学研究与学术支持等方面，守护好非物质文化遗产这座精神家园，为非物质文化遗产的传承和保护贡献力量。

一是完善法律法规。制定非物质文化遗产保护法及相关实施细则，明确非物质文化遗产的认定标准、传承人的权利与义务、保护措施等内容。同时，要加大对非物质文化遗产侵权行为的打击力度，切实保障非物质文化遗产持有者和传承人的合法权益。

二是加强传承人培养。传承人是非物质文化遗产的重要承载者和传播者，加强传承人的培养是保护非物质文化遗产的关键。制定实施传承人培养计划，通过提供资金、技术支持等方式，支持传承人开展传习活动，培养新一代传承人。同时，关注传承人的生活状况，为其提供必要的保障和激励措施。

三是推广普及与展示交流。加大对非物质文化遗产的传承和保护力度，还需要广泛开展非物质文化遗产的推广普及与展示交流活动。通过举办各类展览、演出、讲座等活动，让更多人了解和认识非物质文化遗产的独特价值；加强与国内外非物质文化遗产的交流合作，推动非物质文化遗产的传播和发展；利用新媒体平台，推广非物质文化遗产知识和文化，提高公众对非物质文化遗产的重视程度。

四是促进非遗的创造性转化和创新发展。加大对非物质文化遗产的传承和保护力度，不仅需要保持非物质文化遗产的原生态，也要注重创新发展，通过深入研究市场需求和现代审美，将非物质文化遗产元素与现代设计相结合，推动非物质文化遗产的创造性转化和创新性发展。例如，将非物质文化遗产元素融入时尚设计、影视作品等领域，既有利于传统文化的传播，也能为现代文化注入新的活力。

五是加强科学研究与学术支持。加大对非物质文化遗产传承和保护的力度，需要依靠科学的理论和方法指导实践。鼓励高校、研究机构等开展非物质文化遗产研究工作，深入挖掘非物质文化遗产文化内涵和价值；加强与国际学术界的交流合作，引进先进的理论和方法，为我国非物质文化遗产保护工作提供智力支持。

近年来，在精益求精传承和保护非物质文化遗产的实践中，我国也涌现出了许多成功案例，为“四大怀药”种植与炮制技艺传承和保护提供了有价值的参考。

一是京剧的现代传承。京剧是中国传统文化的重要组成部分，也是我国最具代表性的非物质文化遗产之一。为了保护和传承京剧，国家加强了对京剧艺术的推广和宣传、京剧剧目的挖掘和整理以及对京剧表演艺术的传承、研究，通过创新剧目、吸引年轻演员和观众的参与，成功将传统戏曲融入现代社会，有力地推动了京剧艺术的传承和发展，保持了中华优秀传统文化的活力与影响力。

二是剪纸艺术的传承与保护。剪纸艺术是中国民间传统艺术之一，也是我国非物质文化遗产的重要组成部分。为了保护和传承剪纸艺术，国家加强了对剪纸艺术传承人的保护、剪纸艺术作品的收集和整理以及对剪纸艺术创作技艺的传承、研究，通过多种形式大力推广和宣传剪纸艺术，有力地推动了剪纸艺术的传承和发展。

三是民间音乐的数字传播。一些民间音乐家利用互联网平台，将传统的音乐作品进行数字化传播，吸引了更多年轻人的关注，使这些音乐作品在现代社会得以传承。

传承和保护非物质文化遗产需要的不仅仅是技艺，更是一颗执着的心，一份对文化的热爱，以及不怕困难、勇往直前的精神。精益求精传承非遗，是一份具有挑战性但又极其重要的使命。在传承和保护非物质文化遗产的道路上，创源堂始终坚持中华优秀传统文化的核心价值，同时不断探索创新的方式，让非物质文化遗产项目“四大怀药”种植与炮制技艺在现代社会焕发新的活力，推动中华优秀传统文化发扬光大，让世界看到中华文明的独特魅力。

创源品牌誉九州 “四大怀药”筑新梦

温县“四大怀药”历史悠久、底蕴深厚。自古以来，温县就因其独特的地理环境和气候条件成为“四大怀药”的主要产区。山药、地黄、牛膝、菊花，具有补肾益气、滋阴壮阳、健脾胃等功效。这些药材在中医药理论中被广泛应用于各种方剂和食疗中，被誉为“草药之王”和“药食同源”的典范。同时，温县“四大怀药”在种植、采收和加工方面有着严格的品质控制，“四大怀药”种植专业合作社和药农严格控制“四大怀药”的种植环境和种植方法，确保每一批产品都能够保持最佳的食用价值和药用价值。

如今，温县“四大怀药”已被确定为“国家生态原产地保护产品”“地理标志证明商标”，成为我国中医药文化的重要组成部分。

创源堂作为温县本土的“四大怀药”研发、生产企业，有着深厚的文化底蕴，以精湛的“四大怀药”种植与炮制技艺和卓越的产品质量，让创源堂品牌享誉全国，深受广大消费者青睐。

一是品牌实力强大。创源堂是一家有着深厚文化底蕴的企业，“四大怀药”种植历史可以追溯到清朝末期。历经百年沧桑，始终坚守“四大怀药”传统的种植与炮制技艺，使得“四大怀药”产品在市场上具有极高的知名度和美誉度。无论是中医药行业内的专家学者，还是广大的消费者，都对创源堂研发生产的“四大怀药”产品给予了高度评价。品牌影响力的扩大，使得创源堂在“四大怀药”市场上的地位逐渐稳固，为后续的发展打下了坚实的基础。

二是产品质量卓越。创源堂始终秉承“药食同源”的研发生产理念，注重产品质量和口感。在“四大怀药”产品研发、生产方面，公司严格把控原材料采购、炮制、加工等各个环节，每一款产品都经过了严格质检，确保了产品的质量和口感。同时，公司还不断进行技术创新和产品研发，研发出了多种新型的“四大怀药”产品，在同行业中独树一帜，努力满足不同消费者的需求。

三是研发能力出众。创源堂具备强大的科技研发能力，这也是创源堂品牌享誉全国的重要原因之一。创源堂“四大怀药”采用传统工艺与现代科技相结合的方式进行炮制，既保留了传统中药材的药效和特色，又符合现代药品生产标准。公司还在传统中医理论的基础上，结合现代科技，对“四大怀药”进行了深入研究和分析，挖掘出更多潜在价值，自主研发了一系列独特的炮制技艺和生产工艺，更加安全、便捷地被广大消费者所接受和使用，使得创源堂品牌在“四大怀药”领域始终保持领先地位，为品牌的长远发展提供了强大动力。

四是文化传承与创新。创源堂深知“四大怀药”作为中国传统文化瑰宝，需要得到传承与发扬。因此，公司在推广“四大怀药”及其深加工产品的过程中，注重将传统文化与现代理念相结合，注入新的活力。积极挖掘“四大怀药”的历史渊源和典故，将其融入产品宣传和推广中，使消费者在购买产品的同时，能够深入了解“四大怀药”的传统文化背景；注重将传统“四大怀药”与现代科技相结合，通过引进先进的生产技术和设备，不断提升“四大怀药”产品的品质和生产效率，使“四大怀药”在现代社会中焕发出新的光彩，推动非物质文化遗传传承和保护。

五是勇担社会责任。一个优秀的品牌不仅要追求经济效益，更要承担社会责任。创源堂深知这一点，并积极付诸实践。首先，公司注重绿色环保生产。在“四大怀药”种植和生产过程中，严格遵守环保法规，采用环保的生产方式，减少对环境的污染。其次，热心公益事业。通过捐赠药品、资金支持等方式，积极参与社会公益活动，回馈社会。这些行动不仅彰显了公司的社会责任感，也赢得了广泛的好评和尊重。

六是营销策略精准。创源堂在推广“四大怀药”产品过程中，制定了精准的营销策略，针对不同的消费群体和市场需求，推出不同规格和功效的产品，以满足不同消费者的需求。注重多渠道宣传，通过线上、线下多种渠道进行广告宣传和促销活动，提高品牌知名度和影响力。同时，公司在“四大怀药”产品包装设计上精心策划，不仅彰显了产品的尊贵与价值，更使其成为传递情谊、表达孝心的送礼佳品。无论是亲朋好友聚会还是探望长辈亲人，创源堂“四大怀药”产品都可以是消费者传递关爱与健康的极佳选择。

七是持续改进提升。创源堂品牌的成功还源于其持续改进的精神。创源堂深知市场竞争日益激烈，只有不断提升产品质量和服务水平，才能在市场中立于不败之地。因此，公司不断对生产工艺、产品质量进行改进，在提高生产效率的同时保证产品质量稳定；还关注市场反馈，及时调整产品配方和营销策略，以满足消费者的需求和期望，在“四大怀药”行业中始终保持领先地位。

八是产品丰富多样。创源堂在“四大怀药”领域的产品线非常丰富多样，不仅包括传统的药材和饮品，还包括铁棍山药粉等各种深加工产品。这些产品不仅满足了不同消费者的需求，也在很大程度上增加了公司的销售额和市场份额。同时，公司还不断进行市场调研和分析，根据消费者需求进行产品升级和创新，推出了一系列深受消费者喜爱的产品。

目前，创源堂品牌享誉全国，不仅实现了“四大怀药”产品市场占有率的提升，更获得了非物质文化遗产项目“四大怀药”种植与炮制技艺传承保护的喜人成果。在未来的发展中，公司将继续坚持传统工艺和优质原材料，不断提升产品的品质和口感，满足消费者的需求。同时，继续积极参与非物质文化遗产的传承和保护工作，将传统工艺融入现代生活，通过各种形式的宣传和推广，让更多人了解和认识非物质文化遗产背后的文化内涵，从而使中华优秀传统文化发扬光大，为“四大怀药”产业快速发展贡献新的更大力量。